全国高等教育自学考试指定教材

统计专业（专科）

工商行政管理专业（专科）

财政与金融

（2004年版）

（附：财政与金融自学考试大纲）

主编　安体富　庄毓敏

武汉大学出版社

图书在版编目(CIP)数据

财政与金融:2004 年版/全国高等教育自学考试指导委员会组编;安体富,庄毓敏主编.—武汉: 武汉大学出版社,2005.4(2025.8 重印)
全国高等教育自学考试指定教材 统计专业(专科) 工商行政管理专业(专科)
ISBN 978-7-307-04503-3

Ⅰ.财… Ⅱ.①全… ②安… ③庄… Ⅲ.财政金融—高等教育—自学考试—教材 Ⅳ.F8

中国版本图书馆 CIP 数据核字(2005)第 019928 号

责任编辑:刘爱松　　责任校对:黄添生　　版式设计:支　笛

出版发行:**武汉大学出版社**　(430072　武昌　珞珈山)
(电子邮箱:cbs22@whu.edu.cn　网址:www.wdp.com.cn)
印刷:湖北云景数字印刷有限公司
开本:880×1230　1/32　印张:13.375　字数:378 千字
版次:2005 年 4 月第 1 版　2025 年 8 月第 14 次印刷
ISBN 978-7-307-04503-3/F・905　定价:36.00 元

组编前言

当您开始阅读本书时，人类已经迈入了21世纪。

这是一个变幻难测的世纪，这是一个催人奋进的时代，科学技术飞速发展，知识更替日新月异。希望、困惑、机遇、挑战，随时随地都有可能出现在每一个社会成员的生活之中。抓住机遇，寻求发展，迎接挑战，适应变化的制胜法宝就是学习——依靠自己学习，终生学习。

作为我国高等教育组成部分的自学考试，其职责就是在高等教育这个水平上倡导自学、鼓励自学、帮助自学、推动自学，为每一个自学者铺就成才之路。组织编写供读者学习的教材就是履行这个职责的重要环节。毫无疑问，这种教材应当适合自学，应当有利于学习者掌握、了解新知识、新信息，有利于学习者增强创新意识、培养实践能力、形成自学能力，也有利于学习者学以致用，解决实际工作中所遇到的问题。具有如此特点的书，我们虽然沿用了“教材”这个概念，但它与那种仅供教师讲、学生听，教师不讲、学生不懂，以“教”为中心的教科书相比，已经在内容安排、形式体例、行文风格等方面都大不相同了。希望读者对此有所了解，以便从一开始就树立起依靠自己学习的坚定信念，不断探索适合自己的学习方法，充分利用已有的知识基础和实际工作经验，最大限度地发挥自己的潜能，以达到学习的目标。

欢迎读者提出意见和建议。

祝每一位读者自学成功。

全国高等教育自学考试指导委员会

2005年4月

目　　录

第一章　财政导论

第一节　现代市场经济中的市场与政府

一、现代市场经济是政府宏观调控下的市场经济

现代市场经济与古典的自由放任式市场经济已经大不相同，它是由市场与政府、计划因素与市场因素、政府经济行为与个人经济行为共同发挥作用的市场经济。公共财政是一种政府经济活动。研究现代市场经济条件下的公共财政问题，首先要从分析现代市场经济中市场与政府的关系入手。目前，实行市场经济的国家有的主张市场因素多一些，有的更倾向于政府干预和计划的作用；有的国家公共部门大一些，政府财政支出占 GDP 的比重甚至在 50% 以上，而有的国家则尽量把公共部门控制在较小的范围内；有的国家比较强调公共经济目标和公共选择，而有的国家则更为强调个人目标和个体经济决策的自由。由于各国在经济发展水平、社会政治结构以及占统治地位的意识形态等方面的不同，导致现代各国的市场经济体制形成了各具特色、互有差异的不同模式，如以美国为代表的竞争性市场经济模式，以德国为代表的社会市场经济模式，以日、韩为代表的政府主导型模式，以法国为代表的计划市场模式和中国特色的社会主义市场经济模式。市场经济的模式虽然各不相同，但不论哪种模式，它们都具有共同的特征，即市场机制在资源配置中发挥基础性作用，同时，竞争性的市场机制必须与国家干预或政府的宏观调控相结合，不同的模式只不过是在强调市场机制作用和政府作用上的程度不同而已。现代市场经济之所以是一种市场机制与政

府干预相结合的政府宏观调控下的市场经济，主要原因就是市场和政府都不是万能的，它们各有优劣，只有共同发挥作用才能保证经济和社会的稳定发展。由于崇尚自由市场与崇尚政府干预的思想相互吸收和渗透，因此，目前绝大多数国家均选择既具有完备的市场机制和市场体系，又具有适度政府干预和科学计划指导的现代市场经济体制。

二、市场经济特征和市场失灵

简单地说，市场经济就是以市场机制为基础来配置土地、资本、劳动等社会资源的经济运行方式。市场经济的首要原则是市场主体选择和决策的自由，市场主体为了追求利润最大化的目标，自由地通过市场竞争、供求变化、价格波动和资源流动来组织社会的生产、交换、分配和消费。由供求规律决定的价格制度，实现自由消费的消费者主权，以及企业和个人追求自身利益最大化的目标，被认为是市场经济能够高效运行的三个重要支点。

（一）市场经济的特征

1. 自由性。在市场经济中，生产什么，为谁生产，生产多少和怎样生产，投资的方向和规模，买卖的数量以及消费的方式，都是由市场经济主体自主决定的。参与市场经济的各个市场主体，必须能够自主决策、自主经营和自负盈亏，以实现利润最大化为目标，自觉面向市场，独立地开展生产经营活动。

2. 竞争性。为了生存和发展，为了追求最大利润，参与到市场经济中的各个市场主体必然会展开激烈的竞争，通过采用先进技术、加强管理、提高商品和服务质量、降低成本等措施来占领市场，以最大限度地获取利润。

3. 平等性。市场经济主体必须遵循统一的市场法则，按照公平、公正、公开的原则进行竞争，它们在市场经济活动中具有完全平等的地位和权利。

4. 法制性。市场经济在某种意义上说是法制经济，它要求一切经济活动和市场竞争都要在科学严谨的法律框架内有序地进行，它有一整套法律、法规来规范市场主体的行为，并维护正常的市场秩序。

具有上述特征的市场经济在有效配置资源，调动市场经济主体和各种要素的积极性，提高经济运行效率等方面具有无可比拟的优越性。但是，市场经济又不是完美无缺的，它存在市场失灵的问题。

（二）市场失灵

所谓市场失灵，是指市场机制本身存在无法解决或解决不好的问题和缺陷，如果完全依靠市场机制的作用，就无法或不能充分实现社会资源的最优配置和社会福利的最佳状态。那么，什么样的社会资源配置和社会福利状态才是最优的呢？对此做出最严谨解释的是意大利著名经济学家菲尔弗雷多·帕累托。按照帕累托的说法，如果社会资源配置或社会福利已经达到这样一种状态，即任何重新调整和改变都不可能在不使其他人景况变坏的情况下，而使任何一个人的景况变得更好，那么，这种资源配置就是最佳的，也是具有效率的；反之，则是缺乏效率的。这就是著名的帕累托效率准则。

帕累托效率准则为实行市场经济的社会描述了一个合理配置资源的最理想状态。但在现实的经济生活中，大多数的经济活动都可能是以其他人景况变坏为条件而使某些人的景况变得更好的。所以，可以将帕累托效率准则的实际含义解释为：经济活动中采取的任何措施，都应当使“得者所得大于失者所失”，也就是说从全社会看，如果任何重新调整和改变会使社会福利大于由此而产生的社会成本，即在受损者得到充分的利益补偿后还有社会福利的净增加，那么，这种改变和调整就是有效率的。

由于市场失灵的存在，完全依靠市场机制本身是不能达到这种社会资源配置的帕累托最优状态的。市场失灵表现在许多方面，主要有以下几点：

1. 垄断。市场经济的首要原则是市场主体选择和决策的自由。在完全竞争的条件下，存在着众多的生产者和消费者，谁也不能控制市场；在价格机制的作用下，各种资源能够在各部门、各产业之间合理、自由地流动，价格机制使各种资源能够流向高效率的企业，使资源配置能够达到最优状态。但是，现实中并不是永远存在这种完全竞争的自由市场的，例如，在一些行业和部门存在着规模收益递增和成本递减的特点，随着生产和经营规模的不断扩大，边际成本不断下降，规模收益递增，优势企业在竞争中的地位不断得到加强，生产和经营越来越集中到少数企业手中，从而使得一些行业和部门被少数企业所控制，产生垄断的现象。垄断必然排斥竞争，占垄断地位的少数企业往往会通过合谋、默契、卡特尔等形式和手段来限制产量，抬高价格，使垄断价格高于边际成本，从而获得额外的垄断利润。垄断的形成会阻止社会资源自由地流动，阻碍技术进步，甚至导致整个竞争性市场的解体，会对社会资源造成极大的浪费。市场的自由竞争会孕育、发展为生产的集中，由集中发展到一定阶段，就自然而然地形成了垄断。此外，一些具有天然垄断性质的行业（如供水、供电），由于规模经济效益明显，实行独家经营可能比自由竞争更具有效率，这就意味着市场机制在这些领域存在天然失效的可能性。因此，垄断是市场机制本身无法解决的问题，需要市场之外的力量来加以解决。

2. 信息不对称、不充分。竞争性市场的生产者和消费者都要求有充分、真实的信息以支持其决策。生产者要知道消费者需要什么样的商品、需要多少、需求会发生什么样的变化，消费者想了解商品的品质和性能，不同的生产者、消费者之间也需要进行信息的沟通。但在市场经济条件下，生产者和消费者的生产、销售、购买都属于个人行为，不可能完全掌握充分的信息，再加上经济人追求最大利润的动机，掌握信息的企业和个人常常只是将对自己有利的信息提供给信息的需求者，或者只提供部分信息，这样就会出现信息提供者与信息需求者之间的信息不对称。信息不对称、不充分也是市场机制本身无法解决的问题。

3. 外部效应和公共产品。所谓外部效应，指的是私人成本与社会成本之间或私人得益与社会得益之间的非一致性，是指某个人或企业的行为活动影响了他人或其他企业，却没有为之承担应付的成本或没有获得应有的报酬；外部效应包括正、负两种类型：正外部效应是指给他人带来了利益却没有获得应有的报酬，负外部效应是指给他人造成了损失却没有承担应承担的成本。由于正、负外部效应的存在，决定了具有外部效应的产品是无法通过市场供给来达到最优配置的，只能是过多或不足，从而导致了社会资源配置的扭曲。公共产品就具有典型的正外部效应特征。公共产品的生产和提供，如治理环境污染、兴办义务教育会给社会或其他人带来利益和好处，但如果这种活动完全依靠市场机制则无法获得应有的报酬，那么，追求自身利益最大化的理性的市场主体就会更多地希望别人来投资生产和提供这类公共产品，自己则“免费搭车”，无偿享受这些公共产品的外溢利益。如果大家都这样想，就必然会导致公共产品的供应不足，从而使社会福利遭受损失，而这正是理性的市场主体在市场机制下进行自由选择的必然结果。

4. 收入分配不公。市场经济条件下，每一个参与市场活动的人都是追求自身利益最大化的经济人，同时，人与人之间又必然存在差别，如在体格、智力、学历、知识、技能、环境、家庭条件等各种先天和后天的因素上存在差别，这种差别必然会影响到每一个人在市场竞争中的能力，再加上机会不均等，从而影响到每个人的收入分配。市场经济就是靠收入上的差别来产生利益上的刺激，从而进行优胜劣汰的竞争，以此带来效率的，而如果完全自发地依靠市场机制来进行分配，那么，个人收入差距会越来越大，贫富两极分化会越来越严重，甚至会违背人类社会最基本的公平准则。这不仅会影响经济发展，还会带来社会的不稳定。由此可见，收入分配不公是市场机制无法依靠自身力量解决的难题之一。

5. 经济波动与失衡。自由放任的市场经济不可能自动、平稳地向前发展，这是因为：一方面，价格信号在某些重要的市场上并不具有伸缩自如、灵活反应的调节能力；另一方面，从供求角度看，不同经济主体在实现其经济利益上所具有的竞争性和排他性也会使市场的自发力不能经常保证供求平衡，于是失业、通货膨胀和经济的波动与失衡会周期性地重复出现，有时甚至会发展成经济危机。

此外，如果完全依靠市场机制进行资源配置，由于市场主体的自立性和行为短期化，可能会使社会基础设施的投资，一些对社会和个人很有益处但消费者个人评价较低的所谓优效品，如严肃音乐、基础教育等的生产和消费不足。

总之，市场失灵是市场机制运行本身所固有的问题和缺陷，是以居民和企业为主体的私人经济或私人部门经济无力解决的。此时，需要市场以外的力量来进行干预和调节，即需要以政府为主体的公共经济或公共财政的介入，用非市场机制的方式去解决市场失灵问题。由此可见，市场经济条件下为什么需要政府干预、政府如何进行干预的问题，都是以“市场失灵”为切入点来进行界定和分析的。

三、市场经济中的政府职能

由于市场失灵的存在，需要政府在市场机制发挥基础性作用的前提下对市场进行干预和调节，但在不同的时期、不同的国家，人们对市场和政府的作用会有不同的认识。从市场经济的发展历程看，对政府干预的必要性经历了由肯定到否定、再由否定到肯定的不断认识和发展的过程。但是，现代市场经济中，对政府和市场之间关系的认识，基本上不存在极端的经济自由主义思想和完全自由放任的政策主张，也不存在极端的集权主义和实行政府全面管制的政策主张。经济自由主义者也主张政府要发挥一定的职能作用，做好那些市场做不好的事情；提倡政府干预经济的经济学家也不否认市场机制的作用，但更主张市场机制与政府干预相结合。他们之间主要是在政府干预的内容和程度上存在差异。

一般认为，现代市场经济中政府的基本职能至少应该包括以下几个方面：

1. 提供公共产品，满足社会的公共需要，如保证公共安全、提供公共基础设施和公共事业服务等。

2. 制定市场运行规则，建立和维护市场秩序。这方面的内容包括建立对全社会有效的信用机制，反对垄断和非法竞争，保护市场主体的各种权益等。

3. 对经济运行实行计划指导或宏观调控。这方面的内容包括对经济长期发展的方向、目标和速度的预测，对国民经济总量和结构平衡进行调控，调节社会成员之间的收入分配，避免贫富过分悬殊，实现社会公平等。政府实行计划指导或宏观调控主要依靠具有指导性、间接性的经济手段来进行。政府必须依靠收入手段从分配中占有一部分社会产品和资源，然后通过政府支出把它们用于各项职能的履行，政府为履行职能所进行的这种收支活动，实际上就是政府的财政活动。

第二节　财政概念

一、财政是一个分配范畴

在我们日常的社会经济生活中，从居民的衣、食、住、行到国家的政治活动和经济建设，时时处处都存在一些财政现象和财政问题。那么，究竟什么是财政呢？这涉及到财政概念问题，可以从多角度进行研究和理解。

财政是一个古老的经济范畴，但“财政”一词在我国的使用，则是近代的事情。中国古代称财政为国用、国计、度支、理财等。据考证，“财政”一词是日本人从英文“Public Finance”一词翻译而来，又由日本引入我国。清朝光绪二十四年（1898 年）在戊戌变法《明定国事》诏书中有“改革财政，实行国家预算”的条文，这是政府文件中最初使用“财政”一词。光绪二十九年（1903 年），清政府设财政处，整顿财政，为官方用财政名称之始。从“财政”一词的由来表明，财政即为国家（或政府）理财之行为，通过组织收入和安排支出来维持国家政权的存在及其职能的行使。我国传统的观点认为，政府的收支活动属于分配活动。

根据马克思的再生产理论，社会再生产包括生产、分配、交换、消费四个环节，财政处于分配环节，是一个分配范畴。财政作为一种分配范畴同其他相关分配范畴（企业财务分配、居民个人分配、银行信用分配、价格分配等）相比较，具有以下几个特征：

（一）财政分配的主体是国家

财政分配的主体，一般都认为是国家，因为财政分配是以国家的存在为前提，是由国家来组织的，国家在财政分配中居于主导地位。从起源上考察，财政是随着国家的产生而产生的。国家是一种“公共权力”，它的存在不是抽象的，它由军队、警察、监狱、官吏等统治机构所组成。国家为了维持这一套统治机构的存在和实现其职能，就需要凭借国家拥有的政治权力，强制无偿地征收一部分社会产品，以满足其各方面的需要。这种凭借国家政治权力进行的分配，就是财政。正像恩格斯所说：“为了维持这种公共权力，就需要公民交纳费用——捐税。捐税是以前的氏族社会完全没有的。但是现在我们却十分熟悉它了。”① “赋税是政府机器的经济的基础。”② 税收是历史上最早出现的，也是最典型的财政范畴。可见，财政同国家之间存在着本质上的联系。

财政分配的主体是国家，这包括以下几层含义：第一，财政分配以国家为前提，国家直接决定着财政的产生、发展的范围；第二，在财政分配中，国家处于主动的、支配的地位，国家是财政分配活动的决定者和组织者；第三，财政分配是在全社会范围内进行的集中性分配，属于宏观分配，这是由财政分配主体——国家的性质和地位决定的。因为“国家是整个社会的正式代表，是社会在一个有形的组织中的集中表现。”③ 它要执行某种社会职能，从而决定着财政分配是在全社会范围内进行的，具有社会性和集中性的特点。

（二）财政分配的对象是国民收入或国民生产总值

财政分配的对象是部分国民收入或国民生产总值。财政的这种分配，主要表现为在企业分配和居民个人分配基础上的再分配。这对资源配置的宏观效率具有重要作用。

（三）财政分配的目的是保证国家实现其职能

财政分配的目的是保证国家实现其职能的需要，这种需要属于

---

① 《马克思恩格斯选集》第4卷，北京：人民出版社1995年第2版，第171页。

② 《马克思恩格斯选集》第3卷，北京：人民出版社1995年第2版，第315页。

③ 《马克思恩格斯选集》第3卷，北京：人民出版社1995年第2版，第631页。

社会公共需要。马克思曾指出："在任何社会生产（例如，自然形成的印度公社，或秘鲁人较多的是人为发展的共产主义）中，总是能够区分出劳动的两个部分，一个部分的产品直接由生产者及其家属用于个人的消费，另一部分即始终是剩余劳动的那个部分的产品，总是用来满足一般的社会需要，而不问这种剩余产品怎样分配，也不问谁执行这种社会需要的代表的职能。"① 这里说的"一般的社会需要"即社会公共需要。通过财政分配满足的是同国家执行职能有关的那部分社会公共需要。所谓社会公共需要，是指社会安全、秩序、公民基本权利和经济发展的条件等方面的需要。

社会公共需要区别于微观经济主体（个人、企业和其他组织等）的个别需要，具有以下特征：

第一，社会公共需要是社会公众在生活、生产和工作中共同的需要，不是个人需要和个别需要的数学加总，是就社会总体而言的。这就是说，为社会公共需要提供的公共产品，其效用具有"不可分割性"，即它是向社会公众共同提供的，不是向某个人或某个集团提供的；而满足个人消费的产品，其效用具有可分割性。

第二，为满足社会公共需要所提供的产品，应由社会成员共同享用，某个人或某个集团对这种产品的享用并不排斥其他社会成员或团体的享用，即不具有排他性；而为满足个别人或个别集团需要所提供的产品，只能为某个人或某个集团所享用，排斥其他社会成员或团体的享用，即具有排他性。

第三，社会成员享用为满足社会公共需要所提供的产品和服务，无需付出代价或只付出少量的费用；而满足个人需要的产品和服务，必须等价交换，支付等价费用后方可享用。

二、公共财政与公共产品

（一）公共财政实质上是市场经济财政

1992年党的十四大明确提出建立社会主义市场经济体制的改

---

① 《马克思恩格斯选集》第2卷，北京：人民出版社1995年第2版，第580页。

革目标，随之，财政学界提出“我国财政要向公共财政转变”的问题，之后，财政部于1998年底公开提出建立公共财政基本框架的思路。这期间引起了对“公共财政”概念的争论。那么，什么是公共财政呢？

对“公共财政”概念的争论，涉及两个方面问题：

一是翻译问题。财政和公共财政对应的英文词汇是一个，即“Public Finance”。其中，“Finance”是一个多义词，可翻译为“财政”、“财务”、“资金”、“金融”、“融资”等。为了使词义明确，只有加上“Public”进行修饰、限制，才能成为“财政”；否则，会含义不清。但在过去，也曾有人采取直译法，将“Public Finance”直译为“公共财政”。其实，财政同微观经济主体的企业财务和家庭财务相对比，本来就是“公共的”，因此，在“财政”一词前再加上“公共”二字，是同义反复，是多余的。从这个角度来看，公共财政就是财政，而财政从来都是国家（或政府）财政，它们是相同的概念，没有什么区别。

二是传统观念问题。在我国改革开放之前，传统的观点认为：实行市场经济的资本主义国家的财政为了满足社会的公共需要，不直接参与社会再生产过程，属于“公共财政”；实行计划经济的社会主义国家的财政直接参与再生产过程，支出中的主要部分是用于生产建设的，因而属于生产建设性财政。与资本主义财政相比，社会主义财政更具有优越性。这样一来，约定俗成，公共财政就成了资本主义的代名词，自然，两者之间就有了根本的区别。现在看来，这种简单地把“公共财政”与资本主义划等号的做法显然是不恰当的，道理如同不能把“市场经济”与资本主义划等号一样。

撇开财政模式后面反映的社会制度性质不说，从经济运行角度看，如果承认目前发达国家所实行的是较为成熟的市场经济体制，那么，经济决定财政，在此基础上建立的公共财政应该是与市场经济相适应的财政模式，其实质是市场经济财政。

公共财政实质上是市场经济财政，突出表现在公共财政的理论核心是市场失灵论。公共财政理论认为，在市场经济条件下，社会资源的主要配置者是市场，而不是政府。只有在市场失灵的领域，政府部门的介入才是必要的，即市场失灵决定了公共财政存在的必要性及其职能范围，而只有市场经济才有所谓的市场失灵。正是因为在市场经济条件下，财政存在和职能范围确定的主要依据是弥补市场失灵，满足社会公共需要，所以，市场经济条件下的财政被称为公共财政，而公共财政实质上就是市场经济财政。

（二）公共财政的特征

作为与市场经济相适应的财政运行模式，公共财政的基本特征可以概括为以下几个方面：

1. 着眼于弥补市场失灵，提供公共产品和满足社会公共需要，也就是说，公共财政活动的领域、规模、内容和方式，从根本上说都是由市场决定和认可的，是与市场经济运行相适应的。弥补市场失灵，提供公共产品，满足社会公共需要，是公共财政必须遵循并且只能遵循的惟一活动准则，即按照“市场能干的，政府就不要去干；市场不能干而社会又必需的，政府就要去干”的原则来界定公共财政的活动范围。

2. 立足于非营利性。在市场经济条件下，政府作为社会管理者，其行为动机不是也不能是为了取得报酬或盈利，而只能是以追求公共利益为己任。其职责只能是通过提供公共产品，满足社会公共需要，为市场的有序运转提供必要的制度保证和物质基础。即便有时提供公共产品和服务的活动也会附带产生一定数额的利润，但其基本的出发点和归宿仍然是满足社会公共需要而不是盈利。这表现在财政收支上，就是财政收入的取得要建立在为满足社会公共需要而筹措资金的基础上；财政支出的安排，要始终以满足社会公共需要为宗旨。因为政府是拥有政治权力的管理者，如果介入市场营利性活动，就不可避免地会干扰市场正常的运行秩序，财政资金也会为牟取利润而偏离公共财政轨道，从而使公共产品供应不足。政府也难以做到为各种所有制的市场经济主体提供非歧视的、无差别的公共服务。

3. 财政活动规范化、法制化。公共财政活动和运作是在法律、法规的约束规范下进行的，社会公众能够通过法律程序对政府行为，包括其收支活动进行决定、约束、规范和监督。具体表现在：

政府预算是经立法机关以法律形式通过，具有法律约束力的财政收支计划。在公共财政的收入方面，政府只能依据税法征税，政府收入纳入政府预算；在支出方面，必须得到立法机关的同意和批准，按照预算安排来进行，也就是说，公共财政的一切活动，都必须是依照法律来进行的规范行为。

（三）我国建立公共财政的必要性

建立公共财政，实质上是指我国财政由过去带有明显计划经济特征的财政模式转向市场经济条件下的财政模式。我国建立公共财政的必要性，概括地说，就是为了适应建立、健全社会主义市场经济体制的客观需要，为了适应当前和今后改革与发展的新形势、新要求和新变化。具体可以从以下几个方面来认识：

1. 适应资源配置方式转变的要求

在传统的计划经济体制下，政府部门是社会资源配置的主体，财政作为以国家为主体的分配，必然在社会资源配置中居于主导地位。相应地，形成财政的职能范围大而宽，几乎囊括了生产、投资，乃至消费的各个方面。在市场经济条件下，社会资源的主要配置者是市场，而不是政府。这就需要转变政府职能，重新界定我国财政的职能范围，即国家财政只应在社会资源的配置中起补充和配角的作用。财政所要解决的只能是通过市场不能解决或者通过市场不能解决好的事项，诸如提供公共产品、纠正外部效应、维持有效竞争、调节收入分配和稳定经济，等等。财政一般不再直接参与竞争性、营利性的生产经营活动。财政对资源的配置应转变到主要为全社会提供必要的公共产品和公共服务，为市场资源配置作用的发挥创造良好的外部条件和必要条件，改变过去那种排斥市场、替代市场、政府配置包打天下的财政管理和财政运行模式。

2. 适应政府职能转变的要求

随着市场经济体制的确立，政府职能的范围发生了重要变化。政府职能的重新界定，要求国家财政必须从旧体制下那种政企不分、以干预微观经济活动为己任的状态中彻底摆脱出来，转到以宏观调控为重点的轨道上来，以弥补市场缺陷、充分发挥市场机制作用为基本着眼点，为各种经济成分、各类市场主体和投资主体创造公平的竞争环境，为全社会提供必要公共产品和公共服务，以充分体现政府的“社会性”和“公共性”。

3. 适应宏观经济调控模式转变的要求

在市场经济条件下，政府干预经济的方式也发生了变化，要求主要采取经济手段调控经济运行，即运用财政、金融、计划手段的协调配合，实现资源优化配置，保证市场经济的健康、有序发展。国家财政作为政府收支活动，是政府配置资源的一种方式，是社会经济运行的重要变量，也是国家调控经济的重要手段。政府通过在一定经济条件下财政收支的安排，体现政府的宏观调控政策，以促进经济的稳定增长。

（四）公共产品及其特征

公共财政的存在是为了弥补市场失灵，如果把政府为弥补市场失灵而采取的干预、调控和其他所有的政策和制度安排等“无形产品”都看成是政府部门提供的“公共产品”的话，“市场失灵”理论和“公共产品”理论在实质上是从不同的角度来说明了同一问题。

那么，什么是公共产品（Public Goods）呢？按照萨缪尔森给出的定义，纯公共产品是这样的产品：每个人消费这种产品不会导致他人对该产品消费的减少。

公共产品作为私人产品的对称，具有以下特征：

1. 效用的不可分割性

效用的不可分割性即公共产品是向整个社会共同提供的，而不能将其分割成若干部分，分别归个人或集团消费，如安全、秩序、国防等。当然，依据受益范围的大小，可将公共产品区分为全国性或地区性的公共产品，而地区性公共产品的覆盖范围和面积，也存在着大小之分。尽管如此，公共产品的效用仍然是不可分割的，它总是向全国或某个地区的所有成员来提供其效用的。私人产品的效用则具有可分割性，如粮食的效用可供人食用，衣服的效用可供人穿用，等等，其效用的发挥必须分割给每个人才能得以实现。

2. 消费的非排他性

消费的非排他性即某个人或某个集团对公共产品的消费，并不影响或妨碍其他人或集团同时消费该公共产品，也不会减少其他人或集团消费该公共产品的数量或质量。例如，航海中的灯塔，可以为夜间航行的所有船只指引航向。有些公共产品虽然经过技术处置可以具有排他性，但由于这种处置的费用过于昂贵，因而在经济上不可行。私人产品具有排他性，当消费者为私人产品付钱之后，他人就不能享用该种产品或劳务所带来的利益。

3. 取得方式的非竞争性

这里的非竞争性是指消费者的增加不会引起生产成本的增加，即多一个消费者所引起的边际成本为零，因此价格也为零。这意味着可能形成“免费搭车者”，即消费者无须通过市场出价竞争的方式即可获得公共产品，而私人产品，如服装、食品、住宅等，消费者必须通过市场出价竞争的方式获得。

4. 提供目的的非营利性

提供目的的非营利性是指提供公共产品不以盈利为目的，而是追求社会效益和社会福利的最大化，而私人产品的提供则会追求利润的最大化。

公共产品的上述四个特征是密切联系的，其中核心特征是非排他性和非竞争性，其他两个特征是其必然延伸。在实际生活中，还存在兼有私人产品特征和公共产品特征的“混合产品”。

公共产品的上述特征，决定了市场在提供公共产品方面是失灵的，它必须由政府来提供，这就决定了公共财政存在的必要性及其活动范围和内容。

公共产品与私人产品的区别主要是就消费该产品的不同特征来区分的，而不是按产品的所有制性质，即公有还是私有来区分的。另外，公共产品与社会产品是不同的概念。社会产品是由物质生产部门创造的物质产品，通常不包括服务，更不包括精神产品。而公共产品则不仅指物质产品，更主要的还是指各种公共服务，它包括无形产品和精神产品。例如，“国防”作为一种公共产品，它指的不是向军队提供的武器装备、防御设施等，而是指政府通过这些物质条件的总和所提供的保卫国家安全的服务，像秩序、环保、防疫等公共产品都属于这种类型。因为在西方经济学看来，政府也是经济行为的一个主体，它也创造价值。在西方的国民经济核算体系中，生产活动不仅限于物质生产部门，而且还包括提供各种服务的第三产业。这样，政府机关、军队、警察、教育、卫生等部门，由于向社会提供服务，其活动也属于生产活动的范围。

三、财政是公共经济的核心内容

在市场经济条件下，市场经济的主体有三个：企业、居民和政府。作为市场经济主体的政府，指的是政府的经济活动，即政府经济，又称为公共经济（Public Economy）或公共部门经济。而与之相对应的以企业和居民为主体的经济活动，则称为私人经济。公共经济为社会提供公共产品，私人经济为社会提供私人产品。显然，在这里，公共经济与私人经济的区分不是以所有制为标准，而是以不同经济主体的经济活动的不同特征为标准的。在市场经济条件下，经济活动都是围绕着资金运动即资金的筹集与运用展开的。具体地说，企业的经济活动主要表现为居民的收支活动，政府的经济活动主要表现为政府的收支活动，而政府的收支活动就是财政。因此，财政即公共财政是政府经济即公共经济的主要内容。当然，在不同历史时期，随着政府职能范围的变化，（公共）财政的内容也必然随之变化。20 世纪初，特别是 30 年代经济大危机以来，政府经济行为有了很大的扩展，即从单纯财政收支行为扩大到对宏观经济的管理和调节，以及扩大到直接介入生产领域，形成一定规模的公共生产部门。同时，随着许多经济学新领域的开拓，特别是宏观经济学和福利经济学的发展与成熟，到 20 世纪 60 年代便出现了原有财政学的新拓展，即出现了公共经济学。与传统的财政学相比，公共经济学更注重财政收支对整个经济产生的影响，同时，也更全面地采用了现代经济分析方法。就研究的内容看，公共经济学除了研究财政收支本身外，还注重研究公共经济部门存在的必要性和合理性、职能范围、公共部门定价、公共支出效益分析、政府对经济的管理和调节等。当然，在公共财政学与公共经济学的关系上，由于政府的财政收支行为仍然是公共部门的主体，因此财政学仍然是公共经济学的核心内容。

四、财政概念的简要概括

财政概念可以从多角度理解和概括。从社会再生产过程来看，财政处于分配环节，是一个分配范畴，是国家为了满足社会公共需要，对部分国民收入或国民生产总值进行的集中性分配，可简称为国家的分配。公共财政实质上是市场经济财政，市场失灵和公共产品的存在决定着公共财政的必要性及其职能范围。提出公共财政概念，在于实现由计划经济财政向市场经济财政的转型，解决财政职能错位问题。（公共）财政是公共经济的核心内容，通过政府收支活动，实现优化资源配置、公平分配和稳定经济的目标。在市场经济条件下，根据国民经济核算原理，国民生产总值是由私人产品和公共产品共同组成的，作为公共产品提供者的政府，其经济行为不简单是一个分配问题，而是要通过提供公共产品和弥补市场失灵来实现宏观经济管理。

第三节　财政的职能

财政的职能，是指财政在社会经济生活中所具有的职责和功能，它是财政这一经济范畴本质的反映，具有客观必然性。在社会主义市场经济条件下，从财政宏观调控的角度看，可以把财政职能概括为以下三个方面：资源配置职能、收入分配职能和经济稳定职能。

一、资源配置职能

（一）资源配置的含义

所谓资源配置，是指通过对现有的人力、物力、财力等社会经济资源的合理调配，实现资源结构的合理化，使其得到最有效的使用，获得最大的经济效益和社会效益。

高效地配置资源，实质上是对社会劳动的合理分配和有效使用，这始终是经济学的核心问题。在不同的经济体制下，资源配置的方式是不同的。在计划经济体制下，计划配置包罗一切，起着主导作用，财政配置就包含在其中。在市场经济体制下，必然是市场配置起主导作用。总体上说，市场配置是有效率的，在市场竞争中，受利益的驱使，每一个经济活动主体会不断根据市场需求调整其对资源的配置，使之获得利润最大化。但是，市场并不是完美无缺的，单靠市场机制并非在任何情况下都能实现资源的合理配置：一是许多社会公共需要和公共产品无法通过市场配置来实现；二是市场配置资源有一定的盲目性，经济活动主体从自身的当前利益出发，往往容易产生“短期行为”，而市场提供的错误信息，又会把他们引入歧途，这都会影响资源的合理配置和有效使用。因此，在市场经济条件下，需要国家从全社会的整体利益出发，将市场配置资源与财政配置相结合，运用财政配置等手段，对资源进行有计划的分配和调节，才能达到整个社会资源优化配置的目标。

（二）财政资源配置职能的主要内容

1. 调节全社会资源在政府部门和非政府部门（企业和个人）之间的配置

这决定于财政收入占国民生产总值或国民收入比重的高低。提高这一比重，意味着社会资源中归政府部门支配使用的部分增大，非政府部门支配使用的部分减小；反之，降低这一比重，则意味着社会资源中归政府部门支配使用的部分减小，非政府部门支配使用的部分增大。社会资源在政府部门和非政府部门之间的分配，其根据主要是社会公共需要在整个社会需要中所占的比例。这一比例不是固定不变的，而是随着经济的发展、国家职能和活动范围的变化而变化的。应当使政府部门支配使用的资源与其承担的责任相适应，政府支配使用的资源过多或过少都不符合优化资源配置的要求。

2. 调节资源在产业部门之间的配置

合理、优化的产业结构对提高宏观经济效果，促进国民经济良性循环具有重要意义。调整产业结构不外乎有两条途径：一是调整投资结构，因为产业结构是由投资结构形成的，增加对某一产业的投资就会加快该产业的发展；反之，减少对某一产业的投资就可以延缓其发展。二是改变现有企业的生产方向，即调整资产存量结构，促使一些企业转产。在这两个方面，财政都能够发挥调节作用。就调整投资结构来看，首先是调整国家预算支出中的投资结构，例如增加能源、交通和原材料等基础产业和基础设施方面的投资和减少加工部门的投资。其次，利用财政税收和投资政策引导企业投资方向，鼓励企业向短线生产投资，而对长线投资进行限制。例如，通过对长、短线生产部门规定不同的税率，确定不同的折旧率和实行不同的贷款利率，可以起到对不同部门投资的奖限作用，从而引导投资方向。在调整资产存量结构、改变现有企业的生产方向上，在计划经济条件下，我国主要靠对企业实行“关、停、并、转”的行政手段来实现。在市场经济条件下，除了必要的行政措施外，主要应通过市场竞争，实行兼并重组和横向经济联合来进行。在这方面，采取有利于竞争和对不同产业区别对待的税收政策，可以发挥一定的调节作用。

3. 调节资源在地区之间的配置

在世界各国，地区之间经济发展不平衡是普遍现象，在我国，这一问题则更加严重，这有历史、地理和自然条件等多方面的原因。解决这一问题，单靠市场机制难以有效地解决，有时还产生逆向调节，即资源从落后的地区向发达地区流动，这对整个经济的均衡发展和社会的稳定是不利的。这就要求财政资源配置职能在这方面发挥作用。其主要手段是通过财政体制中的转移支付制度和财政补贴、政府投资、税收优惠等政策措施来实现。

二、收入分配职能

（一）收入分配过程和目标

收入分配通常是指对国民收入的分配。国民收入创造出来以后，通过分配形成流量的收入分配格局和存量的财产分配格局。国民收入分配分为初次分配和再分配。初次分配是在企业单位内部进行的要素分配，即根据要素投入的数量和价格获得相应的要素收入，如凭借劳动力的投入获得工资，凭借资本的投入获得利润或利息，凭借土地的投入获得地租等。再分配是指在初次分配的基础上进行的各种分配。各阶层居民的收入分为劳动收入和非劳动收入。

劳动收入包括工资、薪金、奖金、津贴等；非劳动收入包括财产收入、租金、利息、红利和企业留利等。我国依法保护法人和居民的一切合法收入和财产，鼓励城乡居民储蓄和投资，允许属于个人的资本等生产要素参与收益分配。

我国财政收支活动是国民收入分配体系中的一个重要组成部分和环节，它既参与收入的初次分配，也参与国民收入的再分配。财政参与国民收入的初次分配，主要是指国家（财政）以所有者身份参与国有企业利润的分配和财政取得的各种间接税收入，如增值税、消费税、营业税等。因为按照国民经济核算体系的规定，间接税被视为商品价格的追加，构成要素收入的一个项目，而直接税，如所得税、财产税、遗产税等则作为要素收入的再分配。这就是说，从财政收入来看，既有初次分配，也有再分配，而财政支出都属于再分配范畴。

收入分配的目标是实现公平分配，而公平分配包括经济公平和社会公平两个层次。经济公平是市场经济的内在要求，强调的是要素投入和要素收入相对称，它是在平等竞争的条件下由等价交换来实现的。而社会公平则很难用某个指标来衡量，通常是收入差距维持在现阶段各阶层居民所能接受的合理范围内。一些国家通过规定最低工资收入和确定贫困线的办法，关注社会中的低收入阶层。在我国的现阶段，实现收入的公平分配，就是要运用包括市场在内的各种调节手段，实现收入的公平分配，既要鼓励先进，促进效率，合理拉开收入差距，又要防止两极分化，逐步实现共同富裕。为了实现公平分配目标，通过财政分配进行调节是非常必要的。

（二）财政收入分配职能的主要内容

财政收入分配职能主要是通过调节企业的利润水平和居民的个人收入水平来实现的。

调节企业利润水平的主要任务在于通过调节，使企业的利润水平能够反映企业的生产经营管理水平和主观努力状况，使企业在大致相同的条件下获得大致相同的利润。这主要是通过征税剔除或减少客观因素对企业利润水平的影响，为企业创造一个公平竞争的外部环境。例如，通过征收消费税剔除或减少价格的影响，征收资源税、房产税、土地使用税等剔除或减少由于资源、房产、土地状况的不同而形成的级差收入的影响，等等。另外，统一税制，公平税负，也是实现企业公平竞争的一个重要外部条件。

调节居民个人收入水平，既要合理拉开收入差距，又要防止贫富悬殊，逐步实现共同富裕。这主要有两方面的手段：一是通过税收进行调节，如通过征收个人所得税、社会保障税，缩小个人收入之间的差距；通过征收财产税、遗产税和赠与税调节个人财产分布，等等。二是通过转移性支出，如社会保障支出、救济支出、补贴等，以维持居民最低的生活水平和福利水平。

三、经济稳定职能

（一）经济稳定的含义

经济稳定包括多方面的含义。通常是指：第一，充分就业。它是指有工作能力且愿意工作的劳动者能够找到工作。这里的“就业”即工作或劳动，是泛指一切用自己的劳动来维持自己生活的活动。这即是说，各种所有制、各行各业的劳动，均属就业范畴。这里的“充分”就业，并不意味着全部可就业人口100%地就业，而是指就业率（已就业人口占全部可就业人口的比率）达到了某一社会认可的比率，比如95%、97%，等等。第二，物价稳定。它是指物价总水平基本稳定。在纸币流通的条件下，随着商品比价的不断调整，通常物价水平有徐徐上涨的趋势。只要物价上涨幅度在社会可容忍的范围内，比如年率在3%～5%，即可视为物价水平稳定。第三，国际收支平衡。它是指一国在进行国际经济交往时，其经常项目和资本项目的收支合计大体上保持平衡。在开放的市场经济条件下，国际收支平衡是经济稳定的一个重要内容和标志。

应当着重指出，经济稳定，并不是不要经济增长，稳定和增长是相辅相成的。我们讲的经济稳定，是在经济适度增长中的稳定，即动态稳定，而不是静态稳定。因此，经济稳定就包含有经济增长的内容，就是指要保持经济的持续、稳定、协调发展。

（二）财政经济稳定职能的主要内容

要实现经济的稳定增长，关键是要做到社会总供给与总需求的平衡，包括总量平衡和结构平衡，财政在这两个方面都能发挥重要作用。关于结构平衡，实质上是一个资源配置问题，这在前面的资源配置职能中已作过论述，这里着重对财政在调节社会供求总量平衡方面的手段作一些分析。

1. 通过财政预算政策进行调节

这主要是通过作为财政收支计划的国家预算来进行的。由于国家预算通常代表可供国家支配的商品物资量，是社会供给总量的一个组成部分，而国家预算支出会形成货币购买力，是社会需求总量的一个组成部分。因此，通过调整国家预算收支之间的关系，就可以起到调节社会供求总量平衡的作用：当社会总需求大于社会总供给时，可以通过实行国家预算收入大于支出的结余政策进行调节；当社会总供给大于社会总需求时，可以实行国家预算支出大于收入的赤字政策进行调节；在社会需求总量平衡时，国家预算应实行收支平衡的中性政策与之相配合。一般而言，在市场经济条件下，由于受各种复杂因素的影响，市场上的供求关系会经常发生变化，时而总供给大于总需求，时而总需求大于总供给，这就要求国家交替使用赤字预算和结余预算来进行调节。

2. 通过制度性安排，发挥财政“内在稳定器”的作用

这表现在财政收入和支出两方面的制度。在收入方面，主要是指实行累进所得税制。在这种税制条件下，当经济过热、出现通货膨胀时，企业和居民收入增加，适用税率相应地提高，税收的增长幅度超过国民生产总值（General Domestic Product，GDP）的增长幅度，从而可以抑制经济过热；反之，当经济萧条时，企业和居民收入下降，适用税率相应地降低，税收的降低幅度超过 GDP 的降低幅度，从而可以刺激经济复苏和发展。当然，上述作用是以所得税，特别是个人所得税在整个税收中占有相当大的比重为前提的。目前在我国，企业所得税实行比例税率，而个人所得税规模又较小，这种作用十分微小，但从长远来看，作为一种制度安排仍然有借鉴意义。

在财政支出方面，主要体现在转移性支出（社会保障、补贴、救济和福利支出等）的安排上，其效应正好同税收相配合。经济高

涨时，失业人数减少，转移性支出下降，对经济起抑制作用；反之，经济萧条时，失业人数增加，转移性支出上升，对经济复苏和发展起刺激作用。

第二章　财政支出概述

第一节　财政支出的分类与结构

一、财政支出的分类

为了合理而有效地使用财政资金，加强对财政资金的管理和监督，需要对财政支出的内容进行科学的分类。财政支出分类是研究财政支出结构的基础。

（一）按财政支出的性质分类

按财政支出的性质不同，可以把财政支出分为购买性支出和转移性支出。购买性支出又称消耗性支出，是指政府购买商品或劳务的行为，包括购买进行日常政务活动和政府投资所需的各种物品或劳务的支出。前者如政府各部门的行政管理费，后者如政府各部门的投资拨款。政府购买支出反映了政府部门占用和消耗社会资源的状况。

转移性支出是指政府无偿的、单方面的资金支付，不相应地取得商品和劳务，主要包括政府部门用于养老金、补贴、债务利息、失业救济等方面的支出。转移性支出并不反映政府部门占用社会资源的要求，它只是对社会资源在社会成员之间的再分配，政府部门只充当中介人的作用。

购买性支出和转移性支出对经济运行的影响是不同的。购买性支出直接增加当期的社会购买力，并由政府直接占有商品和劳务，直接影响就业、生产和社会总需求，主要反映政府的资源配置职能。转移性支出只是资金使用权的转移，对收入分配产生直接的影响，主要反映政府的收入再分配职能。在财政支出规模一定的情况下，当购买性支出在财政支出总额中占有较大比重时，财政支出对经济运行的影响较大，执行资源配置的功能较强；当转移性支出在财政支出总额中占有较大比重时，财政支出对收入分配的影响较大，执行收入再分配的功能较强。因此，这种分类对研究财政支出对宏观经济运行的影响有重要意义。

（二）按政府职能分类

按政府职能对财政支出进行分类，是各国在财政支出管理上最常采用的一种分类方法，各国政府在编制财政支出预算时也大致采用类似的分类方法。当然，各国的情况有所不同，在分类的项目和包括的内容上也不可能完全相同，但归纳起来，大体有国防支出、外交事务支出、行政管理支出、经济建设支出、社科文教支出、保护环境和自然资源支出、政府债务支出和其他支出等。

在我国，对财政支出按政府的职能分类，可以分为国防支出、行政管理支出、社科文教支出、经济建设支出和债务支出五大类。国防支出包括政府用于军防和民防事务、对外军援、军事科研等方面的支出。行政管理支出包括政府用于行政管理、公安司法、外交事务等方面的支出。社科文教支出包括政府在教育、卫生保健、社会保障、社会福利、住房、社区发展、文化娱乐等领域的支出。经济建设支出包括政府以经费拨款、投资、补贴和贷款形式用于经济建设方面的支出。债务支出是指政府公债的还本和付息支出。

（三）按财政支出项目与资本投资的关系分类

财政支出按支出项目是否与资本投资有关，可以分为经常性支出和资本性支出两大类。经常性支出是政府用于经常项目的开支，包括政府雇员的工资薪金支出、为政府雇员交纳的社会保险费支出、公用经费支出、社会保障津贴支出、利息支出等。资本支出是指政府用于资本项目的支出，包括政府购置固定资产和无形资产的投资支出、政府战略储备支出、用于资助企业购置固定资产或增加企业金融资本或弥补企业资本损失的支出。

这种分类有利于增强政府支出预算的透明度，便于社会各界监督支出预算的执行，有利于加强政府对投资的管理和对经济的宏观调控。

我国从 1992 年起，中央预算开始按复式预算的形式编制，地方省级预算也从 1993 年起实行复式预算。相应地，我国的财政支出分为经常性支出和建设性支出两类。经常性支出是指政府预算中用于维持政府活动、保障国家安全和社会秩序、发展各项事业以及用于人民生活和社会保障等方面的支出 。建设性支出是指政府预算中用于各项经济建设活动的支出。

（四）按财政支出的具体用途分类

按财政支出的具体用途分类，是我国政府预算支出科目设置采用的方法。其所列各类支出就是我国的预算支出科目。

我国财政支出按具体用途分类，主要有基本建设支出，企业挖潜改造资金、地质勘探费支出，科技三项费用、流动资金支出，农业支出，林业支出，水利和气象支出，工业交通等部门的事业费、流通部门事业费、文体广播事业费、教育支出，科研支出，医疗卫生支出，其他部门的事业费、抚恤和社会福利救济支出，行政事业单位离退休支出，社会保障补助支出，国防支出，行政管理费、外交外事支出，武装警察部队支出，公检法司支出，城市维护费、政策性补贴支出，对外援助支出，支援不发达地区支出，海域开发建设和场地使用费支出，车辆税费支出，债务利息支出，专项支出，其他支出和总预备费等。

二、我国财政支出结构分析

判断一国财政支出结构是否合理，至少应从三个方面来分析：一是该国所处的经济发展阶段以及在该阶段政府所追求的主要经济政策目标；二是财政支出各项目间的相对增长速度；三是同经济发展水平相近国家的财政支出结构相比较。①

按照职能分类法，1949 年以来，我国财政支出结构变化呈如

---

① 参见陈共：《财政学》，北京：中国人民大学出版社 1998 年版，第 47 页；郭庆旺、赵志耘：《财政理论与政策：当前若干重大问题探讨》，北京：经济科学出版社 1999 年版，第 108 页。

下发展变化趋势：

1. 经济建设支出是最大的财政支出项目，但长期趋势是逐步下降的。经济建设支出已由“六五”时期以前55%以上的高比率，逐步下降到“七五”、“八五”时期的40%多，再下降到目前的30%多，这主要是经济体制转轨带来的变化。改革开放前我国实行计划经济体制，国家在资源配置中居绝对主导地位，经济建设主要依靠国家来组织和推动，因此，经济建设支出在财政支出中所占的比重很大。改革开放以后，随着社会主义市场经济的逐步发展，市场机制在资源配置中逐步发挥基础性作用，国家财政支出逐步作为市场的补充，因此，经济建设支出比重呈现出下降的趋势。

2. 在财政支出总额中消费性支出的比重过大，而且增长速度大大超过生产性支出的增长速度。在经济建设费、社科文教费、国防费、行政管理费以及其他费用等财政支出中，经济建设支出降幅较大；国防支出也呈不断下降趋势，但近几年的变化不大；社科文教支出呈不断上升趋势，从“一五”时期的11.6%上升至“七五”时期的23.2%，2001年达到27.6%；行政管理支出从“一五”时期的8.5%，上升至2001年的18.6%；其他支出从“一五”时期的2.4%上升至2001年的13.9%。这种结构变化表明，经济建设支出的地位大大降低，而行政管理支出的地位明显上升。

3. 从购买性支出和转移性支出占总支出的比重来看，我国1998年转移性财政支出占财政总支出的比重为32.1%，低于发达国家在20世纪80年代的41%，超过发展中国家的22.5%的水平。但我国需要注意的问题是：其一，在购买性支出中，用于行政管理方面的购买性支出增长过快，表明购买性支出的结构不尽合理；其二，在转移性支出中，社会保障性支出比重较小，而债务支出比重较高，如1998年我国的债务支出占财政支出的21.1%，相当于转移性支出的近2/3，而无论是发展中国家还是发达国家，该比重一般在5.5%左右，说明我国转移性支出的结构不尽合理。总的来看，随着我国社会经济的发展，购买性支出和转移性支出的相对比重还会发生较大变化，总的趋势是转移性支出的比重在逐步提高，达到一定程度后会相对稳定下来。

第二节　财政支出规模

一、财政支出规模及其影响因素

财政支出规模反映的是政府在一定时期内集中支配使用的资金量，是考察政府财政活动规模的重要指标。常用的衡量财政支出规模的指标有绝对量指标和相对量指标。绝对量指标主要是财政支出总额，它直接用货币量表示财政支出的数额，比较直观、具体地反映一定时期内政府财政活动的规模。相对量指标通常用财政支出占国内生产总值（GDP）的比重来表示，它说明在一定时期内的GDP中由政府集中和支配使用的份额，可以全面衡量政府经济在整个社会经济中的相对重要性。在财政支出规模的理论研究和现实分析以及财政支出规模的比较中，通常用财政支出占GDP的比重这一相对指标来进行。

在一般情况下，一国财政支出规模的大小取决于财政支出范围，具体地说主要是受三个因素的影响：

1. 经济性因素。经济性因素主要指一国的经济发展水平、经济体制模式和政府干预经济政策的选择等。经济发展水平的高低决定了社会财富的多少，一般来说，社会财富的不断增加会使政府取得的收入份额增加，从而不仅为财政支出规模的扩大提供了可能性，也会在一定程度上刺激和带动财政支出扩大规模。经济体制模式的选择也会对财政支出规模产生影响，从我国财政支出规模变化情况也可以看到这一点。在我国过去的计划经济体制下，政府是社会资源配置的主体，政府职能过宽，包揽过多，财政支出占GDP的比重就比较高，一般在30%以上。随着改革开放的深入，我国逐步确立了社会主义市场经济体制，市场在资源配置中起基础性作用，政府配置资源的比重逐渐减小，而财政支出占GDP的比重也是呈下降趋势。政府干预经济政策对财政支出规模的影响主要表现在政府运用经济手段干预经济的范围越广、干预程度越深，财政支出的规模就越大，如 1998 年我国实施积极财政政策以来，财政支出占 GDP 的比重有了明显的上升。

2. 政治性因素。政治性因素对财政支出规模的影响主要体现在两个方面：一是政局是否稳定，当一国政局不稳，出现内乱或外部冲突时，财政支出的规模必然会增加，最明显的例证是“二战”期间各参战国的财政支出规模均大幅度飚升；二是政体结构的行政效率，若一国的行政体制存在机构臃肿、人浮于事、效率低下的状况，各项行政经费开支必然增多，财政支出规模也就庞大；反之，财政支出规模就会减小。

3. 社会性因素。社会性因素包括人口状态、文化背景、历史传统等因素，这些因素在不同国家存在着较大的差异，也使各国因此在财政支出方面体现出不同的规模要求。例如，从人口状态看，如果一个国家人口基数大、增长快，相应的基础教育、卫生保健以及救济贫困人口的支出便会相应地增加，从而要求财政支出规模的增加。

二、财政支出规模的增长趋势

财政支出的规模，各个国家有所不同，而且在同一国家的不同时期，这一比重也有所不同，但从全球范围来看，财政支出无论从绝对量上还是从相对量上都有不断增长的趋势。这种趋势并不因各国的经济发展水平和国家结构差异而不同，不同的只是增长速度的快慢，见表 2-1、2-2。统计资料表明：第一，世界各国的财政支出比率呈上升趋势；第二，20 世纪 80 年代中期以前的财政支出比率上升得较快；第三，经济发达国家财政支出比率高于发展中国家。尽管 20 世纪 80 年代以来，各国的财政支出比率增长速度放慢了，但财政支出增长的趋势并不会逆转。①

---

① 郭庆旺、赵志耘：《财政理论与政策：当前若干重大问题探讨》，北京：经济科学出版社 1999 年版，第 90 页。

表 2-1　　**部分发达国家财政支出占 GDP 的比重**　　单位:%

年度	法国	德国	日本	瑞典	英国	美国
1980	15	10	11	6	10	8
1929	19	31	19	8	24	10
1960	35	32	18	31	32	28
1985	52	47	33	65	48	37
1991	53	49	—	67	53	43
1996	57	57	—	71	54	42

说　明：除瑞典 1980 年和 1929 年是中央政府支出外，其余国家各年份的支出均包括中央、州、地方支出。1980 年和 1929 年数字系占 GNP 的比例，1960 年和 1985 年数字系占 GDP 的比例。英国和美国 1996 年数字为 1995 年数字。

资料来源：郭庆旺、赵志耘：《财政理论与政策：当前若干重大问题探讨》，北京：经济科学出版社 1999 年版，第 91 页。

《1988 年世界发展报告》，中国财政经济出版社第 44 页，IMF，Government Finance Statistics Yearbook，1997.

表 2-2　　**中央政府的支出总额占 GNP 的比重**　　单位:%

国家	1972 年	1985 年
发展中国家	18.7	26.4
低收入国家	—	20.8
中等收入国家	21.7	27.5
工业化国家	22.2	28.6

说　明：低收入国家中不包括中国和印度。

资料来源：郭庆旺、赵志耘：《财政理论与政策：当前若干重大问题探讨》，北京：经济科学出版社 1999 年版，第 91 页。

《1988 年世界发展报告》，中国财政经济出版社，第 46 页。

面对财政支出不断增长的趋势，西方经济学界从各种角度探讨决定财政支出增长的原因。比较有代表性的理论分析有：

（一）政府活动扩张论

政府活动扩张论，也称瓦格纳法则。19 世纪末德国经济学家瓦格纳在考察了英国工业化革命以及当时的美、法、德、日的工业化状况之后预言：随着经济的发展，政府支出必定比产出以更快的比率增加。对此人们通常理解为：政府财政支出占国民生产总值（GNP）的比例与人均国民生产总值正相关。瓦格纳认为财政支出比率上升趋势的最基本原因是工业化。他认为，现代工业的发展会引起社会进步的要求，社会进步必然导致国家活动的增多。首先，随着经济的工业化，不断扩张的市场与这些市场中的行为主体之间的关系会更加复杂，市场关系的复杂化引起了对商业法律和契约的需要，并要求建立司法体系和管理制度，以规范行为主体的社会经济活动。其次，政府对经济活动的干预以及从事的生产性活动，也会随着经济的工业化而不断扩大。第三，工业的发展推动了都市化的进程，人口的居住将密集化，由此将产生拥挤等外部性问题，这也需要政府进行干预和管理。最后，瓦格纳把对于教育、娱乐、文化、保健与福利服务的公共支出的增长归因于需求的收入弹性，即随着实际收入的上升，这些项目的公共支出的增长将会快于GNP的增长。这就是说，随着人均收入的增加，人们对上述服务的需求增加更快，政府要为此增加支出。

（二）梯度渐进增长理论

梯度渐进增长理论也称为时间形态理论。英国经济学家皮考克和威斯曼认为在正常年份财政支出呈现一种渐进的上升趋势，但当社会经历“激变”（如战争、经济大萧条或其他严重灾害）时，财政支出会急剧上升；当这种“激变”时期过后，财政支出水平将下降，但不会低于原来的水平。因此，在政府支出的统计曲线上，呈现一种梯度渐进增长的特征。他们的理论实质上阐明了财政支出增长的两类原因：内在因素和外在因素。内在因素是指公民可以忍受的税收水平的提高。在正常条件下，经济发展，收入水平上升，以不变的税率所征得的税收也会上升，于是政府支出上升会与GNP成线性关系。这种逻辑过程，揭示出在正常情况下财政支出呈渐进增长趋势的内在原因。外在因素是指社会动荡对财政支出造成的压力。

该理论是建立在这样一种假设基础之上：政府喜欢多花钱，而公民不喜欢多纳税，这就迫使政府更多地注意公民的意愿。这样，尽管政府财政支出本身具有膨胀的内在动因，但公众的税收容忍水平将通过投票箱而遏制政府支出膨胀的势头。它决定了在正常的时期，政府支出规模是渐进扩大的，因为在既定的税制和税率水平下，经济增长和国民收入的扩大容许政府支出与GNP同步，并且由于税率的超额累进性而稍快增长，使政府支出相对规模呈现出逐渐向上缓慢爬升的趋势。然而，一旦社会剧变到来，如战争、大灾害、大危机等，它们都需要政府发挥更大的作用，决定了政府为应付这些突变而临时增大了财政支出，此时增税对于选民来说是可以接受的。这就产生了“替代效应”，即危机促进政府财政支出替代了私人支出，而大大增加了财政支出的相对规模。危机过后，选民将更为强烈地意识到平时没有注意到的社会问题，如战后的调整、退伍军人的退休金以及全民素质的提高等，从而促使人们对扩大财政支出予以支持，能够容忍较高的税收水平和财政支出水平，这就是检视效应（检查效应）。此外，战争等社会剧变还会促使中央政府财权的不断扩大，地方政府财权的不断缩小，即所谓的集中效应。这三种情况就打断了政府财政支出的渐进扩张进程，而使财政支出增幅跨上了一个新的台阶。

（三）经济发展阶段论

马斯格雷夫和罗斯托则用经济发展阶段论来解释财政支出增长的原因。他们认为，在经济发展的早期阶段，政府投资在社会总投资中占有较高的比重，公共部门为经济发展提供社会基础设施，如道路、运输系统、环境卫生系统、法律与秩序、健康与教育及其他用于人力资本的投资，等等。这些投资，对于正处于经济发展早期阶段的国家进入“起飞”，以至于进入发展的中期阶段是必不可少的。在发展的中期，政府投资还应继续进行，但这时政府投资只是对私人投资的补充。无论是在发展的早期还是中期，都存在着市场缺陷，也就需要加强政府的干预。马斯格雷夫认为，在整个经济发展过程中，GDP中总投资的比重是上升的，但政府投资占GDP的比重会趋于下降。罗斯托认为，一旦经济达到成熟阶段，公共支出将从基础设施支出转向不断增加的对教育、保健与福利服务的支出，且这方面的支出增长将大大超过其他方面支出的增长，也会快于 GDP 的增长速度。①

(四) 官僚行为增长论

按照公共选择理论的观点，官僚是指政府负责提供服务的部门。与私人部门不同，官僚机构以追求机构的最大化为目标，机构规模越大，官僚们的权力就越大。同私人部门提供私人产品相比，官僚机构在提供公共产品和服务的过程中表现出三个方面的特点：一是政府官僚机构在提供公共产品的过程中缺乏竞争，导致政府部门的服务效率低下；二是官僚机构不以利润最大化作为追求目标，官僚行为的成本相对较高；三是公共产品和服务不以价格形式出售，社会成员在对政府部门的工作效率进行评价时，其敏感度无疑低于市场价格。正因为官僚机构以机构规模最大化作为目标，导致财政支出规模不断扩大，甚至财政支出规模增长超出了公共产品最优产出水平所需要的支出水平。此外，由于官僚机构通常拥有提供公共产品和服务的垄断权，监督部门难以完全掌握所需信息。由于交易成本很高，拨款机构很难控制官僚行为。因此，官僚机构通常以两种方式扩大其预算规模：第一，它们千方百计让政府相信它们确定的产出水平是必要的；第二，利用低效率的生产技术来增加生产既定的产出量所必需的投入量，这时的效率损失不是源于官僚服务的过度提供，而是由于投入的滥用所导致。由此可见，官僚行为从产出和投入两个方面迫使财政支出规模不断膨胀。②

三、我国财政支出规模分析

2002 年我国财政支出总额为 22 012.0 亿元，较之于 1978 年的 1 122.1 亿元增长了近 20 倍，但是财政支出占 GDP 的比重却从 1978 年的 30.96%下降到 2002 年的 21.5%。如前所述，世界各国

① 参见陈共：《财政学》，北京：中国人民大学出版社 1999 年版，第 41～43 页；刘溶沧、赵志耘：《中国财政理论前沿》，北京：社会科学文献出版社 1999 年版，第 67～69 页。

② 参见郭庆旺、赵志耘：《财政理论与政策：当前若干重大问题探讨》，北京：经济科学出版社 1999 年版，第 98 页。

的财政支出无论从绝对规模还是从相对规模看，都呈现随着人均收入的提高而增长的趋势，而我国自改革开放以来，财政支出占GDP的比重却呈相反的态势，一直趋于下降，到1996年降到历史的最低点11.57%，之后这一比重开始上升，到2002年逐步回升到21.5%。

我国财政支出规模之所以出现上述波动，主要原因在于：一是体制转轨的影响。在经济体制改革以前，我国财政支出占GDP的比重是比较高的，这主要是由于我国当时实行高度集中的“统收统支”的财政管理体制，政府包揽的事务较多，必然需要较高财政收支规模。改革开放以来，我国对政府职能以及财政收支规模和结构进行了相应的调整。一方面，以“放权让利”为主线的改革，使收入分配更多地向企业和个人倾斜，在一定时期伴随着财政收入规模的下降而出现财政支出规模的适度下降；另一方面，随着市场化取向改革的推进、政府职能的调整，财政支出中逐渐减少了一些原本不应由政府财政承担的项目开支，这样也使财政支出规模出现一定程度的下降。二是财政体制不规范的影响。改革开放以来，我国的财政体制建设滞后，形成了没有纳入预算管理的预算外资金、制度外资金的大幅度增加的局面，从而使得预算内的财政收入和财政支出规模占GDP的比重下降。尤其是在1990年到1998年期间，由于财政体制不规范导致没有纳入预算的政府及其部门的支出过多，造成了这一时期财政支出占GDP的比重较低。近几年来，我国在努力增加税收收入的同时，加强了对预算外资金的管理，并着力清理了各种乱收费，逐步将一部分收费、基金纳入到了预算管理之中，因此，财政支出占GDP的比重又出现了回升的趋势。从我国改革开放以来的情况看，财政收支的调整带来财政支出规模的下降是正常的，但下降过多则是不正常的。从财政支出增长的规律来看，财政支出规模不断下降和财政支出规模过小与我国当前所处的经济发展阶段和政府的职能范围是不相称的。近年来，财政支出规模逐步提高，但是在其达到一定规模时会呈现稳定的状态，不会回到原来计划经济体制下占GDP比重较高的水平。

第三节　财政支出效益分析

一、财政支出效益的含义

财政支出的效益应包括三方面内容：第一方面是确定合理的财政支出规模，使政府部门和非政府部门在资源配置上都能获得合理的供应，既能满足政府部门的需要，又能满足非政府部门的需要，从而使社会再生产能够顺畅运行；第二方面是在财政支出规模既定的条件下，通过优化支出结构，促进国民经济稳定协调发展，实现最好的宏观经济效益；第三方面是指就每项具体财政支出来说，要用尽可能少的支出达到既定的支出目的，取得最佳效益。

财政支出的效益与微观经济主体支出的效益相比较有许多特殊的地方，在评价财政支出效益时应加以注意。

第一，计算效益的范围不同。效益是通过对“所费”与“所得”的对比分析计算出来的。对微观经济主体来说，比如企业，它只计算发生在企业自身核算范围以内的直接的和有形的所费与所得；但政府除了要计算直接的和有形的所费与所得外，还要考虑长期的、间接的和无形的所费与所得。

第二，衡量效益的标准不同。微观经济主体的支出在于追求自身经济效益的最大化，只要能获得利润，即所得大于所费，都是可以选择的目标；但财政支出更重要的是追求社会效益最大化，即使某项支出从其自身看可能出现亏损，但对整个社会能取得较大的社会效益，这项支出也是必要的。

第三，效益的表现形式不同。微观经济主体支出的效益其表现形式是单一的，只采用货币计算的价值形式来表现就可以满足决策的需要；而财政支出的效益，其表现形式是多样的，除了可以用价值形式表现出来以外，还可以用其他形式表现出来，如对社会管理、国家安全保卫、科教文卫支出，其效益还要通过政治的、社会的、文化的等多种形式表现出来，只有这样，才能满足财政支出决策的需要。当然，这个特殊性是由以上两个特殊性派生出来的。

提高财政支出效益，主要是通过以下两个方面来实现的：一是科学地编制财政预算，通过预算来保证在政府部门和非政府部门之间实现社会资源的优化配置；二是对每项财政支出的效益都要进行考察与评价，尤其是要运用经济分析的方法来决定支出方案的取舍，以达到用最少的支出来实现最大的效益。此外，根据国民经济供求的平衡情况，适时调整财政平衡政策，也是财政支出效率原则的重要体现。

二、财政支出效益分析方法

由于财政支出的内容十分复杂，而且在支出性质上存在较大的差别，因此，采用提高支出效益的方法也不完全相同。当前较为流行的几种方法是："成本—效益"分析法、最低费用选择法、"公共劳务"收费法。

（一）"成本—效益"分析法

"成本—效益"分析法是西方发达国家于20世纪40年代，将企业进行投资决策的财务分析方法运用到财政分配领域，成为政府进行财政支出决策从而有效地使用财政资金的重要方法。

"成本—效益"分析法的基本原理是：根据政府所确定的建设目标，提出实现该目标的各种方案，对这些可供选择的方案，用一定的方法计算出各方案的全部预期成本和全部预期效益，通过计算成本—效益的比率来比较不同项目或方案的效益，确定优先采用的次序。这种方法特别适用于财政支出中有关投资性支出项目的分析。

运用"成本—效益"分析法，一般经过这样几个步骤：

1. 政府根据国民经济发展的要求，确定若干备选的支出项目，并组织各方面专家为每一个备选项目制定出若干备选的支出方案。

2. 用贴现率计算各备选方案的成本与效益及其比率并排出优劣次序。

3. 为每个备选项目，从其备选方案中选择一个最佳的实施方案。

4. 根据已确定的财政支出总规模，从备选项目中，选择一个最佳的项目组合。

5. 对选定的项目组合进行机会成本分析，最后将支出项目确定下来。

（二）最低费用选择法

最低费用选择法，是指对每个备选的财政支出方案进行经济分析时，只计算备选方案的有形成本，而不用货币计算备选方案支出的社会效益，并以成本最低为择优的标准。换言之，就是选择那些使用最少的费用就可以达到财政支出目的的方案。该方法主要适用于军事、政治、文化、卫生等支出项目，因为这些项目的社会效益不容易计算，只能以最低费用作为择优标准。

最低费用选择法的操作步骤与“成本—效益”分析法大体相同，由于不计算支出的无形成本与效益，故运用起来比“成本—效益”分析法简单一些。但是，需要指出，许多财政支出项目都含有政治因素、社会因素等，如果只是以费用高低来决定方案的取舍而不考虑其他因素也是不妥当的，这就需要在综合分析、全面比较的基础上，进行择优选择。

（三）“公共劳务”收费法

所谓“公共劳务”，是指政府为行使其职能而进行的各种工作，包括国防建设、行政工作、道路的建设与维护、城市供水与排水工作、住宅供应与公园的建设与维护等。政府向社会提供这些“公共劳务”供社会成员所享用，在一个经济社会中，同样也要求最有效、最节约地使用，也就是说要提高财政对这些方面支出的效益。为此，人们把商品经济中的价格机制引申到对“公共劳务”的提供与使用中，以借助价格、收费的作用来提高财政支出的效益。“公共劳务”收费法，就是通过制定和调整“公共劳务”的价格和收费标准来改进“公共劳务”的使用状况，使之达到提高财政支出效益的目的。

“公共劳务”收费法和“成本—效益”分析法以及最低费用选择法的区别在于，它是通过制定合理的价格与收费标准来达到对“公共劳务”有效地节约使用，而不是对财政支出备选方案的选择。

对“公共劳务”的定价，一般有四种情况，即免费、低价、平价和高价。

免费和低价政策，可以促进社会成员最大限度地使用这些“公共劳务”，使之获取极大的社会效益。但是，免费和过低的价格又会使享用者降低对该种“公共劳务”的重视，从而产生浪费、不节约使用的现象。适用于免费和低价提供的“公共劳务”，必须是从全局和全社会的利益出发在全国普遍使用但居民对此尚无完全觉悟的情况，如强制进行义务教育，强制注射疫苗等。

平价政策，可以用收取的费用弥补该项“公共劳务”的人力、物力耗费。从消费方面来说，可以促进社会成员节约使用该项“公共劳务”；从提供方面来说，政府有了进一步改进和提高该项“公共劳务”水平的费用。平价政策一般适用于从全社会的利益来看，无需特别鼓励使用，又无必要特别加以限制使用的“公共劳务”，如公路、公园、铁路、医疗等。

高价政策，主要适用于从全社会利益来看必须限制使用的“公共劳务”。实行高价政策既可以达到有效限制使用的目的，又可以提供较多的财政收入。

第三章　购买性支出

第一节　财政投资支出

一、财政投资的性质

财政投资，也称为政府投资或公共投资，是以政府为主体，将其从社会产品或国民收入中筹集起来的财政资金用于国民经济各部门的一种集中性、政策性投资，它是财政支出的重要部分。

在社会主义市场经济体制下，财政投资有其客观必然性。首先，社会主义市场经济中，市场机制在社会资源的配置中起基础性的作用，但由于市场机制本身所固有的缺陷，政府必须运用财政投资这一宏观调控手段在公共领域内进行投资，以弥补市场缺陷，向公众提供公共产品，调整和优化经济结构，促进经济稳定发展；其次，社会主义市场经济是以公有制为主体的市场经济，政府作为全民生产资料所有者的代表，它直接参与社会生产活动，这就要求政府以财政投资的形式，通过国有经济的发展、壮大，直接促进和加快社会生产力的发展，满足人民群众日益增长的物质文化需要。

考察财政投资的性质不只是从它存在的客观必然性来看，还必须从它与微观经济主体的投资的联系与区别来看。财政投资是以政府为主体的投资，而微观经济主体的投资则是以个人、企业、银行等为主体的。

（一）财政投资与微观经济主体投资的区别

1. 投资的资金来源和筹集方式不同。财政投资的资金来源主要是通过政府参与 GDP 的初次分配和再分配，以政治权力行使者身份筹集起来的税收和以生产资料所有者身份取得的资产收益。从其价值构成来看，财政投资的资金主要来自社会产品价值中的 c 和 m 部分。而微观经济主体投资的资金来源主要是自身创造的一部分利润，以及通过银行贷款、发行企业债券和股票等方式筹集的一部分社会资金。从其价值构成来看，可以来自社会产品中的 c、v、m 等各个部分。

2. 资金的使用规模不同。财政投资是大规模的集中性投资。而微观经济主体的投资无论其资金来源和筹资手段如何多样化，都要受自身收入水平和偿债能力等的限制，这就决定了它们的投资是分散的，在投资规模上一般无法与财政投资相比拟，特别是在市场经济发育阶段。

3. 投资的领域不同。在市场经济条件下，微观经济投资主体是独立核算的商品生产经营者，追求利润最大化是他们的目标，其投资必定要根据收益原则和价值规律的调节，把资金投在收效快、期限短、盈利大的产业和产品上。而公共财政投资虽然也要考虑投资回收和投资收益，但更重要的是要考虑一定时期国家和社会经济发展的战略目标，从全局出发考虑投资行业和投资方向。因此，财政投资往往将资金投向企业和个人不愿意投资的风险大、盈利小而经济发展又非常需要的产业和国民经济发展中比较薄弱的重点工业、新兴产业。

4. 投资管理方式不同。财政投资是以政府为主体的投资，政府不可能像微观经济投资主体那样，亲自参与投资的全过程。财政投资实质上是一种提供资金来源的投资，是一种决策性的、把握大方向的投资，而微观经济投资主体则参与投资的全过程，直接承担投资的决策风险和施工、经营风险。

（二）政府公共投资的范围

根据国民经济各行业的性质和特点，可以将投资项目划分为竞争性、基础性和公益性三大类。竞争性项目和行业是指完全受市场调节的营利性项目和盈利性行业，它提供的产品属于“私人产品”，具有排他性和竞争性，其价格完全通过市场竞争形成，如轻工、纺织、机械、电器等加工业。基础性的项目和行业是指基础设施和基础工业。基础设施主要包括交通运输、机场、港口、桥梁、通信、水利和城市排水、供气、供电等设施；基础工业主要指能源、基本原材料等工业。基础产业不同于其他产业之处在于，它为整个社会生产提供生产的外部条件，具有公用性、非独占性和不可分割性，这使它具有“公共产品”的一般特征，对整个国民经济的发展具有很强的制约作用。公益性的项目和行业主要是指文化、教育、科学、卫生、社会福利等部门和行业，行政管理和国防也可以包括在其中，它们提供的产品和服务基本上属于“公共产品”。

根据上述竞争性、基础性和公益性三类投资项目的不同性质和特点，其投资范围应作如下划分：竞争性项目应以企业为投资主体，通过市场筹集建设资金。政府对支柱产业、重点项目和高技术开发项目，可以有选择地加以支持，参与投资。基础性项目主要应由政府集中必要的资金进行建设，并引导社会资金、企业资金和外资参与投资。公益性项目主要由各级政府运用财政资金安排建设。

二、政府财政对基础产业的投资

基础产业是支撑一国经济运行的基础部门，它决定着工业、农业、商业等生产活动的发展水平。一国的基础产业越发达，该国的国民经济运行就越顺畅，人民生活也越便利，生活质量相对来说就越高。基础产业的内涵，有广义和狭义之分。狭义的基础产业，是指社会经济活动的基础设施和基础工业。基础设施主要包括交通运输、机场、港口、桥梁、通信、水利和城市供排水、供气、供电设施；基础工业主要指能源（包括电力）工业和基本原材料工业。通常将基础设施和基础工业统称为基础产业。广义的基础产业，除了上述基础设施和基础工业之外，还包括一些提供无形产品或服务的部门，如科学、文化、教育、卫生等部门，这些部门提供服务所需的固定资产，通常归于广义基础设施之列。

（一）基础产业的特征

在社会经济活动中，基础产业与其他产业相比，具有不同特征：

1. 从整个生产过程来看，基础设施为整个社会生产提供“共同生产条件”。作为共同生产条件的固定资产，它不能被某一生产者独家使用，它不是独占性地处在某个特殊的生产过程中，不能被卖者当做商品一次性地将其整体出售给使用者。换句话说，基础设施具有公用性、非独占性和不可分性，这些特性决定了它具有“公共物品”的一般特性。

2. 基础工业是处在“上游”的生产部门。“上游”是指基础工业所提供的产品是其他生产部门（也包括本部门）生产和再生产时所必需的投入品，如能源和原材料。一般来说，其他产业对基础产业的需求程度较高。从价值构成上分析，基础工业所提供产品的价格构成其他部门产品成本的组成部分，它们的价格变动具有很强的连锁效应，会引起整个产业成本的波动。

3. 基础产业大多属于资本密集型行业，需要大量的资本投入，而且它们的建设周期比较长，投资形成生产能力和回收投资的时间往往需要许多年。这些特点决定了基础产业很难由个别企业的独立投资来完成，尤其在经济发展初期阶段，没有政府强有力的支持，很难有效地推动基础设施和基础工业的发展。

在经济发展过程中各国政府均对基础设施和基础工业实行干预政策，但干预的程度在经济发展的不同时期有较大差别。一般来看，经济发达的工业化国家干预的程度较之经济不发达的国家要相对弱一些。经济不发达国家在经济发展过程中，常常受到基础部门供给短缺的制约，基础设施和基础工业发展的压力较大。由于民间动员储蓄能力有限，因而政府往往通过财政集中一部分资源，以加快基础产业的发展。经济发达国家经历了漫长的工业化发展过程，基础设施和基础工业发展已有了相当的基础，不存在像发展中国家那样的结构性矛盾，政府投资的作用主要在于弥补“市场缺陷”，而发展中国家的政府投资，除具有弥补一般“市场缺陷”的作用外，还部分地充当着社会资本原始积累的角色。

（二）基础产业发展与财政投融资

1. 基础产业发展的市场限制。在我国，基础部门属于短缺部门，它的投资需求大于本部门的储蓄，而加工部门属于“过剩部门”（表现为设备闲置、开工不足、存货积压），按理说它的投资需求应当减少。但由于我国市场经济正处于市场主体的形成过程中，市场机制的调节功能尚不健全，尤其是长期性资本市场的发育尚不完善，平均利润率规律的作用受到限制，这样，部门间的资本转移，资本“过剩”与“不足”的调剂，就缺乏一种自动的利益均衡机制，即单靠市场很难顺利实现。因此，在向市场经济体制转换的过程中，保持政府对基础产业部门的适度投资水平，对于调整产业结构，提高社会经济效益具有重要作用。

2. 政府对基础产业的投资方式。政府投资并不意味着完全的无偿拨款。国际经验表明，将财政融资的良好信誉与金融投资的高效运作有机地结合起来，是发挥政府在基础产业部门投资中的作用的最佳途径。在我国市场经济发展的现阶段，构建财政投融资体制具有非常重要的现实意义：

(1) 财政投融资可以弥补财政预算安排不足，缓解预算压力。财政投融资可在不增加社会税收负担的情况下筹集大量资金支持经济建设，弥补财政预算安排的不足。

(2) 发展财政投融资，建立统一的财政投融资体系，能够强化资金管理，提高财政资金的使用效益。

(3) 财政投融资是一种政策性投融资，其资金的运用和投向必须充分体现政府的宏观经济政策。财政投融资的资金应主要投向那些投资额大、风险大、收益率低，但又是国民经济发展必不可缺的产业。

三、政府财政对农业的投资

农业是国民经济的基础，其发展状况如何制约乃至决定着其他产业和全社会的经济发展状况。

(一) 农业发展对于国民经济发展的重要意义

农业发展对于国民经济发展的重要意义主要表现在以下几个方面：

1. 农业生产为人类提供了基本的生存条件，是其他生产活动的基础。无论人类社会发展到什么阶段，都离不开食物消费，而不论何种食物，最终都离不开农业生产。

2. 农业劳动生产率的提高是工业化的起点和基础。农业生产为工业，特别是为轻工业的生产提供了最重要、最基本的原料。农业劳动生产率的提高，一方面为工业发展提供了资金积累，另一方面也为工业生产提供了巨大的市场。

3. 农业稳定是国民经济持续稳定发展的重要因素。只有当农业源源不断地提供能满足居民消费需要的生活资料和工业部门所需要的原材料时，社会才会稳定，国民经济才能健康有序地运行。

（二）农业生产的特殊性

1. 农业生产是一个自然再生产和经济再生产交织的过程。由于农业的生产对象是有生命的物质，而土地、森林、水利、气象是农业生产的要素。人类利用动植物生长机理进行资源要素的配置，为社会提供产品。但是，由于动植物生长发育规律和自然环境的制约，使农业生产具有周期性、季节性等特点。

2. 农业供给与需求的特殊性。在市场经济条件下，农产品的需求弹性小，可替代性差，其供给弹性却相对较大，转换性差。相对稳定的需求和波动不规则的供给会使农业部门的生产条件经常处于不稳定状态，而这又很难依靠农业自身力量通过市场加以克服，这样就会影响国民经济的正常运行。

3. 农业生产发展的历史条件欠佳。长期以来，我国农产品的相对价格水平偏低，而农业投入品的相对价格水平偏高，即工农业产品价格之间存在着不利于农业部门发展的“剪刀差”。这就使农业部门的盈利水平长期处于偏低状态，农业部门自我积累能力不足，形成的利润也不大可能转入农业投资领域，加上我国农业生产经营单位分散单一，这一问题就显得更严重了。

由于农业生产的重要性和特殊性，决定了政府必须介入农业，对农业发展从资金和政策等方面予以大力支持。

（三）政府财政对农业投资的重点

纵观世界各国的经验，财政对农业的投资具有以下特征：一是以立法形式规定财政对农业的投资规模和环节，使农业投资具有相对稳定性；二是对财政投资的范围有明确的界定；三是财政投资虽然是必要的，但一般占农业投资总量的比率较低。

在我国目前情况下，政府进行农业投资的必要性并不仅仅在于农业部门自身难以产生足够的积累，而且还在于农业生产率较低的现状使农业部门难以承受贷款的负担，更重要的是许多农业投资项目只适合由政府进行投资。因此，政府进行农业投资的范围主要是：农业基础设施建设、农业科学技术的普及推广、农材教育和培训等方面。对农业发展至关重要，具有“外部经济”以及牵涉面广、规模巨大的农业投资，原则上都应由政府承担。

政府进行农业投资的方式主要包括预算投资、税收政策支持、财政贴息和对农业生产资料的补贴等形式。2000 年，国家财政用于农业的支出为 1 231.54 亿元，占全部财政支出的 7.75%。

第二节　社会消费性支出

一、社会消费性支出的含义及性质

社会消费性支出就是政府为履行政治、经济与社会管理职能和社会服务职能而发生的日常开支。社会消费性支出与投资性支出虽然同属于购买性支出，但两者之间存在着明显的差异，其最大区别在于前者的使用并不形成任何资产。然而，两者又有共同之处，即在必要的限度内，它们都是为社会再生产的正常运行所必需的，而且就其本质来说，社会消费性支出满足的是纯社会公共需要。

在政府财政支出项目中，属于社会消费性支出的有文教、科学、卫生事业费，行政管理费，国防费等。

社会消费性支出在使用中不能形成任何资产，它属于非生产性支出，但它所提供的服务能满足社会公众的共同消费需要，它是社会再生产不可缺少的部分，对社会安定和生产发展起着重要作用。

社会消费性支出是国家机器正常运转的物质基础。从性质上看，国家机构是一个社会管理部门，并不直接从事经济活动，其职能是维护社会的稳定，而其职能的实现需要一定的物质资料作保证。消费性支出为国家行使其职能提供了必要的资金支持。同时，社会消费性支出也是提高人民生活质量和社会精神文明程度的物质前提。衡量一国人民生活质量的高低，不仅要看个人消费水平的高低，还要看人民生活的公共环境的质量和文化素质的高低，如交通、通信、市容环境、社会福利、受教育程度等就是衡量指标之一，而这些公共产品的提供，是不能够完全通过市场来解决的，须由政府通过社会消费性的支出来提供。财政用于这些方面的支出，其规模大小，使用效益高低，直接影响着人民生活质量的高低。

二、行政管理支出和国防支出

（一）行政管理支出

行政管理支出是指财政用于国家各级权力机关、行政管理机关以及外事机构行使其职能所需的经费开支，它是国家机器保持正常运转所必需的开支。我国的行政管理支出，包括行政支出、公安支出、国家安全支出、司法检察支出和外交支出等。

行政单位属于非生产部门，不直接创造物质财富，没有独立的收入来源，其所需经费要靠政府财政拨付。因而，从行政管理支出的经济性质来说，是非生产性支出，但按其对维持一国政府正常运转的作用来说，又是必需的开支。

1. 行政管理支出管理的原则。行政单位的性质决定了行政单位理财的特殊性：首先，财政拨款是行政单位除某些零星杂项收入外的惟一经费来源，政府对行政单位的经常性开支必须予以保证；其次，在保证完成国家政治经济任务的前提下，厉行节约。

2. 提高行政管理支出的效率。政府将一笔财政资金用于政府的行政管理方面，以提供一定质量的行政管理服务，实际上就是一种资源配置。既然是资源配置，就必须讲求效率。所谓提高行政管理支出效率，就是在保证政府充分履行其行政管理职能的条件下如何使政府行政管理支出最少。

对于政府行政管理职能的履行程度以及支出是否最少都不存在精确的衡量办法，因为这既不能像衡量市场的营利性投资那样考核利润和成本并进行对比，也不可能像公共投资项目那样模拟计算社会收益，但也不是完全不可衡量的，其中一个重要的方面就是通过民意调查或公民投票对政府的行政管理进行评价，并根据相关的财政财务制度对行政管理支出进行核算和检查监督。

从现实条件来看，提高政府行政管理支出效率的途径主要有：（1）精简机构，合理人员编制；（2）严格执行财务管理制度，认真控制行政费用开支；（3）划清行政管理费范围；（4）建立健全经费定额包干管理制度。

（二）国防支出

所谓国防支出，是指财政用于国防建设、国防科研事业和军队正规化建设方面的支出。它也是国家机器运行所必需的，也属于社会消费的非生产性支出。

国防支出同行政管理支出一样，同国家机器有着密切的联系。国防支出与其他支出最大的不同点在于，它不仅受国力、财力的制约，而且以国际政治形势的变化为转移。就某种意义上说，国防支出具有“刚性”，即它的最低限度是必须保证国家有足够的军事力量抵御外来侵略，保证国家领土和主权的完整。国防支出的内容包括国防费、国防科研事业费、民兵建设费和专项工程支出等。

国防支出对于绝大多数国家来说都是重要的，但由于国防支出尤其是现代化高科技的军事装备是一项费用巨大的非生产性支出，过大的国防支出将给经济造成巨大的负担，将会减缓经济发展的速度，直接后果将是无力支撑国防所需的人力、物力和财力，国防建设也难以真正地搞好。因此，确定适当的国防建设和国防支出的规模，对于任何国家来说都是非常重要的。

三、文教科学卫生事业费支出

文教科卫支出，是指政府财政用于文化、教育、科研、卫生、体育等事业单位的经费支出。

文教科卫等事业单位是非物质生产部门，它们不直接生产物质产品，从这个意义上说，文教科卫支出属于非生产性支出，但这并不意味着它不重要。实际上，文教科卫等事业单位是服务于社会的共同利益和长远利益的，其与企业一样也要向社会公众提供一定的产品（主要是服务产品）来满足社会公共需要，所以，文教科卫支出也属于一种社会消费性支出。

（一）文教科卫支出的内容

1. 按支出的具体部门划分，主要有以下几个方面：文化、教育、科研、卫生、体育、通信事业费和广播、电视事业费等。

2. 按支出的用途划分，可分为人员经费支出和公用经费支出：

（1）人员经费支出。主要用于文教科卫等单位的工资、补助工资、职工福利费、离退休人员费用、奖学金等开支项目，其中，工资是人员经费开支中最主要的项目。

（2）公用经费支出。它是用于解决文教科卫等单位为完成事业计划所需要的各项费用开支，这些公用经费开支主要包括以下项目：公务费、设备购置费、修缮费和业务费等。

（二）文教科卫事业费的管理

财政部门管理文教科卫支出有两大任务：一是保证这些部门的经费供应；二是在供应经费的同时，努力提高文教科卫支出的使用效果。为此，财政部门是从加强定员定额管理和强化财务管理两方面着手的。

1. 定员定额管理。定员定额管理，是指根据事业单位的工作任务和开展业务工作的需要，规定人员配备标准和各项经济指标的额度。

所谓定员，就是确定人员编制指标，就是根据“精兵简政”的原则和要求以及各个事业单位的不同性质，依据国家规定的定员比例以及机构的等级，规定完成一定工作任务所需要的职工人数。定员管理对文教科卫支出的管理具有重要意义，它不仅使财政向这些单位供应人员经费有据可依，而且也有利于控制文教科卫支出的规模。

所谓定额，就是确定开支的限额，对不同的事业单位制定相应的开支标准。文教科卫单位的定额有收入定额和支出定额两大类。收入定额是文教科卫活动中向服务对象收取一定费用的额度，它包括：补偿性收入定额、生产性收入定额和代办性收入定额。支出定额主要包括：按支出用途划分，有人员经费定额和公用经费定额。按定额的范围划分，有单项定额、综合定额和扩大综合定额。

定员定额是财政安排和控制文教科卫经费支出的重要依据。

2. 财务管理。为了适应建立市场经济体制的需要，强化对文教科卫支出的管理，财政部于 1996 年颁发了《事业单位财务规则》，取消了旧的预算管理形式，要求单位预算要全面反映单位的收支情况，而不像以往那样只反映预算收支，全面采取核定收支、定额或定项补助的预算管理办法，具体如下：

（1）核定收支。事业单位要将全部收入和支出统一编列预算，报经主管部门和财政部门核定。主管部门和财政部门根据事业单位的特点、发展计划、财务收支状况以及国家财政政策和财力可能来核定事业单位的年度预算收支规模。

（2）定额或定项补助。这是对没有财政补助就不能维持正常运转的事业单位实行的办法。定额补助就是根据事业单位收支情况，并按相应标准确定一个总的补助数额，如对高等院校实行生均定额补助等。定项补助则是根据事业单位收支情况，确定对事业单位某些支出项目实行补助，如对某些事业单位的工资支出项目进行补助或对大型修缮项目和设备购置的补助等。

（3）超支不补，结余留用。事业单位预算经主管部门和财政部门核定后，单位预算由单位自求平衡，增收节支的结余留归单位继续使用。通常情况下，单位超支，主管部门和财政部门不予追加，特殊情况例外。

（4）收入上缴。对少数非补助事业单位可实行收入上缴的办法，这主要适用于非补助事业收入大于支出较多的事业单位。上缴数可以是定额的，也可以是按比例的；上缴办法可以按月或按季，也可以在年终一次上缴。

第三节　政府采购

一、政府采购及其特点

政府采购，也称政府统一采购，是指政府为了开展日常政务活动的需要和为公众提供公共产品和公共服务，以法定的方式和程序对货物、工程和服务的购买活动，其主要形式是以公开招投标方式从国内、国际市场上为政府部门或所属团体购买商品和劳务。

政府采购自1782年在英国创立以来，已有200多年的历史，目前已在国际上广泛应用。政府采购是相对于私人采购而言的，私人采购包括个人采购、家庭采购和企业采购等。与私人采购相比，政府采购具有以下特点：

1. 政府采购资金来源的公共性。政府采购资金来源于政府财政拨款，即来源于纳税人缴纳的税收所形成的公共资金。

2. 政府采购的非营利性。政府采购的目的不是为了盈利，不是为卖而买，而是为了实现政府职能和公共利益。政府采购资金所形成的支出主要体现为政府各部门的公用事业费和财政投资支出。

3. 政府采购的公开性。政府采购的有关法律和程序都是公开的，采购过程也是在完全公开的情况下进行的，一切采购活动都要做出公共记录，所有的采购信息都是公开的，没有秘密可言。

4. 政府采购的政策性。财政支出本身就是一个重要的宏观经济变量，作为财政支出的一个重要组成部分的政府采购支出，其总量大小和支出去向必然对经济运行产生影响，成为体现政府经济政策的重要手段。

5. 政府采购的规范性。从各国的实践看，无一例外都制定了系统的政府采购法律和条例，并建立了完善的政府采购制度，政府采购活动都是在严格的法律和管理下，按照一定的采购方式和程序运作的。

二、政府采购的作用

（一）政府采购是提高财政资金使用效益的有效手段

目前我国的财政支出中，车、会、办公用品等支出占有较大的比重，控制财政支出必须大力压缩购买性支出。政府采购通过市场公开竞争的办法，采用规模采购、择地采购等手段，可以使政府获得价廉物美的商品和劳务，从而达到节省开支、降低政府行政成本、提高财政资金使用效益的目的。

（二）政府采购是强化政府宏观调控的重要经济手段

政府是一个国家最大的消费者，世界众多国家的政府采购额平均约占国内生产总值的10%；据欧盟估算，政府采购的金额占成员国国内生产总值的15%；美国政府采购支出约占联邦预算的近1/3。因此，政府采购决策不仅影响供应商，而且影响整个国民经济的运行。政府可以通过减少采购规模，实行紧缩性财政政策，防止经济过热；也可以通过增加采购规模，刺激萧条的经济；政府还可以通过采购导向，引导产业结构调整；同样可以通过购买国内企业产品，从而实现政府的重大政策目标。

（三）政府采购是反腐倡廉的重要举措

在目前市场体制尚不完备的情况下，分散无序的采购缺乏监督和公开竞争，容易滋生腐败现象。推行政府采购制度，使政府采购活动在公开、公平的环境中运作，有利于形成财政、审计、供应商和社会公众等全方位参与监督的机制，从源头上遏制公共采购活动中的各种腐败现象。

三、政府采购制度的基本内容

政府采购制度是指规范政府采购行为的一系列法律、法规和管理政策的总称，是财政制度的重要组成部分。政府采购制度因各国法律制度、政治制度的不同而有所差异，但一般地讲，政府采购制度都包括和采购合同订立方式有关的规则、惯例及其管理和控制。具体地讲，政府采购制度的内容通常包括：（1）政府采购法规，主要是《政府采购法》，其主要内容包括总则、招标、决议、异议及申诉、履约管理、验收、处罚等内容；（2）政府采购政策，主要表现为政府采购的目的、采购权限的划分、采购的原则和程序、采购的范围和方式、信息披露等方面的规定，其中最重要的是采购目标和原则，它是政府采购制度的灵魂；（3）政府采购方法和程序，主要包括采购计划的拟订、审批、采购合同的签订、价款确定、履约时间、违约责任等内容，它是政府采购制度的核心内容；（4）政府采购的组织管理，主要包括管理原则、管理机构、审查机构与仲裁机构的设置、争议与纠纷的协调和解决等内容，它是政府采购制度有效运行的基础；（5）救济制度，它是制度规则受到损害时依靠制度的权威对制度的强制性维护。

（一）政府采购的原则

政府采购原则是贯穿在政府采购规则中为了实现政府采购目标而设立的一般原则。归纳分析政府采购规则中的采购原则，大致有以下几个最重要的原则，这些原则是实现政府采购目标的重要保障。

1. 竞争性原则。政府采购目标主要是通过促进供应商、承包商或服务提供者之间最大程度的竞争来实现的。通过竞争，政府采购机构可以形成一种买方市场，从而形成一种对买方有利的竞争局面。竞争也可以促使投标人提供更好的商品和技术，并且设法降低产品成本和投标报价，从而使用户可以以较低的价格采购到优质的商品，实现政府采购的目标。

2. 公开性原则。公开性原则，也称透明度原则，是指有关采购的法律、政策、程序和采购活动都要公布于众，并严格按照法律和程序办事。由于采购机关是在使用公共资金进行采购，因此，就对公众产生了一种管理的责任，即要谨慎地执行采购政策并使采购具有透明度。透明度高的采购法和采购程序具有可预测性，使投标商可以计算出参加采购活动的代价和风险，从而提出最有竞争力的价格，公开性还有助于防止采购机构作出随意的或不正当的行为或决定。

3. 公平性原则。公平性原则，首先是指所有参加竞争的投标商机会均等，并受到同等待遇，以保证竞争是建立在公平的基础上；其次是指政府采购合同的授予要兼顾政府采购社会目标的实现，主要是在政府采购制度中，制定出一些规则和采取一些措施，使一些在竞争中处于不利地位的小企业、困难企业也能分得政府采购合同的一部分，从而促进社会经济的协调发展。

4. 使用商业标准原则。使用商业标准原则是指政府在作出采购决策时，应当依据企业履行合同的能力及其索价的高低、产品的质量等来选定承包商。这一原则既要保证政府采购物有所值，还可以排除诸如出于个人利益的考虑等不适当因素的影响。

我国《政府采购法》规定了政府采购的原则，要求政府采购应当遵循公开透明原则、公平竞争原则、公正原则和诚实信用原则。

（二）政府采购范围

从资金性质来看，所有使用财政资金进行的政府采购项目，除涉及国家安全和另有规定外，均应纳入政府采购范围。从采购对象的性质看，一般可分为三大类：即货物、服务和工程。货物是指设备、原材料、产品、器具等有形动产和其他固态、液态、气态物品（含电力）以及其附带服务。工程是指新建、扩建、改建、拆除、修缮和翻新构造物及其所属设备以及改造自然环境，包括建造房屋、兴修水利、整治环境、修建交通设施、铺设下水道等建筑项目的总承包、勘探、设计施工和建筑材料、设备供应；服务是指除货物和工程以外的其他采购，包括专业服务、技术服务、维修、培训和劳动力等。

（三）政府采购方式

政府采购方式有多种，根据采购项目的不同可选择不同的采购方式，主要有公开招标方式、邀请招标方式、协商采购方式、询价采购方式和直接采购方式。

公开招标方式是指政府采购实体发出招标公告，邀请所有感兴趣的供应商参加投标，按规定程序评标和选定供应商并与之签订政府采购合同的一种采购方式。

邀请招标方式，也称选择性招标方式，是指招标人不刊登招标公告，直接邀请一定数量的潜在投标人参加投标并按规定程序确定中标人的一种采购方式。

协商采购方式，也称竞争性谈判采购方式，是指招标人直接邀请三家以上供应商就生产工艺、质量、性能、价格等进行谈判确定供应商的一种采购方式。

询价采购方式是指招标人对三家以上供应商提供的报价进行比较，以确保价格具有竞争性的一种采购方式。

直接采购方式，也称单一来源采购方式，是指采购实体向某一供应商直接购买的一种无竞争采购方式。

四、我国政府采购制度的建立

我国政府采购制度的建立主要有以下三个方面：

（一）建立管理体系

政府采购制度本身是一种控制支出、加强支出管理的手段，它的运作涉及到预算资金的安排、支出管理政策等多方面的财政事务，按照国际惯例政府财政部门是政府采购的主管机构。我国《政府采购法》已明确规定各级人民政府财政部门是负责政府采购监督管理的部门，依法履行对政府采购活动的监督管理职责。我国各级政府一般都在财政部门内设立了一个负责政府采购的专门部门。

（二）明确采购模式

目前国际上通行的采购模式大致有三种，即集中采购模式、分散采购模式、集中与分散相结合的采购模式。从我国的各地政府采购的试点情况来看，对行政事业单位的车辆购置、车辆保险、车辆加油、纸品供应和印刷宜实行统一招标、竞价采购办法。对房屋修建、会议费和一般设备、办公用品的购置等，一时难以实行公开招标、集中采购的项目，在试行政府采购制度的初期，可试行政府寻价、指导采购的办法，如会议费管理，可采用会议招标办法，推行会议定点制度，实行让利接待；对党代会、人代会等大型会议还可推行财政驻会管理制度，待条件成熟后再过渡到集中采购。

我国《政府采购法》规定，政府采购实行集中采购和分散采购相结合。集中采购的范围由省级以上人民政府公布的集中采购目录确定。纳入集中采购目录的政府采购项目，应当实行集中采购。

（三）完善采购法规

我国自 1995 年以来部分省市开始进行政府采购试点工作。自 1999 年起财政部先后颁布了《政府采购管理暂行办法》、《政府采购招标投标管理暂行办法》和《政府采购合同监督暂行办法》等规章制度。2002 年 6 月 29 日我国颁布了《中华人民共和国政府采购法》，以规范政府采购行为，提高政府采购资金的使用效益，维护国家利益和社会公众利益，保护政府采购当事人的合法权益，促进廉政建设。我国的《政府采购法》主要解决了政府采购资金的合理使用问题，同时，还涉及规范政府采购的资金来源渠道与程序等内容。

第四章　转移性支出

第一节　社会保障支出

一、社会保障的含义

社会保障是国家通过立法，向丧失劳动能力、失去就业机会以及遇到其他事故而面临经济困难的公民给予资金或物质上的帮助。

社会保障是随着生产的社会化而产生和发展的。在自给自足的自然经济中，人们以家庭为生产单位和消费单位，劳动时间没有严格的规定，劳动组织不严密，劳动的成果也基本上属劳动者自己所有。那时，人们尚未组成相互密切联系的社会，因而，几乎没有实行社会保障的需要。随着生产力的发展，劳动者之间形成了紧密的社会分工，使每个劳动者都成为社会化大生产环节中的重要一环。而劳动者不是机器，在进行工作时，他们需要劳动保护，需要有一个良好的环境。劳动者可能生病、受伤、致残乃至死亡，发生这种情况时，他们需要医疗、护理、照顾或者善后。这样，为了维持社会再生产的正常运行，便有了实行社会保障的必要。19 世纪 80 年代末德国俾斯麦政府推行的《普鲁士计划》，向德国工人提供退休养老金和其他救济金，这被认为是历史上第一个社会保险法。“社会保障”一词最早出自于美国 1935 年颁布的《社会保障法》。第二次世界大战中，当时的美国总统罗斯福和英国首相丘吉尔签订的《大西洋宪章》中再次使用该词。随后该词被国际劳工组织接受，也被世界各国广泛使用。

社会保障制度不同于社会保障措施或政策。赈济饥民，补助急难，均属社会保障措施，但若不系统而规范地实施，便不成其为制度。所谓社会保障制度，就是由法律规定的，按照某种确定的规则而经常实施的社会保障措施或政策体系。

二、社会保障制度的内容

社会保障活动是在特定的历史条件下，由各国自行开展的，因而其内容无论在理论上，还是在实践上，都经历了一个不断发展变化的过程。国际劳工组织规定社会保障制度包括的内容有：医疗服务、疾病津贴、工伤保险与工伤津贴、生育保险与生育津贴、失业保险与失业津贴、养老保险与养老金、残障保险与残障津贴、家属补助、遗属保险与遗属养育金。一国只要实行了其中的三种，并至少有工伤保险与工伤津贴、失业保险与失业津贴、养老保险与养老金、遗属保险与遗属养育金中的一种，就可以说建立了社会保障制度。

一般认为，一个较为完善的社会保障制度，至少应当包括社会保险、社会救济或者国家救济、社会福利、公共医疗卫生事业等几个方面的内容。其中，社会保险最为重要，它是整个社会保障制度的最基本、最核心的内容。

中华人民共和国成立以来，我国逐步建立起社会保障体系，但是，由于我国的社会主义市场经济体制尚不健全、计划经济体制的影响仍然存在以及我国人口多、经济发展水平低等因素的制约和影响，我国目前的社会保障制度仍存在许多问题，需要不断加以完善。从当前的情况来看，我国的社会保障制度包括社会保险、社会救济、社会福利和社会优抚四个方面的内容。

（一）社会保险

所谓社会保险，是指以立法形式由国家、集体和个人共同筹集资金，以确保社会成员在遇到生、老、病、死、伤、残、失业等风险时获得基本生活需要和健康保障的一种社会保障制度，它是整个社会保障制度的核心部分。社会保险与商业保险既有共同点，又有着根本的区别。政府统筹的社会保险与作为企业的保险公司进行的商业保险，两者的共性在于都是一种保险活动，都表现为受保人需交纳一定的保险费。而二者的根本区别在于：(1) 由社会保险的社会性所决定，其保险基金除了来自受保人或其就业单位交纳的保费以外，还以政府经常预算为根本的财力后盾。一旦该基金收不抵支时，政府以财力进行干预和支持；相反，商业保险企业完全靠收取保费筹集资金，盈亏自负。(2) 社会性决定了社会保险的受保人领取保险金的权利与交纳保险费的义务在数量上有一定的对应关系，但并不要求必然相等；而商业保险的企业性则要求受保人的权利与义务的对等性。(3) 社会保险是强制性的，它由国家根据立法采取强制的法律手段来实施；而商业保险则一般是自愿的。

社会保险包括养老保险、失业保险、医疗保险、工伤保险和女工生育保险。

养老保险是指由政府以立法形式确定的，劳动者在年老失去劳动能力或退出就业领域时享有的退休养老权利，除企业和劳动者在就业时缴纳的税或费外，还可依靠政府和社会提供的帮助，以维持退休人员基本生活水平的一项社会保险制度。1997 年国务院下发了《关于建立统一的企业职工基本养老保险制度的决定》，确定了我国现行的“统账结合”的养老保险制度，其基本规定是：(1) 每个企业为职工向社会统筹基金缴纳养老保险费，同时还向职工的个人退休账户缴纳保险费，职工个人在就业期间向自己的个人退休账户缴纳保险费。(2) 企业总的缴费比例最高为 20%，职工自己向个人账户缴费的比例从 4% 开始，以后每 2 年提高 1 个百分点，最终达到 8%；企业向职工个人账户缴费的比例应随着职工个人缴费比例的提高而相应下降，即由最初的 7% 下降到最终的 3%。企业和个人向个人账户缴费的比例之和应达到 11%。(3) 职工退休后其养老金由两部分组成：一是从养老统筹基金领取的基础养老金；二是从个人账户领取的个人账户养老金。个人缴费年限累计满 15 年的退休职工，其基础养老金数额为所在地区上年度职工月平均工资的 20%，个人账户养老金的月标准按本人个人账户存储额除以 120 确定。

失业保险是指由政府以立法形式确定的，劳动者在失业时所应享有的权利，以维持基本生活需要的一种社会保险制度。失业保险制度在我国起步于1986年发布的《国营企业职工实行待业保险暂行规定》，1993年国务院颁布的《国有企业待业保险规定》进一步完善了失业保险制度。我国现行失业保险制度的基本规定是：(1) 企业缴纳失业保险费，从1998年开始，企业按本单位职工工资总额的3%向社会保险机构缴纳失业保险费。(2) 失业保险金按当地社会救济金的120%～150%按月发放；失业者从社会保险机构领取失业保险金的最长期限为2年，超过2年仍然没有重新就业的，可根据当地的具体规定转入社会救济。

医疗保险是指由政府以立法形式确定的，对被保险人因疾病造成的经济损失及医疗费用予以补偿的一种社会保险制度。我国的医疗保险制度原来由三部分组成：即公费医疗制度、劳保医疗制度和农村合作医疗制度。公费医疗制度在国家机关职工、事业单位职工和大学生中实行，经费主要来自财政拨款。劳保医疗制度在企业职工中实行，经费主要由企业提供。农村合作医疗制度在参加合作医疗的农民中实行，经费主要来自农村集体经济和个人集资。1994年国务院确定了“社会统筹医疗基金和个人医疗账户相结合”的医疗保险制度，主要内容有：(1) 企事业单位和职工个人都要缴纳医疗保险费，单位缴纳的一部分进入社会医疗保险统筹基金，由专门机构统一管理和使用；另一部分（一般不低于单位缴纳的50%）和职工个人缴纳的保险费一起进入个人医疗保险账户，归个人所有。(2) 企事业单位和职工个人按工资总额的一定比例缴纳医疗保险费。目前，职工个人的缴纳比例为2%，单位缴纳的比例由各地规定，参考标准为6%。(3) 职工医疗费用先由个人账户自付，个人账户不足时，由个人自付。个人自付超过本人工资的5%时，由社会医疗保险统筹基金和个人共付，个人负担的比例随医疗费用的上升而下降。1998年，国务院发布了《关于建立城镇职工基本医疗保险制度的决定》，明确了基本医疗保险制度改革的任务和主要政策。

工伤保险是指政府以立法形式确定的，在劳动者因工作而负伤、致残、死亡时，给劳动者本人及其供养的直系亲属提供物质帮助的一种社会保险制度。2003年国务院颁布了《工伤保险条例》

（以下简称《条例》）。《条例》规定，各类企业、有雇工的个体工商户应当依照本条例规定参加工伤保险，为本单位全部职工或者雇工缴纳工伤保险费。工伤保险费的征缴按照《社会保险费征缴暂行条例》关于基本养老保险费、基本医疗保险费、失业保险费的征缴规定执行。工伤保险基金由用人单位缴纳的工伤保险费、工伤保险基金的利息和依法纳入工伤保险基金的其他资金构成。工伤保险费根据以支定收、收支平衡的原则确定费率。国家根据不同行业的工伤风险程度确定行业的差别费率，并根据工伤保险费使用、工伤发生率等情况在每个行业内确定若干费率档次。行业差别费率及行业内费率档次由国务院劳动保障行政部门会同国务院财政部门、卫生行政部门、安全生产监督管理部门制定，报国务院批准后公布施行。统筹地区经办机构根据用人单位工伤保险费使用、工伤发生率等情况，适用所属行业内相应的费率档次确定单位缴费费率，用人单位应当按时缴纳工伤保险费，职工个人不缴纳工伤保险费。工伤保险基金在直辖市和设区的市实行全市统筹，其他地区的统筹层次由省、自治区人民政府确定。跨地区、生产流动性较大的行业，可以采取相对集中的方式在异地参加统筹地区的工伤保险。具体办法由国务院劳动保障行政部门会同有关行业的主管部门制定。《条例》还规定了工伤认定、工伤待遇等相关事项的界定方式、方法。

女工生育保险是指政府以立法形式规定的，女工在生育期间中断劳动或工作时给予帮助的一种社会保险制度。1994 年国家劳动部发布《企业职工生育保险试行办法》。办法规定，城镇企业及其职工参加企业职工生育保险。生育保险按属地原则组织。生育保险费用实行社会统筹。生育保险根据“以支定收，收支基本平衡”的原则筹集资金，由企业按照其工资总额的一定比例向社会保险经办机构缴纳生育保险费，建立生育保险基金。生育保险费的提取比例由当地人民政府根据计划内生育人数和生育津贴、生育医疗费等确定，并可根据费用支出情况适时调整，但最高不得超过工资总额的百分之一。职工个人不缴纳生育保险费。女职工生育按照法律、法规的规定享受产假。产假期间的生育津贴按照本企业上年度职工月平均工资计发，由生育保险基金支付。女职工生育的检查费、接生费、手术费、住院费和药费由生育保险基金支付，超出规定的医疗服务费和药费（含自费药品和营养药品的药费）由职工个人负担。女职工生育出院后，因生育引起疾病的医疗费，由生育保险基金支付，其他疾病的医疗费，按照医疗保险待遇的规定办理。女职工产假期满后，因病需要休息治疗的，按照有关病假待遇和医疗保险待遇规定办理。女职工生育或流产后，由本人或所在企业持当地计划生育部门签发的计划生育证明或者婴儿出生、死亡或流产证明，到当地社会保险经办机构办理手续，领取生育津贴和报销生育医疗费。各省、自治区、直辖市人民政府劳动行政部门可以按照《企业职工生育保险试行办法》的规定，结合本地区实际情况制定实施办法。

（二）社会救济

社会救济是指政府对收入在贫困线以下的居民和因自然灾害遭受损失或发生其他不幸事故而生活困难者提供资金与实物援助的一种社会保障制度。

我国目前社会救济体系主要由三部分构成：(1) 城乡困难户救济，即政府向城镇居民中无生活来源的孤、老、残、幼和收入不能维持基本生活的贫困户以及农村中主要劳动力病残或死亡的家庭提供的补助；(2) 农村"五保户"救济，即政府向农村中的"五保户"(保吃、穿、住、医、葬的孤寡老人和残疾人）提供的资助；(3) 灾民救济，即政府向遭受严重自然灾害而陷入生活困境的城乡居民提供的资助。

我国传统的社会救济、救助制度已经不能适应市场经济发展的要求，尤其是在城市出现大量失业、下岗人员，低收入家庭有所增加，产生了一批新的贫困城市居民。因此，建立新的社会扶贫制度，特别是建立城市居民最低生活保障制度就非常必要了。我国目前已在全国范围内基本建立起了城镇居民最低生活保障制度，农村最低生活保证也在各地纷纷建立，有些省份已经开始建立城镇和农村一体化的最低生活保障制度。

（三）社会福利

社会福利是指对特定的社会成员的优待和提供的福利。社会福利体系主要包括社会福利事业、残疾人劳动就业和社区服务等，主要是对孤老残幼等有特殊困难的社会成员进行基本生活保障。

（四）社会优抚

社会优抚是指政府或社会对现役、退伍、复员、残废军人及烈士家属给予抚恤和优待的一种社会保障制度。

第二节 财政补贴

一、财政补贴概述

财政补贴是政府财政部门根据国家政策的需要，在一定时期内，向某些特定的企业或个人提供的无偿补助。

财政补贴作为转移性支出的一项内容与社会保障支出有其相似之处，即它们实质上都是财政对补助接受者的转移支出。但是，财政补贴又有特殊性，这就是财政补贴的起因都直接或间接与价格有关，即政府在既定的价格结构条件下，通过无偿支付使某些符合特定条件的价格受损者得到一定的补偿，从而使现行价格得以保持。财政补贴是补充或配合价格手段在发挥着调节作用的。

（一）财政补贴的特征

财政补贴较之其他财政分配形式和经济杠杆有如下特征：

1. 政策性。由于财政补贴的依据是政府在一定时期的政策目标，由财政部门统一管理，并随着国家政治经济形势的变化而修正、调整和更新。因而，财政补贴具有很强的政策性。

2. 可控性。财政补贴补给谁、补贴多少、在哪个环节补、何时取消补贴等具体内容，都是由财政部门根据政府政策的需要来决定的，因此，财政补贴是政府可以直接控制的经济杠杆，具有可控性。

3. 灵活性。财政补贴杠杆作用的对象和范围，作用的效果及要达到的目标，都是财政部门根据形势的变化和政府政策的需要，适时地修正、调整和更新的。因此，它在调节经济，协调各方面经济关系时，比价格、税收等经济杠杆的作用来得直接、迅速。

（二）政府进行财政补贴的原因

在市场经济条件下，政府采用财政补贴手段的主要原因是：

1. 市场失效的存在。在自然垄断存在的领域，如城市的公共交通、煤气、水电等，市场价格无法有效地配置社会资源，因而，政府必须对这类企业实行价格管制。同时，由于这些领域对生产和生活具有重要意义，政府往往对其实行低价政策以向整个社会尤其是中低阶层提供社会福利。由于政府的这种低价政策而产生的企业亏损，应由财政提供补贴；否则，这类企业将无法生存。

2. 社会政策的需要。市场价格机制是资源配置的有效机制，但市场价格机制并不能解决所有问题，有些领域并不能完全引入市场机制，农产品价格便是一个典型的例子，在我国尤其如此。我国农业成本高，但农产品价格在人们收入水平普遍偏低的条件下很难提高，因此，为了维持农产品的非市场价格的存在，维护农民和城镇居民的利益，就需要政府给予大量的财政补贴。

3. 改革的需要。在经济体制转轨时期，财政补贴也发挥着重要作用。企业亏损补贴在企业破产和职工失业制度尚不具备全面推行的背景下，维持了大批企业的存在和职工就业，避免了大规模破产和失业导致的社会动荡；价格补贴则在价格体系从计划价格向市场价格转化的过程中，缓解了价格变动可能导致的连锁反应，避免了物价大幅度上涨给居民生活带来的压力，从而有利于社会的稳定。所有这些都缓冲了新旧体制转换过程中所产生的冲击力，对改革的顺利进行起了巨大的支持作用。

（三）财政补贴的内容

财政补贴是世界各国政府财政活动的一项重要内容，财政补贴的项目和种类繁多，根据不同的需要可以进行各种不同的分类。从财政补贴同社会经济运行过程的关系来看，可分为生产环节补贴、流通环节补贴和消费环节补贴；从政府是否明确地安排支出来分类，补贴可分为明补与暗补；从补贴资金接受的主体不同来区分，可分为企业补贴和居民补贴；从补贴对经济活动的影响来看，补贴可分为对生产的补贴和对消费的补贴；从补贴是否与具体的购买活动相联系来分类，又分为实物补贴与现金补贴。

根据政府预算对财政补贴的分类，目前，我国的财政补贴有以下内容：

1. 价格补贴。它指政府为了安定城乡人民生活，由财政向企业或居民支付的、与人民生活必需品和农业生产资料的市场价格政策有关的补贴。价格补贴按产品的类别划分，具体包括粮油价格补贴、平抑物价补贴和其他价格补贴等几个项目。

2. 企业亏损补贴。它指政府为了使国有企业能够按照政府的政策或计划生产、经营一些社会需要的但由于客观原因导致亏损的产品而向这些企业拨付的财政补贴。导致企业政策性亏损的原因，主要是产品计划价格水平偏低，不足以抵补产品的生产成本。此外，企业的技术设备落后、供销条件不利等也是造成企业亏损的重要因素。企业亏损补贴按企业的经营性质不同划分，可分为国内企业亏损补贴和外贸企业亏损补贴。

3. 财政贴息。财政贴息是指政府财政对使用某些规定用途的银行贷款的企业，就其支付的贷款利息提供的补贴。它实质上是财政代替企业向银行支付利息。

二、财政补贴制度改革

总体来说，随着我国社会主义市场经济体制改革的逐步深化，尤其是市场价格体系的逐步完善，我国的财政补贴制度应进行改革，以适应市场经济发展的需要。

改革财政补贴的基本思路是：减少补贴项目，压缩补贴规模，规范补贴方式，提高补贴效益。具体包括：取消商业和粮食企业的亏损补贴，逐步将粮食补贴直接补贴到粮食的生产环节和直接补贴给农民；取消为了稳定粮棉等重要农副产品的生产和销售而制定的“三挂钩”补贴政策，即粮棉生产与化肥、柴油和贷款挂钩的补贴政策，将取消补贴所节省下来的资金转换成生产贷款基金、价格基金的形式，继续支持粮棉的生产；取消粮棉储备费用补贴、平抑肉食和蔬菜价差补贴，将其转化成农产品储备基金；取消大部分工业企业的亏损补贴和取消外贸企业亏损补贴；结合工资改革把对个人的补贴纳入工资，规范个人收入分配；改革公用事业补贴应引入竞争机制，采用招标的形式提供财政对公用事业的补贴，控制补贴规模，转换经营机制，提高公共服务的质量和效率。此外，由于我国已经加入了 WTO，所以，还应对各类财税优惠措施和财政补贴政策进行全面清理，取消不符合中国政府对外承诺和 WTO 规则要求的财政补贴方式。

按照这一改革思路，我国财政补贴的规模、方式和效益都发生了极大的变化。2001 年，全国财政支出中用于财政补贴的支出是 741.55 亿元，比 2000 年的 1 042.28 亿元有了大幅度的降低。2002 年，在安徽省和吉林省进行粮食补贴方式改革试点，在河南、湖南、湖北等省的部分地区，也开始了粮食补贴方式改革工作，就是从国家补贴给粮食部门的钱中拿出一部分资金，按照农民的土地数量等指标，直接补贴给农民。此次粮食补贴方式改革，最大的变化就是改变了以往以保护价收购农民余粮间接补贴农民的做法，变为直接补贴农民，这是我国财政补贴方式的一次重大变革。

第五章　财政收入概述

第一节　财政收入的分类与结构

一、财政收入的分类

对财政收入进行结构分析，首先要根据不同的标准和方法对财政收入进行分类。目前对财政收入的分类一般有以下几种方法：

（一）按财政收入的组织形式分类

财政收入形式是指政府取得财政收入的具体方式，即来自社会公众包括企业和个人的资源，通过什么具体方式转移到政府手里成为由政府统一支配的社会公共资源。按财政收入的形式不同进行分类，可以分为：各项税收、公债收入、国有资产收益、公共收费和其他收入五大类。各国在具体的划分中存在一些细微的差别。一般而言，各项税收是各国财政收入的主要形式，一般占到财政收入的80％以上。同时，按国际上通行的做法，债务收入一般不能列入政府预算收入。

通过这种分类，一是可以充分发挥各形式收入的不同作用，适应对不同收入来源的征收；二是从不同收入形式占总收入的比例关系看收入结构的变化趋势，为优化收入结构提供参考；三是我国在预算收入科目的设计中，一直沿用这种分类方法，是我国预算编制、执行、核算和分析的重要依据。

（二）按预算收入的性质分类

按照财政收入的性质不同，可将收入划分为经常性收入和资本性收入（或建设性收入）。经常性收入主要是各种税收，资本性收入（或建设性收入）主要是国有资产收益和债务收入。

由于政府预算从整体上看都可以分为经常性和资本性两大类，因而，从收入的角度进行这一分类，可以与政府预算的经常性支出和资本性支出进行对照分析。这样，一方面可以更好地把握财政收支平衡状况，因为从原则上讲，政府经常性预算是应保持平衡的；另一方面，可以把握财政政策的运作态势，因为经常性收支和资本性收支对经济运行的影响是不同的。

（三）按预算的级次分类

按照预算的级次不同，政府财政收入可以划分为中央收入和地方收入。中央收入是指按照预算管理体制的规定纳入中央预算的收入，包括中央本级收入和地方按照规定向中央上解的收入。地方收入是按照预算管理体制的规定纳入地方预算的收入，包括地方本级收入和中央按规定返还或补助地方的收入。

通过这种分类，有利于分析研究财政收入在中央和地方之间的纵向配置结构及其发展变化趋势，正确处理中央和地方之间的责权关系和预算关系。

（四）按收入来源的经济部门分类

财政收入按经济部门不同分类可分为来自农业、工业、建筑业、交通运输业、商业等部门的财政收入 。

农业是国民经济的基础，也是财政收入的基础。农业对财政的直接贡献主要是农业税的上缴。目前，农（牧）业税的收入只占我国全部税收收入的5%左右，表面上看起来农业对财政的贡献并不大，但我国农业部门中还有一部分是通过工农业产品“剪刀差”间接提供财政收入的。由于许多农产品是工业品的原材料，而农产品的价格往往较低，有的甚至低于其成本，这样，农业部门创造的价值有一部分就是通过为工业提供原材料而转到工业部门来实现的。据估计，农业部门通过这种间接形式上缴财政的收入要比直接上缴的收入多得多。

工业是国民经济的主导，也是我国财政收入的主要来源。由于过去我国工商税收主要在生产环节征收，所以，工业部门提供的财政收入在整个财政收入中所占比重较高，1985年以前一直占60%

以上。随着税制的改革，主要是实行增值税之后，所占比重有所下降，但仍占40%左右，仍是财政收入的主要来源。此外，建筑业、交通运输业、商业等部门也是我国财政收入的重要来源。

（五）按收入的所有制构成分类

我国社会主义市场经济的一个重要特征是坚持和完善以公有制为主体、多种所有制经济共同发展的基本经济制度。国有经济和国有企业在国民经济中具有十分重要的地位，与此相对应，国有经济一直也是我国财政收入的主要来源。尽管近年来，国有经济在国民经济中的比重有所下降，但这并没有动摇国有经济上缴财政收入的主导地位。目前，国有经济的比重已经下降到30%，但其对财政收入的贡献仍高达50%以上。不过，随着市场经济的建立和发展，来自其他经济成分的财政收入及其比重也呈逐步上升趋势。例如，集体所有制经济上缴的财政收入占全部财政收入的比重，1979年为13%，到1996年该比重已超过了17%；个体经济上缴的财政收入的比重也由1979年的0.5%猛增到1996年的6%以上。

目前，对财政收入的结构进行分析，主要是根据收入形式分类和预算级次来进行的。对财政收入结构进行分析，有助于掌握财政收入构成的变化规律和趋势，更好地组织财政收入。

二、我国财政收入的结构分析

（一）我国财政收入的项目构成

目前，我国财政收入项目构成的结构变化，充分地反映了改革开放以来我国财政收入制度的变化。改革开放前，政府收入的最重要来源是以国有企业利润上缴为主的企业收入项目，经过改革开放，随着经济体制改革的深入，对国有企业进行了两步“利改税”改革，税收才逐步取代了上缴利润。经过1994年税制改革，停止征收1983年开征的能源交通基金和1989年开征的预算调节基金，取消了产品税，对增值税、消费税和营业税进行了改革，才逐步奠定了税收在我国财政收入体系中的主导地位。我国目前的财政收入项目主要有各项税收收入、国有资产经营收益、国有企业计划亏损补贴、行政性收费收入、罚没收入、海域场地矿区使用费收入、专项收入、其他收入等，另外，我国财政收入项目还有各项基金收入和债务收入。在各项收入中各项税收收入所占比重达到90%以上。

（二）我国财政的预算外收入

在我国，广义的财政收入还包括预算外资金。所谓预算外资金，是指按国家财政制度规定不纳入国家预算的、允许地方财政部门和预算拨款的行政事业单位自收自支的资金。预算外资金从性质上说也是政府性资金，是财政收入的重要组成部分。在1993年以前，我国的预算外资金包含了大量企业性资金，主要是因为当时政企严重不分，一些原本应由企业支配的资金被各经济主管部门以各种不同的方式进行控制或直接上缴形成政府性收入，但却未纳入规范的预算内管理。1993年企业性收入不再作为预算外资金，预算外资金规模因此一度缩小，但自此之后，各种由各级政府和政府各部门出台收取的各种费用、基金、罚款、集资、摊派等现象逐渐增多，收取的预算外资金规模迅速膨胀。1997年政府将13项基金和附加纳入预算内管理，减缓了预算外资金膨胀的势头，并开始规范政府性收费和基金的管理，推行税费制度改革等，逐步把预算外资金纳入到规范的预算内财政资金管理框架中，建立规范的政府财政收入体系。从我国财政收入中预算内和预算外资金的结构变化，可以看出这一变迁的过程（参见表5-1）。

表5-1　　**我国预算外收入的情况**

年 份	预算外总收入（亿元）	增长速度（%）	占预算内收入的比重（%）
1979	452.85	30.5	39
1985	1 530.03	28.7	76
1992	3 854.92	18.9	110
1993	1 432.54	－62.8	32
1996	3 893.34	59.6	52
1997	2 826.0	－27.4	32

续表

年 份	预算外总收入（亿元）	增长速度（%）	占预算内收入的比重（%）
2000	3 826.43	13.0	24
2001	4 300.00	12.4	26

资料来源：根据《中国财政年鉴（2002）》、《中国统计摘要（2004）》整理。

从表 5-1 中可见，虽然我国通过把部分预算外资金纳入预算内管理、整顿乱收费和进行税费制度改革，对预算外资金的迅速膨胀起到了一定的遏制作用，但是，预算外资金规模仍然十分庞大，2000 年又回升到 3 826.43 亿元，相当于预算内收入的 24%，如果再考虑到游离于预算外资金管理体系的所谓体制外资金，那么，各经济主管部门收取和掌握的政府性资金规模将进一步扩大。这样看来，我国目前财政收入体系极不规范，还有待通过进一步的财税体制改革，建立和规范与社会主义市场经济条件下公共财政模式相适应的财政收入体系。

第二节　财政收入规模分析

一、财政收入规模及其影响因素

财政收入规模是指财政收入的总水平。考察一个国家财政收入规模的常用指标有绝对量指标和相对量指标。绝对量指标主要是财政收入总额。相对量指标主要运用财政收入占 GDP（或 GNP）的比重来考察和反映政府的财政收入规模，该比重越高，表明一国的财政收入规模就越大。

一个国家的财政收入规模受各种因素的影响和制约，其中主要的影响因素有以下几个方面：

（一）经济发展水平

经济发展水平是影响一个国家财政收入规模的决定性因素。经济发展水平一般用人均 GDP 来反映，它表明了一国生产技术水平的高低和经济实力的强弱，是一个国家社会产品丰裕程度和经济效益高低的概括说明。一国的人均 GDP 较高，表明该国的经济发展水平相对较高。经济发展水平高，人均 GDP 大，则为扩大财政收入规模奠定了基础。可以说，经济发展水平是制约财政收入规模的一个最综合、最基础的因素，这即是人们通常所说的经济决定财政。因为，财政收入最终要来自社会总产品，经济发展水平提高了，社会产品丰裕了，可供财政支配的部分也就会相应地增加。根据世界各国的情况，无论是从横向比较还是从纵向比较，都说明了经济发展水平对财政收入规模的影响。从横向看，经济发展水平高的发达国家，其财政收入规模一般都高于经济发展水平较低的发展中国家；从纵向看，随着经济发展水平的提高，其财政收入规模一般会呈现上升的趋势。当然，这是就普遍情况而言的，并不排除一些例外，因为经济发展水平毕竟不是影响财政收入规模的惟一因素。

（二）政府职能范围

政府取得财政收入是为了履行其职能，满足社会公共需要，显然政府的职能范围越大，政府需要筹集的财政收入规模也就越大，所以，政府的职能范围是决定一国财政收入规模的直接因素。这一点可以从西方国家财政收入规模的发展变化中得到反映。在资本主义发展的早期，政府的职能范围十分有限，政府的职责主要是国防以及维护国内公共秩序，因而有“夜警国家”之称。在这种“越小的政府是越好的政府”的观念下，自然是“花钱越少的政府是越好的政府”。当时，西方国家的财政收入一般都不到 GDP 的 10%。但随着工业化和城市化的发展，社会要求政府提供社会福利和社会保障的呼声日益高涨。到 19 世纪的后期，西方国家政府担负的社会福利职能越来越大，相应地，各国政府的公共收支规模也不断地攀升。目前，西方国家的财政收入占 GDP 的比重一般都在 30% 以上，有的甚至高达 50%。其财政收入的 40%～50% 是用于社会福利和社会保障方面的开支。

（三）分配制度和分配政策

社会产品生产出来以后要在政府、企业和居民个人之间进行一系列的分配和再分配。在我国，国家制定的国民收入分配制度和分配政策决定了政府、企业和个人在国民收入分配中所占的份额。在传统的计划经济体制下，国家对国有企业实行统收统支的财务管理体制，对城市职工实行严格的工资管理，对农产品实行“剪刀差”的价格政策，在这种分配制度和分配政策下，国民收入的分配格局中政府财政收入规模较大。

在经济体制改革以后，由于国家改革了分配制度，调整了分配政策，国民收入分配开始向企业和个人倾斜，国民收入分配格局也发生了重大变化。对于国有企业而言，通过“放权让利”对国有企业利润分配制度进行改革，从而使企业上缴财政的税利有所下降。在国有企业改革的同时，国家还大力发展非国有经济，并通过税收优惠政策鼓励其发展。另外，经济体制改革以后，国家为了调动职工的积极性，不断提高城镇职工的工资水平，并且在坚持按劳分配的同时，允许存在一定形式的按要素分配。在农村经济改革方面，国家多次大幅度地提高农副产品的收购价格，从而使农民个人收入水平有了一定的提高。经过上述一系列改革政策的出台，原有的国民收入分配格局发生了重大改变。政府财政预算内收入占GDP的比重由改革前1978年的31.1%下降到1995年的10.8%，下降了近20个百分点，与此同时，个人收入占GDP的比重则由50%上升到将近70%，提高了近20个百分点；企业收入所占的比重也由18%上升为22%。很明显，改革开放以来我国政府财政收入规模的下降与国民收入分配政策的变化是分不开的。

（四）价格变动

财政收入是政府取得的货币形态的社会产品，它是按照当年的现行价格水平计算出来的。这样，在其他条件一定的情况下，某个财政年度的价格水平上升，该年度的名义财政收入就会增加，但这种财政收入的增加完全是由于价格水平上升造成的，并不代表财政收入的真正增长，也就是说，这时名义财政收入虽然增加了，但实际财政收入并不一定增加。所谓的名义财政收入是指当年在财政账面上实现的财政收入；而实际财政收入则是指财政收入所真正代表的商品物资（劳务）的数量，在价值上它可以用按不变价格计算的财政收入的量来表示。

价格水平对财政收入的影响有三种情况：一是价格水平的增长率超过名义财政收入的增长率，则实际财政收入水平下降；二是价格水平的增长率低于名义财政收入的增长率，则实际财政收入水平提高；三是价格水平的增长率与名义财政收入的增长率相同，则实际财政收入水平不变。如 1996 年我国财政总收入比 1995 年增长了 18.68%，而 1996 年的通货膨胀率为 6%。所以，1996 年我国财政收入实际比上年大约增长了 12%。

从上面的分析来看，物价水平上涨对财政取得收入并不一定有利。但如果物价上涨是由于财政出现赤字、中央银行被迫发行货币弥补赤字而引起的，则这时的通货膨胀对财政来说是有利的。因为财政在引发通货膨胀的同时，自己多取得了一笔收入（即财政赤字部分），企业和居民个人的实际收入则因通货膨胀而有所下降，财政安排这种靠中央银行发行货币弥补赤字的做法实际上是对企业和个人征收了一笔税收，人们通常把它称作“通货膨胀税”。另外，如果一国税制以累进的所得税为主，当出现通货膨胀时，企业和个人的名义收入水平就会提高，其适用的最高边际税率就会相应地提高，出现所谓“档次爬升”的局面，一旦出现了“档次爬升”，政府的财政收入水平就会提高。

（五）税收管理水平和税收政策

由于税收收入是财政收入的主要来源，因此，影响税收收入的因素也就成为影响财政收入规模的重要因素。在税源既定的条件下，税收管理水平和税收政策决定了税收收入的规模。税收管理水平包括税务管理的质量，国家对税务管理组织力量的安排，纳税人的守法程度，税务官员的廉洁程度，对征纳双方违法行为处罚的轻重，公共服务部门的服务质量与税收效率等。税收政策则包括税种的选择，税种的数目与结构，税率的高低与税收优惠的实施情况等。

除上述因素外，一个国家的政治经济制度和经济管理体制，一定时期的经济结构，如所有制结构、产业结构，宏观经济政策以及经济的景气周期等都是影响一国财政收入规模大小的因素。

二、我国财政收入规模的分析

（一）衡量我国财政收入规模的指标

政府的财政收入规模，国际上一般用政府财政收入占 GDP 的比重这一指标来衡量。但是，目前我国还不能简单地用政府财政收入占 GDP 的比重来反映我国真实的财政收入规模，主要原因在于我国目前的政府收入形式还很不规范，政府收入并未全部包含在财政收入之中。按照市场经济国家的规范做法，通过各种形式集中到政府及其部门手中的用于公共支出的资金都属于政府财政收入，都应纳入政府财政预算管理，列入政府财政收入的范畴，通过政府预算统一安排使用。但是，我国改革开放后以放权让利为主线的财税改革不断推进，到目前实际上形成了我国政府财政收入三分天下的格局，也就是说，我国目前的政府收入实际由三个大的部分组成：一是政府财政集中掌握的预算内收入，即我们通常所说的财政收入；二是各级财政和行政事业单位掌握的预算外收入以及其他没有纳入预算的收入；三是各政府部门掌握的制度外收入。

这样，就需要从两个口径来考察我国的财政收入规模：

1. 小口径的财政收入规模，即财政收入占 GDP 的比重。这里的“财政收入”包括税收收入和纳入预算的其他各项收入。

2. 大口径的财政收入规模，即政府收入占 GDP 的比重。这里的“政府收入”不仅包括财政收入和不纳入预算管理的预算外收入，还包括既不纳入预算内也不纳入预算外的制度外收入，同时，还应包括不在“财政收入”中反映的各种形式的收入退库以及其他各种形式没有纳入预算的收入。

衡量我国整个财政收入的规模，考察政府在整个社会产品分配中的集中程度，比较合适的指标就是大口径的财政收入规模，它全面反映了政府从微观经济主体的企业和个人手中取得收入、集中资源的状况。也只有考察大口径的财政收入规模，才能解释清楚为什么在我国财政收入占 GDP 的比重较低、政府财政能力较弱的情况下，庞大的政府部门还能得以运转。

大口径的财政收入规模真实地反映了政府对整个社会财富的集中程度。但是，进一步分析目前的政府收入及其支出的安排使用，可以看到相当一部分预算外收入和制度外收入的取得并不能代表政府的利益取向和收入愿望。预算外收入、制度外收入从表面上看增大了政府财力，但是，由于预算外资金的管理方法不同于预算内资金的管理，大量的资金实际上处于财政控制之外。各项收费分别由不同的政府部门自收自支、自行管理，财政不仅难以进行有效的调剂，也难以控制其使用方向和使用效益，实际上处于一种管理失控状态，而对于预算之外的制度外收入，财政对其更是难以进行管理和控制。所以，预算外收入、制度外收入虽然支持了一些事业的发展，支撑了一些政府部门的运转，但这部分资金对财政来说是“体外循环”，并没有相应形成政府可支配财力。因此，大口径的财政收入规模只能说明整个国民经济的负担水平，并不能完全代表政府的财力状况或财政能力，只有小口径的财政收入规模才能真正地代表政府的可支配财力，表明当前政府财政能力的强弱。这样，在分析我国财政收入规模时，就需将小口径财政收入规模与大口径财政收入规模综合起来进行考察。

（二）改革开放以来我国财政收入规模的变化

改革开放以来，我国财政收入占 GDP 的比重持续下降，到 1996 年降至 10.7%，1997 年后虽有所上升，但直到 1999 年也只有 13.9%（参见表 5-2）。这一比重是否合适，可以通过以下几个方面进行综合分析判断。

表 5-2　**我国财政收入占 GDP 比重变化表**

年　　份	财政收入（亿元）	GDP（亿元）	财政收入占 GDP 的比重（%）
1978	1 132.3	3 624.1	31.2
1985	2 004.8	8 964.4	22.4
1990	2 937.1	18 547.9	15.8
1992	3 843.4	26 638.1	13.1

续表

年份	财政收入（亿元）	GDP（亿元）	财政收入占GDP的比重（%）
1993	4 349.0	34 634.4	12.6
1994	5 218.1	46 759.4	11.2
1995	6 242.2	58 478.1	10.7
1996	7 408.0	67 884.6	10.9
1997	8 651.1	74 462.6	11.6
1998	9 876.0	78 345.2	12.6
1999	11 444.1	82 067.5	13.9
2000	13 395.2	89 468.1	15.0
2001	16 386.0	97 314.8	16.8
2002	18 903.6	105 172.3	18.0
2003	21 691.1	116 898.4	18.6

资料来源：国家统计局：《中国统计摘要（2004）》。

将我国的财政收入规模与其他国家的情况进行比较，有助于更进一步地准确判断我国的财政收入规模。从发达国家的情况看，财政收入占 GDP 的比重，1995 年美国为 33.1%，日本为 32%，加拿大为 41.9%，法国为 48.9%，德国为 46.3%，英国为 38.6%，意大利为 45%，瑞典为 57.8%。① 从发展中国家的情况看，财政收入占 GDP 的比重，1993 年韩国为 23.5%，泰国为 19.6%，土耳其为 18.7%，印度 1992 年为 21%，巴西 1992 年为 29.85%。② 通过国际的横向比较，可以看到，我国目前财政收入占 GDP 的比重不仅远低于发达国家，也略低于一部分发展中国家。

从生产力发展水平这一角度看，一般认为，一个国家随着生产力发展水平的不断提高、人均 GDP 水平的增加，财政收入规模也

① OECD，《分析数据库》，1999 年 6 月。

② 根据 IMF《政府财政统计年鉴》整理。

会不断提高，但1985年至1995年期间我国却呈现出相反的态势，财政收入规模出现较大幅度的下降，这是不正常的。我国目前生产力发展水平不高，人均收入水平较低，并且尚处于经济起飞的初期阶段，需要通过政府投资促进经济有一个较快的增长速度。同时，由于我国市场经济尚不完善，需要政府投资来矫正市场失灵，政府的财政收入规模不能太低。但是，在企业、个人成为市场经济投资主体，政府退出一部分投资领域的条件下，为了促进民间投资和经济的持续增长，我国政府的集中程度又不能太高。从当前情况看，我国财政收入占GDP的比重应保持在20%以上。

从保证政府职能部门运转及满足公共支出基本需要这一角度看，在我国目前的体制转轨时期，政府职能的界定尚不规范、不清楚，存在着“缺位”和“越位”的问题，这需要深化体制改革，转变和调整政府的职能。但政府职能的调整是一个系统工程，涉及多方面因素和环节，难以在短期内理顺，一步到位。从社会政治经济稳定方面考虑，在政府职能未彻底调整以前，政府应保证业已承担的职能的全面履行。改革开放以来，虽然我国的财政收支逐年增长，但政府履行其职能的财力却明显不足，财政赤字不断增长，1996年为529.56亿元，2002年达到3 149.5亿元，2003年略有减少为2 915.9亿元。同期债务收入规模也不断扩大，债务负担日益沉重，1997年债务收入为2 476.82亿元，1998年达3 310.93亿元，2003年已达6 153.53亿元。虽然1998年以后的债务收入规模的扩大存在着宏观调控的因素，但是，政府财力不足已成为不争的事实。财力不足影响了政府职能的履行，一些政府部门资金紧张，许多基层政府发不出工资，连“吃饭”都难以维持，中央财力紧张也制约了政府宏观调控的能力。综合以上几个方面，可以认为我国目前小口径的财政收入规模偏低。

从政府组织收入这个角度看，虽然世界各国的政府财政收入中也有一定数量的收费，但比重都较小，其主要来源仍是税收收入。但由于目前我国政府收入形式欠规范，仅仅用税收收入或财政收入占GDP的比重并不能全面地反映整个财政收入规模的真实情况，这样就需要对我国的收入口径进行调整，以便进行国际比较。收入口径的调整，实际上就是用包括财政收入退库、社会保障基金、预算外收入、制度外收入等一些没有纳入到预算内收入的大口径财政收入规模进行比较。根据测算，我国大口径的财政收入占 GDP 的比重大约在 25%，也有专家认为这一比重超过 30%。用大口径财政收入规模与世界各国财政收入规模进行比较，结合我国经济发展的综合因素，我国目前的财政收入规模已经不低了。

从大、小口径财政收入规模的综合比较看，我国目前的情况是，小口径财政收入规模偏低，大口径的财政收入规模不低。由此，可以进一步得出，我国目前的财政收入不足所引起的财政困难实质上更主要是一种结构性困难，即由政府统一支配的公共财力较少，而在政府财政控制之外，由政府各部门自己支配的公共财力并不少。我国当前小口径财政收入规模偏低是多方面原因造成的，这既有分配秩序混乱、乱收费减少了政府税收等因素，也有由于财政收入政策和布局未能适应所有制结构、产业结构、收入分配结构等的变化，未能及时根据经济发展的状况进行适应性的调整，另外，还有税收政策、税收征管的因素。解决目前财政收入规模偏低的问题，必须调整政府财政收入结构，规范政府财政收入形式，统筹管理政府的各种财政收入，适当地增加小口径的财政收入规模，增强政府统一支配的财力。

第六章　税 收 理 论

第一节　税收的概念与特征

税收是国家为了满足社会公共需要，根据其社会职能，凭借政治权力，按照法律规定的标准，强制无偿地取得财政收入的一种形式。

税收作为政府取得财政收入的一种形式，与其他财政收入形式相比具有强制性、无偿性和固定性三个特征：

一、强制性

税收的强制性，是指国家根据其社会职能，凭借其政治权力，以法律形式确定征税人和纳税人的权利和义务关系。

一般说来，税收的征收依靠的是国家的政治权力，而不是依据生产资料所有权，任何生产资料所有权都必须服从国家的征税权。税收的强制性具体表现在，税收是通过国家法律形式予以确定的，纳税人必须根据法律的规定照章纳税，若有违反就要受到法律的制裁。

二、无偿性

税收的无偿性，是指在纳税人缴纳税款时，国家不需要直接对具体纳税人付出任何代价。

税收的无偿性是就国家与具体纳税人而言的，而不是对国家与全体纳税人的利益归属关系而言的。对于具体纳税人来说，国家征税以后与具体纳税人之间不再有直接的返还关系；就国家与全体纳税人的利益归属关系而言，税收是有偿的，即税收整体的有偿性。国家征税取得财政收入，通过财政支出为全体纳税人提供社会秩序、公共安全、共同的生产条件和生活设施等公共产品和公共服务。从这个意义上说，税收对全体纳税人而言是有偿的。

三、固定性

税收的固定性，是指国家在征税之前，通过法律形式具体规定了征税对象、纳税人、征收比例和征收办法等。

一般说来，国家税收制度要素是以法律形式事先规定的，这从法律上既保证了国家财政收入的稳定可靠，又避免了国家的任意征收以至超过客体的承受程度。税收的固定性还强调，一经法律确定为征税对象、征税范围，其物质内容就得经常、连续承受税收负担，国家的征税活动也将会经常、连续有效。

税收的固定性，并不意味着税收制度的固定不变，它并不排除税收制度随着政治、经济形势的发展，而随之进行相应的调整和改革，但这种调整和改革要通过法律形式予以确定，并在一定时期内稳定下来。

税收的上述三个特征是相互联系的。税收的无偿性决定着税收的强制性，因为如果是有偿的，就不需要强制征收；而税收的强制性和无偿性又要求税收征收的固定性，如果可以随意征收，就会侵犯现存的财产关系，使正常的经济活动无法维持下去，从而危及国家的稳定和存在。可见，税收的强制性、无偿性和固定性是统一的、缺一不可的。一种财政收入形式是否为税收，决定于它是否同时具备上述三个基本特征，而不是取决于它的名称。

第二节 税收制度要素

税收制度是国家各种税收法令和征收管理办法的总称。它规定了国家和纳税人之间的征纳关系，既是税务机关代表国家向纳税人征税的法律依据和工作规程，又是纳税人履行纳税义务的法律规范。税收制度要素是税收制度实体部分，它是指税收制度即各个税种的基本法规所必须载明的、必不可少的基本因素，如向谁征收、对什么征收、征收多少和如何征收等。这些内容表现在税制上就是纳税人、征税对象、税率、纳税期限、违章处理等要素，其中纳税人、征税对象和税率是最重要的三个基本要素。

一、纳税人

纳税人是纳税义务人的简称，是税法规定的直接负有纳税义务的自然人和法人。自然人是指依法独立享受民事权利并承担民事义务的公民个人。法人是指依照法定程序成立，并具有能独立支配的财产且能以其名义享有民事权利和承担民事义务的企业、单位、团体等社会组织。法人是社会组织在法律上的人格化。纳税人是纳税主体，是税款的直接承担者，每个税种都明确规定了它的纳税人。

与纳税人有关的两个概念是扣缴义务人和负税人。扣缴义务人是指税法规定的负有代扣代缴税款义务的单位和个人。扣缴义务人虽不负有纳税义务，但负有代扣代缴义务，必须严格履行其职责。税法中设置扣缴义务人的目的主要在于源泉控制，便于征管。负税人是最终负担税款的单位和个人。负税人和纳税人既有联系又有区别，纳税人是税款的直接交纳者，但并不一定是最终负担者。这里的关键是税负是否存在转嫁，有的税种税负较易转嫁，纳税人和负税人往往是不一致的，如商品课税的税种；有的税种税负不易转嫁，税款由纳税人自己负担，纳税人本身就是负税人，如各种所得税一般就属这种情况。税法中并无负税人的规定，但政府在制定税收政策和设计税制时，需要认真研究税收负担及其分布问题。

二、征税对象

征税对象又称课税对象，是征税的客体，亦指对什么课税，是税法规定的征税标的物，每一种税都必须选择确定它的征税对象。征税对象从总体上确定了一个税种的征税范围，明确了征税与不征税的法律界限。凡列入征税对象的，就属于该种税的征税范围，否则就不属其征税范围。征税对象体现了课税广度和各种税在性质上的差异，是一种税区别于另一种税的主要标志。

与征税对象相关的一个概念是税目，税目是税法规定的同一征税对象范围内的具体项目。它补充或延伸了征税对象的功能并使其具体化，它的设置更加明确了具体的征税范围，并便于针对不同的项目确定差别税率。

三、税率

税率是指税额与征税对象数额之间的法定比率，它是计算纳税人应纳税额的尺度，体现着征税的深度。在征税对象确定以后，税率的高低直接关系到国家财政收入和纳税人的负担程度，在一定程度上反映了国家集中配置资源与纳税人通过市场机制分散配置资源的数量结构，体现着国家的税收政策。因此，税率是税收制度的中心环节。

税率的基本形式有比例税率、累进税率和定额税率三种：

（一）比例税率

比例税率是指对同一征税对象，不论数额多少，都按同一比例课征的税率制度。比例税率的基本特点是税率不随征税对象数额的变动而变动，计算简便，便于征收。比例税率一般适用于对商品流转额的征税。比例税率可以是单一比例税率，也可以是差额比例税率。

（二）累进税率

累进税率是指按征税对象数额的大小划分若干等级，不同等级规定高低不同的税率。征税对象数额越人，税率越高；数额越小，税率就越低。累进税率的基本特点是税率等级与征税对象的数额同方向变动，符合量能负担的公平原则。同时，从宏观上看，累进税率可以在一定程度上抑制经济的波动，具有稳定经济的功能，但其计算较为复杂。累进税率一般适用于对所得和财产的课税。

累进税率按其累进依据和累进方式的不同，可以分为全额累进税率和超额累进税率两种。全额累进税率是指把课税对象的全部数额都按照与之相应的那一级税率计税。超额累进税率是指把全部课税对象按数额大小划分为若干等级，对每一等级分别规定相应的税率，计算应纳税额时先分别用各级税基增量乘以对应的税率求出各级税额，然后将各级税额相加求出总的应纳税额。

超额累进税率较之全额累进税率，其优点体现在累进幅度比较小，税收负担较为合理，特别是在征税对象处临界部位，因只就增量部分按高一级税率计税，可避免全额累进税率下出现的税负增加超过应税所得额增加的不合理现象。缺点是，超额累进税率下应纳税额的计算较之全额累进税率要复杂，但这可通过“速算扣除数”的办法予以解决。超额累进税率的合理性致使其应用得较为普遍和广泛。

（三）定额税率

定额税率又称固定税额，是指按照征税对象的单位数量直接规定一定的税额，而不是规定征收比例。定额税率的基本特点是税额与征税对象的数量紧密联系，而与其价值（价格）无关，而且它的计算简便。定额税率一般适用于从量计征的税种。定额税率可以是单一定额税率，即在同一税种中采用一种定额税率，也可是差别定额税率，即同时采用几个定额税率。

另外，附加和加成是通过税率的延伸增加纳税人负担的特殊税率形式。附加是在正税之外附征一部分税款。加成是在依率计征税额的基础上，再征收一定成数的税款。

四、纳税环节

纳税环节是税法上规定的纳税人在征税对象流转过程中应当缴纳税款的环节。一个税种按其在商品流转的多个环节中选择纳税环节的多少，形成一次课征制和多次课征制两种课征制度。

五、纳税期限

纳税期限是指纳税人发生纳税义务后，向税务机关缴纳税款的时限。纳税期限的确定，一般应考虑纳税人生产经营和征税对象的特殊性以及应纳税额数量的大小等情况，不同性质的税种以及不同情况的纳税人，其纳税期限也不相同。

六、减税免税

减税是从应征税款中减征部分税款。免税是免征全部税款。减税、免税是对某些纳税人或征税对象的鼓励或照顾措施，它具有较强的政策目的性和针对性。

减税、免税的基本形式可分为税基式减免、税率式减免和税额式减免三种。

税基式减免是指通过缩小计税依据方式来实现的减免税。具体包括起征点、免征额、项目扣除和跨期结转等。其中起征点是指税法规定征税对象开始征税的数额。免征额是指税法规定的征税对象全部数额中免予征税的数额。起征点与免征额有相同点，即当征税对象小于起征点和免征额时，都不予征税。两者也有不同点，即当征税对象大于起征点和免征额时，采用起征点制度的要对征税对象的全部数额征税，采用免征额制度的仅对征税对象超过免征额部分征税。起征点和免征额的规定是对纳税人的一种照顾，但二者照顾的侧重点不同，前者照顾的是低收入者，后者则是对所有纳税人的照顾。项目扣除在所得税中是指在征税对象中扣除某些项目的一定数额，以其余额作为计税依据。跨期结转在所得税中是指将以前纳税年度的经营亏损等在本纳税年度的经营利润中扣除。

税率式减免是指通过降低税率方式来实现减免税。

税额式减免是指通过减少部分应纳税额或免除全部税额的方式来实现的减免税，具体包括全部免征、减半征收、核定减征率、核定减征额等。

上述三种减免税形式中，税基式减免使用范围最为广泛。

七、违章处理

违章处理是税务机关依据税法规定对纳税人违反税法的行为所采取的处罚措施，它体现了税收的强制性，是维护税法严肃性的重要手段。

纳税人的违章行为主要包括：(1) 违反税收征收管理法，即纳税人不按规定办理税务登记、纳税申报、建立账务、提供纳税资料、拒绝接受税务机关监督检查等行为；(2) 偷税，即纳税人有意识地采取隐瞒、欺骗等手段不交或少交税款的违法行为；(3) 欠税，即纳税人拖欠税款，不按规定期限交纳税款的违章行为；(4) 抗税，即纳税人对抗国家税法拒绝纳税的严重违法行为；(5) 骗税，即纳税人利用假报出口等欺骗手段，骗取国家出口退税款的违法行为。

对上述税务违法行为必须依法予以行政处罚，构成犯罪的要由司法机关追究刑事责任。

第三节 税收分类

现代市场经济条件下，各国的税制一般都由多个税种组成，各税种既相互区别又密切相关，依照一定的标准将各税种分别归类，从而将一类税种同其他类税种相区别。税收分类，首先，有助于分析和研究税制的结构和各类税种的特点、性质、作用和它们之间的关系，是研究和建设税制的重要前提；其次，有助于分析税源的分布和税收负担的状况以及税收对经济运行的影响，为贯彻税收公平的原则提供依据；第三，可以用来比较研究各国税制的发展演变过程，为完善税制提供借鉴。

一、按税收缴纳形式分类

按税收缴纳形式的不同，可以将税收分为力役税、实物税和货币税。力役税是指纳税人以直接提供无偿劳动的形式缴纳的税种。实物税是指纳税人以实物形式（包括粮、棉、布匹、牲畜等）缴纳的税种。货币税是指以货币形式缴纳的税种。

按税收缴纳形式分类，主要是为了考察商品货币关系的发展程度，研究经济形态与税制建设的关系以及满足税收征管的特殊要求。在奴隶社会和封建社会，税收主要采取力役税和实物税的形式；现代条件下，世界各国税收基本上采用货币税形式。这是与当时的生产力发展水平和商品货币关系的发达程度相适应的。

二、按课税标准分类

按课税标准不同，可以将税收分为从量税和从价税。从量税是以征税对象的数量、重量、容量或体积等实物计量单位为标准，规定固定税额征收的税种。从价税是以课税对象的价格为标准规定税率征收的税种。从量税的税额随课税对象数量的变化而变化，计算简便，但税负水平是固定的，是不尽合理的，因而只有少数税种采用这种计税方法，如我国的资源税、车船使用税等。相比较而言，从价税更适应商品经济的要求，同时也有利于贯彻国家的税收政策，因而适用范围较广，大部分税种都采用这一计税方法。

三、按税种的隶属关系分类

按税种的隶属关系不同，可将税收分为中央税和地方税，将税收划分为中央税和地方税是由国家在政治和经济上实行分级管理体制决定的。中央税是指属于财政固定收入，由中央政府征收管理的税种。地方税是指属于地方固定收入，由地方政府征收管理的税种。在中央税与地方税的划分上，有的国家地方政府拥有税收立法权，可以自行设置税种，这类税种就属于地方税；中央政府开征的税种就属于中央税。有些国家的税收立法权集中在中央，所有税种都是由中央政府统一设置的，但根据财政管理体制上的需要，划出一部分税种给地方，从而形成另一种类型即地方税。另外，有的国家还设立中央地方共享税，这类税收收入由中央和地方按一定比例分成。

四、按税收与价格的关系分类

按税收与价格的关系不同分类，可将税收分为价内税和价外税，价内税与价外税的划分主要是针对于商品课税而言的。凡税金包含在商品的价格之中，税金构成价格组成部分的，称为价内税。凡商品价格中不包含税金，税金作为价格之外附加的，称为价外税。与之相适应，价内税的计税依据为含税价格，价外税的计税依据为不含税价格。一般认为，价外税比价内税更易于转嫁。价内税主要对企业或生产者课征，价外税主要对消费者课征。

五、按税负能否转嫁分类

按税负能否转嫁，可以将税收划分为直接税和间接税。凡纳税人能够将税负转嫁给他人负担的税种为间接税。凡纳税人不能直接将税负转嫁给他人负担的税种为直接税。一般认为，所得税和财产税属于直接税，商品课税属于间接税。

六、按征税对象分类

按征税对象不同分类，可将税收分为所得课税、商品课税、财产课税和行为课税，这是一种最重要、最常用的一种税收分类方法。所得课税是指以纳税人的净所得为课税对象的税收，一般包括个人所得税、企业所得税等。商品课税包括所有以商品为课税对象的税种，如增值税、消费税、营业税、关税等。财产课税是以各种动产和不动产为课税对象的税收，如一般财产税、遗产税、赠与税等。行为课税是以某种特定的行为为课税对象的税种，如固定资产投资方向调节税、印花税、耕地占用税等。

第四节　税收原则

税收原则是税收制度的设计和实施方面应遵循的基本指导思想，也是评价税收制度优劣以及考核税务行政管理状况的基本标准。税收原则是建立税收制度的理论基础，它涉及在一定历史条件下建立、调整、改革或废除税收制度时必须考虑的基本问题以及相互之间的关系。从税收的发展历程来看，各个时期的经济学者一直在探讨税收的原则。历史上，第一次明确而系统地阐述税收原则的是亚当·斯密。亚当·斯密在他的《国民财富的性质和原因的研究》一书中提出了平等、确实、便利和节省的税收四原则，对后世产生了极大的影响。

现代市场经济条件下的税收原则，通常概括为以下几个方面：

一、财政原则

财政原则是指税收是取得财政收入的主要形式，财政收入是国家实现其职能、满足社会公共需要的物质基础，税收就是要为财政提供充裕的资金，以满足国家实现职能的需要。

在制定税收制度的过程中，坚持财政原则应体现在两个方面：

第一，税收收入要充裕。在税收成为政府主要收入形式的条件下，国家职能能否较好地实现，在一定程度上取决于税收收入规模的大小。因此，在税制设计中应选择收入弹性大的税种作为主体税种，在税收工作中要严格遵守税法，把该收的税都收上来。

第二，税收收入要适度合理。税制的建立和税收政策的运用，应兼顾需要与可能，做到取之有度。这里的“需要”是指财政的需要，“可能”是指税收负担的可能。税收适度合理，就是要求税收负担适中，税收收入既能满足正常的财政支出需要，又能与经济发展保持协调和同步，并在此基础上使宏观税负尽量从轻。

二、效率原则

税收效率原则指的是以尽量小的税收成本取得尽量大的税收收益。税收效率通过税收成本和税收收益的比率来衡量，但这种对比关系不是单一的，而是多层次的。首先，是税务机关本身进行税务行政或税收管理而产生的成本和收益的比较；其次，是从税收与经济的相互关系，特别是从税收对经济的影响方面进行成本和收益的比较。

（一）税收的行政效率

税收的行政效率通过一定时期直接征纳成本与入库的税收收入的对比衡量。这里入库的税收收入是税收的直接收益。而税收的征纳成本，一是税务机关为获得一定数量税收收入的耗费，包括税务机关工作人员的工资、津贴等人员经费和税务机关在征税过程中所支付的房屋租赁费用、交通费、办公费、差旅费等公用经费以及用于建造税务机关办公大楼等各种费用开支；二是纳税人在纳税过程中所发生的费用，包括纳税人雇佣会计师、税收顾问、职业税务代理人等所花费的费用，公司、企业为个人代交税款所花费的费用以及纳税人在申报纳税方面的时间和其他各种费用，等等。一般来说，税收的征纳成本与入库的国家税收收入之间的比率越小，税收行政效率就越高，反之则相反。

（二）税收的经济效率

税收的经济效率是从整个经济系统的范围来看税收效率原则，主要从征税过程对纳税人以及整个国民经济的正负效应方面判断税收是否有效率。这就有一个税收的经济成本与经济收益的比较问题，一般来说，对税收经济效率主要从两个方面来考察：一是税收的额外负担最小化；二是税收的额外收益最大化。

税收在将社会资源从纳税人手中转移到政府部门手中的过程中，势必会对经济产生影响。若这种影响仅限于征税数额本身，此乃为税收的正常负担；若除了这种正常负担之外，经济活动因此而受到干扰和阻碍，社会利益因此而受到削弱，便产生了税收的额外负担；若除正常负担之外，经济活动还因此而得到促进，社会利益因此而得到增加，便产生了税收的额外收益。

税收的额外负担可区分为两类：一是资源配置方面的额外负担。国家征税一方面减少私人部门支出，另一方面又增加政府部门支出。若因征税而导致的私人经济利益损失大于因征税而增加的社会经济效益，即发生了税收在资源配置方面的额外负担。二是经济运行方面的额外负担。税收作为一种强制和无偿的国家占有，总会对纳税人的经济行为产生影响。若因征税对市场经济的运行发生了不良影响，干扰了私人消费和生产的正常或最佳决策，同时，相对价格和个人行为方式随之变更，即发生了税收在经济机制运行方面的额外负担。而无论发生哪一方面的额外负担，都说明经济处于无效率或低效率状态。

由于征税会产生税收的额外负担，税收的额外负担越大，给社会经济运行带来的消极影响就越大，因此，税收的效率原则就要求征税尽量使税收的额外负担最小化。针对征税产生的额外负担，一些西方经济学家提出了税收中性原则，即税收不应当干预经济活动和资源配置，要求税收不仅不应使消费者遭受额外的效用损失，而且不应对一切经济活动产生影响。

税收中性作为一个原则，有一定的积极意义，在实践中应重视并尽可能遵循这一原则。但是，在实践中不能将税收中性绝对化，即使在发达的市场经济国家，税收中性原则也只是作为一个理想的原则，而在实践中没有一个国家能够完全遵循这一原则。

税收征收过程不只是会增加经济成本，也会对经济运行产生积极的影响。征税过程特别是税收政策的运用能够提高资源配置的效率和宏观经济效益，那么税收就产生了额外收益，如国家通过征税引导产业结构、矫正负的外部经济行为等，都会促进资源的有效配置，提高宏观经济效益。在实施经济可持续发展战略的条件下，通过征收环境税以及其他政策措施，全面“绿化”税制，运用税收限制政策和税收鼓励政策，使整个税制体现环保要求，抑制或减少环境污染和生态破坏，并最终实现可持续发展，这是税收产生的额外收益。因此，税收效率原则不仅仅着眼于税收额外负担最小化，还要着眼于税收额外收益的最大化。

三、公平原则

税收公平原则是指国家征税要使纳税人承受的负担与其经济状况相适应，并使纳税人之间的负担水平保持平衡。它可以从两个方面来把握：一是经济能力或纳税能力相同的人应缴纳数额相同的税收，即以同等的方式对待相同的纳税人，这称作税收的横向公平；二是经济能力或纳税能力不同的人应当缴纳数额不同的税收，即以不同的方式对待不同的纳税人，这称作税收的纵向公平。那么，如何来衡量税收是否公平呢？衡量税收公平的标准主要有以下三个方面：

（一）机会均等

机会均等即要求按企业或个人获利机会的多少来分担税收。获利机会多的企业和个人多纳税，获利机会相同的企业或个人缴纳相同的税。企业或个人获利机会的多少是由他拥有的经济资源决定的，包括人力资源、才力资源和自然资源等。上述资源占有方面的差异，使得一部分企业或个人在市场竞争中处于有利地位，而另一部分企业或个人则处于不利地位。处于有利地位者可以凭借其各种甚至某一种外在的经济优势，扩大市场占有份额甚至垄断市场，妨碍市场竞争，降低资源配置效率。因此，国家通过适当的税收政策调节改变以至消除由于资源占有状况的不同而形成的不平等竞争环境，使竞争者大致站在同一起跑线上展开公平竞争。

（二）受益课税

受益课税即要求按纳税人从政府公共支出中受益程度的大小来分担税收。现实生活中政府之所以向纳税人征税，是因为政府向纳税人提供了公共产品或公共服务；纳税人之所以向政府纳税，是因为他们从政府提供的公共产品或公共服务中获得了利益。因此，谁受益谁纳税，受益多的人多纳税，受益少的人少纳税，受益相同的人负担相同的税收是非常公平的。

（三）量能课税

量能课税即要求按照人们的负担能力来分担税收。负担能力强的人多纳税，负担能力弱的人少纳税，没有负担能力的人不纳税。对于人们的负担能力可以按照其收入水平、消费支出水平或拥有的财产来衡量。从既能够准确衡量人们的负担能力又便于实践中操作和管理的角度来看，通常用收入水平来衡量人们的负担能力，按照人们收入的多少进行课税。

第五节　税收负担

一、税收负担的含义

税收负担是指因国家课税相应地减少了纳税人可支配收入的数量或份额，从而使其承受的经济负担，一般用政府征收的税款占纳税人税源数量的比重来反映，其实质表现为国家与纳税人之间的一种分配关系。税收负担问题是税收制度的核心问题，也是税收与经济的关系问题。合理界定一定时期的税收负担，对于保证政府履行其职能需要的财力、促进经济发展有着重要的意义。

税收负担可分为宏观税负和微观税负。宏观税负，是指一个国家在一定时期内税收收入占当期社会新增财富的比重，一般用税收收入占GDP的比重来衡量。在考察一个国家的税收负担总水平或对不同国家的税负总水平进行比较研究时，一般采用宏观税收负担。研究宏观税收负担，旨在解决税收在宏观方面促进资源合理配置、经济稳定增长和国民收入合理分配之中带有全局性和整体性的问题。

微观税收负担，是指某个纳税人（自然人或法人）的税收负担，表明某个纳税人在一定时期内所承受的税款总额，一般用纳税人的纳税额占纳税人相关收入的比重来反映。研究微观税收负担旨在为政府制定税收政策和税收制度、实施对宏观经济活动的有效调控提供最基本和最直接的依据。

二、税负转嫁

（一）税负转嫁的形式

税负转嫁是指在商品交换中，纳税人将其缴纳的税款通过种种途径转移给他人负担的过程。按照经济交易过程中实现税负转嫁的不同途径分类，税负转嫁主要有四种具体形式：

1. 前转，又称顺转，是指纳税人将其所纳税款沿着商品运动的方向，通过提高商品销售价格的办法，向前转移给购买者负担的一种转嫁形式。

前转是税负转嫁的最典型和最普遍的形式，大都发生在对商品和劳务的课税上，它是通过提高课税商品的价格实现的。例如，在生产环节对消费品课征的税款，厂商就可以通过提高商品出厂价格把税收负担转嫁给批发商，批发商和零售商也可以以同样的方式把税负最终转嫁给消费者，消费者是税收负担的实际承担者，是负税人。

2. 后转，又称逆转，是指纳税人将其所纳税款逆商品运动方向，通过压低商品价格等方法向后转嫁给商品销售者负担的一种转嫁形式。后转一般是由于市场供求条件的约束，纳税人无法将其所纳税款以提高商品销售价格的方法向前转移时所选择的一种转嫁途径。因为商品课税后若提高销售价格，往往会导致需求量下降，商品经营者不得不降价出售，因而，税负难以向前转嫁给消费者，只能采用压低进货价格的办法把税负逆转给批发商，批发商再逆转给生产者，生产商又通过压低原料价格、劳动力价格（工资）或延长工时等办法，把税负转嫁给原料供应者和工人等。

税负转嫁过程中，税负的转移可以只发生一次，即一次转嫁；也可以发生数次（两次或两次以上），即辗转转嫁，辗转转嫁又可以分为向前辗转转嫁和向后辗转转嫁两种。

3. 混转，又称散转，是指纳税人同时采用前转和后转的一种转嫁形式。前转与后转是税负转嫁的两种基本形式。但在现实经济生活中，税负无论是前转还是后转，其转嫁程度和转嫁形式都要受许多客观经济条件的限制，有时能够把全部税款转嫁出去，有时则只能部分地转嫁，有时可完全采用前转或后转。但相对容易的方式则是对同一税款，一部分采用提高商品销价的方式向前转嫁，另一部分则采用压低商品进价的方式向后转嫁。

4. 税收资本化，又称资本还原，是指在某些资本品（土地、房屋、股票）的交易中，商品的购买者将所购买的未来应纳税款，通过从商品购入价格中预先扣除（即压低商品的购买价格）的方法，转嫁给生产要素的出售者，这种情况多发生在土地买卖或其他收入来源较具永久性的财产（如有价证券）税负转嫁上。

（二）税负转嫁的条件

在现实经济生活中，税负能否转嫁以及转嫁多少，并不是以纳税人的主观意志为转移的，而是由客观经济条件决定的，这些条件包括：

1. 商品经济和自由价格制度是决定税负能否转嫁的前提条件

税负转嫁是在商品交换中通过商品价格的变动来实现的，没有商品生产和商品交换的存在，就不会有税负转嫁，因此，商品经济是税负转嫁的前提条件。在自然经济条件下，由于社会生产力不发达，社会成员生活必需品的自给程度很高，产品一般不经过市场交换，直接从生产领域进入消费领域，自给有余的少部分产品也以物物交换、调剂余缺为主。在这种历史条件下，国家财政收入主要来源于向人口、土地、房屋等不动产课征的直接税，纳税人无法转嫁税负。商品经济条件下，一切商品的价值都要通过货币形式表现为价格，在经济结构中商品、货币经济占据了统治地位，而一切以商品流转额为课税对象的税种必然与商品价格联系在一起，并逐渐成为商品价格的有机构成部分，这就为纳税人通过压低商品购入价或抬高商品销售价转嫁税负提供了可能性和前提条件。

税负转嫁能否实现的另一前提条件是自由价格制度的存在。税负转嫁是和价格运动直接联系的，一般通过提高销货的售价或压低进货的购价来实现的，税收负担无论采取哪种转嫁形式，都依赖于价格的变动，因此，自由定价制度是税负转嫁存在的基本条件。若政府实行指令性价格制度，纳税人没有定价权，那么，就既无法提高商品售价向前转嫁，也无法降低商品买价向后转嫁，只有生产经营者完全根据市场供求关系的变化自由地确定产量和价格，税负转嫁才有可能通过价格变动得以实现。

2. 商品供求弹性是决定税负转嫁实现程度的关键因素

纳税人税收负担能否转嫁，能够转嫁多少主要取决于商品供求弹性的大小。一般来讲，需求弹性较大，供给弹性较小，税收将主要由纳税人自己承担；需求弹性较小，供给弹性较大，税收将主要由其他人负担。在税负转嫁上，完全可以转嫁或完全不能转嫁的情况基本上是不存在的。通常的情况是税收负担由纳税人与其商品的购买者分别承担，分别承担的比例取决于该商品的需求弹性和供给弹性的大小。如果需求弹性大于供给弹性，商品供应者通过提高商品售价向前转嫁税负的能力相对较弱，因而不得不减少利润，承担较多的税负，即税负会更多地落在生产者或生产要素提供者的身上；如果供给弹性大于需求弹性，则消费者接受涨价，承担税负的比例要大一些，即税负会通过提高商品售价更多地落在购买者身上；如果供给弹性与需求弹性相等，则税负由供需双方平均分担。

第七章　税收制度

第一节　我国税收制度与税制改革

一、我国税收制度的历史演进

新中国的税收制度是在1950年确立的。此后，随着国家政治、经济形势的发展变化，税收制度经历了一个不断改革、调整的发展变化过程。我国税收制度的演进主要经历了：1950年确立新中国的税收制度；1953年修正税制；1958年的税制改革；1973年的税制改革；1979～1993年间的税制改革；1994年的税制改革等几次重大变化过程。1994年的税制改革确立了我国现行税制。

二、1994年税制改革的主要内容

1994年税制改革的主要内容包括以下几个方面：

1. 以推行规范化的增值税为核心，相应设置消费税、营业税，建立新的商品课税体系。增值税对货物销售、货物进口和部分劳务实行普遍征收，实行凭发票注明税款抵扣制度，再选择部分消费品交叉征收消费税，对不实行增值税的劳务市场或第三产业征收营业税。新的商品税制统一适用于内、外资企业，并取消对外商投资企业和外国企业征收的工商统一税。

2. 对内资企业实行统一的企业所得税，采用33%的比例税率，取消原来分别设置的国营企业所得税、国营企业调节税、集体企业所得税和私营企业所得税。用税法规范企业所得税前列支范围和标准，改革企业税前还贷制度，严格税收减免，拓宽税基，改变企业

承包企业所得税的做法，硬化企业所得税。

3. 统一个人所得税。将原个人所得税、个人收入调节税和城乡个体户工商业所得税合并为新的个人所得税，实行分类课征和源泉扣缴制度，调整了部分应税项目、税率和费用扣除标准及计税方法。

4. 调整、撤并和开征其他一些税种。调整了资源税，并将盐税并入资源税中；调整了城市维护建设税和城镇土地使用税；取消了集市交易税、牲畜交易税、烧油特别税、奖金税和工资调节税；开征土地增值税、证券交易税，并拟开征遗产税；改农林特产税为农业特产税，将原农林特产税和原产品税中对农、林、牧、水产品征税的部分合并为农业特产税。

5. 实行分税制财政体系，按税种划分中央和地方的财政收入，并相应地分设国家税务总局和地方税务局两套机构。

6. 推进税收征管制度改革。主要改革设想包括普遍建立纳税申报制度，积极推行税务代理制度，加速推进税收征管计算机化进程，建立严格的税务稽查制度，最终形成申报、代理、稽查“三位一体”的税收征管体系。

改革后的我国税种设置由原来的 32 个减至 23 个，初步实现了税制的简化与高效的统一。

第二节　商品课税

一、商品课税的特点

商品课税是指以商品和劳务的流转额为征税对象的课税体系。我国现行税制中属于商品课税的主要有增值税、消费税、营业税和关税等税种。商品课税与其他税类相比，具有以下几个方面的特征：

1. 以商品和非商品流转额为计税依据。在税率既定的情况下，税额大小直接依赖于商品和劳务价格的高低，与成本和费用水平无关。

2. 课征普遍、税源广泛。商品课税以商品交换并形成销售收入为前提，在商品经济高度发达的现代社会里，商品税的征税对象涉及各个领域，税源分布十分广泛。

3. 征管便利。商品税以商品流转额为计税依据，一般采用比例税率从价征收，计征简便，征税成本较低。

4. 商品课税属于间接税。商品课税与价格紧密联系，其税收负担容易通过价格涨落机制转移出去，使纳税人和负税人发生偏离。

商品税具有的上述特征决定了它所具有的突出功能，主要体现在组织财政收入上，但其缺陷也较为明显，如税负存在累退性，不利于贯彻公平原则以及易引起价格的波动，等等。

二、我国商品课税的主要税种

（一）增值税

增值税是20世纪50年代始建于法国的一个新兴税种，因其优点突出而在短时期内迅速风靡全世界，到目前为止，实施增值税的国家已有120多个，增值税已成为一个真正的国际性税种。我国自80年代开始试行增值税，在1994年工商税制改革时，增值税被作为改革的核心内容，按照国际上通行的做法并结合国情，建立起一种较为完整的增值税课税机制。现行的增值税作为我国税制结构中的主体税种在组织财政收入和调控经济方面发挥着重大的作用。

1. 增值税的概念和优点

增值税是以商品价值额中的增值额为计税依据而征收的一种税。增值额是指企业在生产商品过程中新创造的价值额，相当于商品价值中扣除生产中消耗的生产资料价值之后的余额，即 $V+M$ 部分。具体到一个生产经营单位，增值额是指这个单位的商品销售收入或劳务收入扣除外购商品额后的余额。如果从一个商品来看，该商品生产和流通各个环节的增值额之和，相当于该商品的最终销售额。

增值税的优点主要有：（1）可以避免重复征税和税负不公的问题，有利于专业化协作生产的发展；（2）能够适应经济结构的各种变化，有利于保证财政收入的稳定性；（3）能够建立起纳税人之间的自动勾稽机制，有效防止偷漏税；（4）有利于商品的出口退税，促进对外贸易的发展。

2．增值税的类型

一般而言，增值税是对商品和劳务价值额中的增值额课税，也就是对商品和劳务价款中扣除外购商品价款后的余额课征。但现在各国对外购商品中的固定资产价款扣除处理上有所不同，致使增值税的税基不同，据此增值税可划分为三种类型：（1）生产型增值税。计算增值税时，不允许抵扣外购固定资产价款。就国民经济整体而言，计税基数相当于国民生产总值，故称为生产型增值税。（2）收入型增值税。计算增值税时，只准许抵扣当期计入产品成本的固定资产折旧部分。就国民经济整体而言，计税基数相当于国民生产净值或国民收入，故称为收入型增值税。（3）消费型增值税。计算增值税时，允许一次全部抵扣当期购进的固定资产价款。就国民经济整体而言，计税基数只包括全部消费品价值，故称为消费型增值税。因计税基数不同，对财政收入和刺激投资的作用亦不同。从取得收入看，生产型增值税最多，收入型增值税次之，消费型增值税最少；而从鼓励投资看，消费型增值税效果最优，收入型增值税次之，生产型增值税最差。西方国家普遍采用的是消费型增值税。

3．增值税的课征制度

（1）征收范围，包括在我国境内销售货物，或者提供加工、修理修配劳务以及进口货物。

（2）纳税人，指所有在我国境内销售、进口应税货物或者提供应税劳务的单位和个人。其中，单位包括各种经济成分的企业：外商投资企业、行政事业单位、社会团体和其他单位。个人则指个体经营者和其他个人。纳税人还按经营规模大小和会计核算健全与否等项标准分为一般纳税人和小规模纳税人。

（3）税率。我国增值税设置了两档比例税率，一档为基本税率17%，一档为低税率13%。增值税条例规定适用低税率的有五类商品，其余的应税产品均适用基本税率。对出口商品实行零税率，即产品报关出口后可退还已缴纳的全部税款。对小规模纳税人设置4%和6%两档征收率。

(4) 实行价外计算方法。我国现行增值税实行价外税，即税金不包括在商品销售价格之内，而是在商品销售价格之外，税金和价格是分开的。计税时以不含税价格作为计税依据，在零售以前各环节销售商品时，专用发票上要求分别填写税金和不含税金的价格。

(5) 应纳税额的计算。采用购进扣税法，即根据专用发票注明的税款进行抵扣来确定应纳税额。

应纳税额＝当期销项税额－当期进项税额

当期销项税额＝当期销售额×税率

准予从销项税额中抵扣的进项税额为：从销售方取得的增值税专用发票上注明的增值税税额；从海关取得的完税凭证上注明的增值税税额；购进免税农业产品原材料准予按买价13%的扣除率计算的进项税额；纳税人外购货物（不包括固定资产）和销售货物所支付的运输费用允许按7%扣除率计算的进项税额；收购废旧物资允许按10%扣除率计算的进项税额。但是，对外购固定资产中所含的税款，计算应纳税额时不允许扣除。由此可见，我国的增值税类型是属于生产型。

对小规模纳税人，实行简易征收办法，按销售收入乘以6%或4%的征收率计算应纳税额，不抵扣进项税额。

(二) 消费税

1. 消费税的概念和特点

消费税是对我国境内的从事生产、委托加工和进口应税消费品的单位和个人，就其销售额或销售数量为征税对象，在特定环节征收的一种税。

和一般商品劳务税相比，消费税有以下主要特点：(1) 消费税的课税品目是有选择的，我国确定征收消费税的品目只有11个，确定的依据是贯彻国家的特定政策；(2) 消费税实行单环节课征，这有别于增值税的多环节课征制，课征环节除个别商品外都选在产制环节，便于征管；(3) 实行差别税率，税率档次较多，平均税率较高，可有效地调节收入和消费；(4) 采取从价定率和从量定额两种计征方式。

2. 消费税的课征制度

（1）征税范围。我国列举了11个税目为消费税的课征范围，这11个税目包括：烟、酒、化妆品、护肤护发品、贵重首饰、汽油、柴油、汽车轮胎、摩托车、小汽车、鞭炮烟火等。征税范围的选择主要考虑是将高档品、奢侈消费品、社会公德要求节制消费的某些消费品和一些特殊的资源性消费品纳入到消费税的调节范围中。

（2）纳税人，指在我国境内生产、委托加工和进口应税消费品的企业、单位和个人。

（3）税率。消费税的11个税目分别采用比例税率和固定税额两种形式，其中对卷烟和白酒实行既按其出厂价格从价征收，又按其销售的一定计量标准从量征收的复合税率。

（4）应纳税额的计算

消费税采取从价定率和从量定额两种征收方法，所以其计税依据也有两种，即销售额和销售数量，计算方法也是两种，其计算公式为：

应纳税额 = 应税消费品销售额 × 适用税率

应纳税额 = 应税消费品的销售数量 × 适用税额

（三）营业税

1. 营业税的概念和特点

营业税是以纳税人从事经营活动的营业额（销售额）为课税对象的税收。我国现行营业税是对我国境内提供应税劳务、转让无形资产或销售不动产所取得的营业额征收的一种税。

营业税与其他商品课税相比，具有以下特点：（1）按行业设置税目税率。营业税不是按商品设置税目税率，而是从应税行为的综合经营特点出发，按照不同的经营行业设计不同的税目税率。（2）以非商品销售额征税为主。我国现行增值税、消费税是以对商品销售额征税为主，而营业税是以对非商品销售额征税为主，与增值税形成对销售额并列调节的格局。（3）计算征收简便易行。营业税一般以营业收入全额为计税依据，税率档次又较少，税款计算方法简单明确，便于征纳。

2. 营业税的课征制度

(1) 征税范围。营业税的征税范围可以概括为提供劳务和销售不动产两种经营行为。具体列举了11个税目，包括交通运输业、建筑业、邮电通信业、文化体育业、金融保险业、娱乐业、服务业、转让无形资产、销售不动产。

(2) 纳税人，指在我国境内提供上述应税劳务、转让无形资产和销售不动产的单位和个人。

(3) 税率。现行营业税实行行业差别比例税率，税率共设4档：3%、5%、8%、20%。具体来说，交通运输业、建筑业、邮电通信业、文化体育业税率为3%；服务业、转让无形资产、销售不动产税率为5%；金融保险业税率为5%；娱乐业税率为20%。

(4) 应纳税额的计算

纳税人提供应税劳务、转让无形资产或者销售不动产，应当以其营业额为计税依据，按照规定的适用税率计算应纳营业税税额。其计算公式为：

应纳税额 = 营业税 × 适用税率

在一般情况下，营业额为纳税人提供应税劳务、转让无形资产、销售不动产向对方收取的全部价款和价外费用，但是，税法规定，在某些情况下，纳税人计算营业额时可以扣除某些费用。

第三节 所得课税

一、所得课税的特点

所得课税是对所有以所得额为课税对象的税种的总称。我国现行税制中属于所得课税的税种主要有：企业所得税、外商投资企业和外国企业所得税、个人所得税以及农（牧）业税。所得课税与商品课税和其他课税相比，具有以下几个方面的特征：

1. 税负相对公平。所得课税是以能体现纳税人真实负税能力的纯收入或净所得为计税依据，而且一般实行多所得多征、少所得少征的累进征税办法，符合量能课税的原则。同时，所得税课征制度中通过规定起征点、免征额和扣除项目，可使低收入者不必纳税，保证纳税人的基本生活需要。

2. 所得税属于直接税。所得税在收入分配环节课征，是对人征税，税负一般不易转嫁，对市场机制的正常运行干扰较小。

3. 课税有弹性。所得税的税基是国民收入的有机组成部分，它会随着经济的不断增长（包括经济总量的扩张和经济效益的提高以及纳税人收入水平的提高）而增长，且在累进制下，税收增长有时会超过税基增长，同时，可根据国家的需要灵活地调整税率，以适应政府支出的增减。

4. 征管复杂。所得税的计税依据是应纳税所得额，它是经过复杂的计算后得出的，涉及到成本、费用、损失等项目的确定和扣除，且要加以核实，所以征收管理难度较大。

所得课税的特点决定了它所具有的功能，所得税是国家筹措资金的重要手段，也是促进社会分配公平和经济稳定的杠杆，尤其是后两种功能在当今社会备受重视。所得税尤其是个人所得税是一种有效的再分配手段，通过累进征收可贯彻纵向公平和横向公平原则，调节社会成员间的收入差距，缓解社会矛盾。累进制的所得税富有弹性，对宏观经济具有自动稳定功能。当经济过热、需求过旺时，由于所得税的累进性，其增长速度会高于国民收入的增长速度，从而会抑制需求；相反，在经济衰退、需求不足时，所得税可自动减税，发挥刺激需求的效应。同时政府通过相机抉择税收政策的运用，即在不同的经济发展周期，对所得税税率、各种减免扣除项目及其数额进行调整和变动，可实现对社会总供给和总需求的调节。

当然，所得税的高税率、多档次的累进征收会在一定程度上抑制纳税人的工作积极性和投资热情，进而对经济效率产生损害，这也是西方国家 20 世纪 80 年代以来对所得税进行降低税率，减少级次改革的主要动因之一。

二、我国所得课税的主要税种

（一）企业所得税

企业所得税是对境内各类企业的生产经营所得和其他所得征收的一种税。

1. 纳税人，指在中国境内的实行独立经济核算的各类企业和组织（不包括外商投资企业和外国企业），具体包括国有企业、集体企业、私营企业（不包括个人独资企业和合伙企业）、联营企业、股份制企业和经过国家有关部门批准依法注册、登记的事业单位、社会团体等组织。

2. 征税对象及范围。企业所得税的征税对象是纳税人来源于中国境内、境外的生产、经营所得和其他所得。生产、经营所得，是指纳税人从事物质生产、交通运输、商品流通、劳务服务和其他规定的营利事业取得的所得；其他所得，是指纳税人取得的股息、利息、租金、转让资产收益、特许权使用费和营业外收益等所得。

3. 计税依据和税率。企业所得税的计税依据是应纳税所得额。应纳税所得额是纳税人每个纳税年度的收入总额减去准予扣除项目金额之后的余额。收入总额包括生产、经营收入、财产转让收入、利息收入、租赁收入、特许权使用费收入、股息收入和其他收入七大类；准予扣除项目包括与纳税人取得收入有关的成本、费用、税金和损失。《企业所得税暂行条例》还对准予扣除项目的范围和标准以及不得扣除的项目作了明确的规定。

企业所得税实行统一的 33% 的比例税率。此外，为了照顾某些盈利较少的企业，暂设置两档较低的税率，对全年应纳税所得额不超过 3 万元的企业，所得税税率为 18%；对全年应纳税所得额超过 3 万元不超过 10 万元的企业，所得税税率为 27%。

4. 应纳税额的计算。纳税人缴纳的企业所得税是实行按年计算，分月或分季预缴，年终汇算清缴，多退少补的征税办法，其计算公式为：

应纳税额 = 应纳税所得额 × 适用税率

按期预缴税额的计算公式为：

本期应纳税额＝本期累计应纳税所得额×适用税率－上期累计已纳税额

年终汇算清缴税额的计算公式为：

年终汇算清缴税额＝全年应纳税所得额×适用税率－全年累计已纳税额

此外，纳税人有来源于中国境外的所得，并已在境外缴纳了所得税，准予在汇总纳税时从其应纳税额中扣除，但实际扣除不得超过扣除限额，超过部分不得列为费用支出。

（二）外商投资企业和外国企业所得税

外商投资企业和外国企业所得税是对我国境内的外商投资企业和外国企业的生产、经营所得和其他所得征收的一种税。

1. 纳税人，包括外商投资企业和外国企业两类。外商投资企业包括中外合资经营企业、中外合作经营企业和外资企业。外国企业包括在中国境内设立机构、场所，从事生产、经营和虽然没有设立机构、场所，而有来源于中国境内所得的外国公司、企业和其他经济组织。

2. 征税范围。对于属于中国法人，也就是总机构设在中国境内的外商投资企业，其从中国境内、境外取得的全部所得都要纳税。外国企业只就来源于中国境内的所得纳税。

3. 计税依据和税率。外商投资企业和外国企业所得税的计税依据为应纳税所得额，即纳税人在中国境内设立的从事生产经营的机构、场所每一纳税年度的收入总额减除成本、费用和损失之后的余额。

外商投资企业和外国企业所得税采用比例税率，税率为30%，附加地方税税率为3%（按应纳税所得额计算），总负担率是33%。同时，还针对不同地区、产业等规定了24%、15%的优惠税率。

外国企业没有在中国设立机构、场所，取得来源于中国境内的股息、利息、租金、特许权使用费和其他所得，或者虽然在中国境内设立机构、场所，但是，上述所得与其机构、场所没有实际联系的，按10%的税率计算纳税。由于这种所得税由支付单位代扣代缴，不扣除成本费用，实行源泉控制，通常被称为预提所得税。

外商投资企业和外国企业所得税的应纳税额计算公式为：

应纳所得税额 = 应纳税所得额 × 30%

应纳地方所得税额 = 应纳税所得额 × 3%

（三）个人所得税

个人所得税是以个人取得的各种所得为征税对象而征收的一种税。

1. 纳税人。个人所得税以所得人为纳税人，具体包括以下两类：一类是指在中国境内有住所，或者虽无住所但在中国境内居住满一年，从中国境内、境外取得所得的个人，也就是有境内、境外所得的中国居民；另一类是指在中国境内无住所又不居住或居住不满一年但从中国境内取得所得的个人，也就是有境内所得的中国非居民。

中国居民要就其从境内、境外取得的所得，或称全世界范围的所得，向中国政府交纳个人所得税，意指对中国政府承担无限纳税义务。中国非居民只就其从中国境内取得的所得向中国政府交纳个人所得税，意指对中国政府承担有限的纳税义务。

2. 征税对象，是指属于征税范围的各项个人所得。具体包括11个项目，即工资、薪金所得，个体工商业户的生产、经营所得，对企业、事业单位的承包经营、承租经营所得，劳务报酬所得，稿酬所得，特许权使用费所得，利息、股息、红利所得，财产租赁所得，财产转让所得，偶然所得，国务院财政部门确定征税的其他所得，其中工资、薪金所得和个体工商业户的生产、经营所得是目前我国个人所得税收入的主要来源。

3. 税率和应纳税额的计算

(1) 工资、薪金所得适用5%～45%的9级超额累进税率（见表7-1），按每月收入定额扣除800元费用，就其余额按适用税率计算应纳税额。其计算公式为：

全月应纳税所得额 = 全月工资、薪金收入 − 800元

全月应纳税额 = 全月应纳税所得额 × 适用税率 − 速算扣除数

对于在中国境内无住所而在中国境内取得工资、薪金所得的纳

税人和在中国境内有住所而在中国境外取得工薪所得的纳税人，在计算工薪所得的应纳税所得额时，除可按月减除800元费用外，还可以根据其平均收入水平、生活水平以及汇率变化情况确定其附加减除费用，附加减除费用现为3 200元，实际扣除4 000元。

（2）个体工商业户的生产、经营所得，企事业单位的承包、承租经营所得，都适用5%～35%的5级超额累进税率（见表7-2）。个体工商业户的生产、经营所得以每一纳税年度的收入总额减除成本、费用以及损失后的余额为应纳税所得额，按适用税率计算应纳税额。企事业单位的承包、承租经营所得以每一纳税年度的收入总额减除必要费用后的余额为应纳税所得额，按适用税率计算应纳税额。其计算公式为：

应纳税额＝应纳税所得额×适用税率－速算扣除数

（3）劳务报酬所得、稿酬所得、特许权使用费所得、财产租赁所得适用20%的比例税率。上述各项所得每次收入不超过4 000元的，减除费用800元；超过4 000元的，减除20%的费用。减除费用后的余额为应纳税所得额，按20%税率计算应纳税额。

其中，对劳务报酬所得一次收入畸高的，实行加成征收。具体加成比例为：个人取得劳务报酬应纳税所得额超过2万至5万元的，按计算出的税额，加征5成；超过5万元以上的加征10成。对稿酬所得，依照税法规定，按应纳税额减征30%。

（4）财产转让所得适用20%的比例税率。以转让财产的收入额，减除财产原值和合理费用后的余额为应纳税所得额来计算应纳税额。

（5）利息、股息、红利所得，偶然所得和其他所得，适用20%的比例税率。以纳税人每次取得的收入额为应纳税所得额计算税额。

此外，个人将其所得通过中国境内的社会团体、国家机关向教育和其他公益事业以及灾区、贫困地区捐赠，捐赠额不超过其应纳税所得额30%的部分可以从其应纳税所得额中扣除。

税法中还有境外已纳所得税额的扣除规定，指纳税人从中国境外取得的所得，准予其在应纳税额中扣除已在境外缴纳的个人所得税额，但扣除额不得超过该纳税人境外所得依我国税法规定计算的应纳税额。

《个人所得税法》还对免税、减税项目作了明确的规定。

表 7-1　　**个人所得税税率表（一）**

（工资、薪金所得适用）

级数	全月应纳税所得额	税率（%）	速算扣除数
1	不超过 500 元的部分	5	0
2	超过 500 元至 2 000 元的部分	10	25
3	超过 2 000 元至 5 000 元的部分	15	125
4	超过 5 000 元至 20 000 元的部分	20	375
5	超过 20 000 元至 40 000 元的部分	25	1 375
6	超过 40 000 元至 60 000 元的部分	30	3 375
7	超过 60 000 元至 80 000 元的部分	35	6 375
8	超过 80 000 元至 100 000 元的部分	40	10 375
9	超过 100 000 元的部分	45	15 375

表 7-2　　**个人所得税率表（二）**

（个体工商业户的生产经营所得和对企事业单位承包、承租经营所得适用）

级数	全月应纳税所得额	税率（%）	速算扣除数
1	不超过 5 000 元的部分	5	0
2	超过 5 000 元至 10 000 元的部分	10	250
3	超过 10 000 元至 30 000 元的部分	20	1 250
4	超过 30 000 元至 50 000 元的部分	30	4 250
5	超过 50 000 元的部分	35	6 750

第四节　资源课税与财产课税

一、资源课税与财产课税的一般特征

资源税是指对自然资源的课税，它有两种课征方式：一是以自

然资源本身为计税依据，这种自然资源为私人所拥有，实质上就是财产税；二是以自然资源的收益为计税依据，这种自然资源往往为国有，对国有的自然资源如矿藏、森林等的开发和利用征税，即为资源税。

财产税也有两种课征方式：一是以财产价值为计税依据；二是以财产收益为计税依据。以财产收益为计税依据的财产税又与资源课税有密切联系，甚至可以纳入资源课税，所以，财产课税与资源课税具有较强的同一性。

资源课税和财产课税的特征可以归纳为以下几点：

1. 课税比较公平。财产是衡量纳税人纳税能力的一个标准，按照纳税人拥有财产的多少课征不同的税额，符合量能课税的原则。企业或个人占用国家的资源有数量多少、质量高低的差别，这又会影响到纳税人的收益水平，对其课税可调节级差收入，也符合受益纳税原则。

2. 具有促进社会节约的效能。对财产课税可以限制对社会财富的挥霍和浪费；对资源课税，可以保护和促进自然资源的合理开发和使用。

3. 课税面较窄、收入弹性较低。无论是财产课税，还是资源课税，征税范围都较窄，不可能遍及所有财产和资源。且由于资源和财产的生成和增长需较长时间、弹性较差，从其税收额看不可能成为国家主要税种，一般是作为地方税种。

二、我国资源课税与财产课税的主要税种

我国资源课税与财产课税体系包括有资源税、房产税、城镇土地使用税、耕地占用税、土地增值税、契税、车船使用税等。

（一）资源税

资源税是以单位或个人开发利用的国有矿产资源和盐为征税对象而征收的一种税。资源税的征税范围包括原油、天然气、煤炭、其他非金属矿原矿、黑色金属矿原矿、有色金属矿原矿和盐。

资源税的税目和税率。资源税采取从量定额的办法征收，实施“普遍征收，级差调节”的原则。普遍征收是指对在我国境内开发

的一切应税资源产品征收资源税，级差调节，是指运用资源税对因客观因素的差别而产生的资源级差收入进行调节。所以，资源税的税目是七大类别，税率则是差别定额税率，即按产品类别实行等级幅度税额（见表7-3）。

表7-3　　　　**资源税税目税额标准幅度表**

税　　目	税额标准幅度
1. 原油	8～30元/吨
2. 天然气	2～15元/千立方米
3. 煤炭	0.3～5元/吨
4. 其他非金属矿原矿	0.5～20元/吨或立方米
5. 黑色金属矿原矿	2～30元/吨
6. 有色金属矿原矿	0.4～30元/吨
7. 盐	
（1）固体盐	10～60元/吨
（2）液体盐	2～10元/吨

资源税的计税方法。资源税以应税产品的课税数量为计税依据，按照规定的适用税额标准计算应纳税额。计算公式为：

应纳税额＝应税产品课税数量×适用税额标准

对应税产品的课税数量规定是：纳税人开采或者生产应税产品销售的，以销售数量为课税数量；纳税人开采或者生产应税产品自用的，以自用数量为课税数量。

（二）土地增值税

土地增值税是对有偿转让国有土地使用权及地上建筑物和其他附着物产权，取得增值性收入的单位和个人征收的一种税。它是为了规范房地产市场交易秩序，适当地调节土地增值收益，维护国家权益而开征的。

土地增值税的纳税人为在我国境内转让房地产并取得收入的单位和个人，不分经济性质，不分内外资企业及中外籍人员，也不论是专营还是兼营房地产。

土地增值税的计税依据是纳税人转让房地产时所取得的增值额。增值额为纳税人转让房地产取得的收入减除规定扣除项目金额之后的余额。

土地增值税实行四级超额累进税率，它是我国现行税制中唯一采用超额累进税率的税种。土地增值率越高，税率就越高，其税率见表 7-4。

表 7-4　**土地增值税税率表**

级数	应纳税增值额	税率（%）	速算扣除系数（%）
1	未超出扣除项目金额 50%的部分	30	0
2	超过扣除项目金额 50%，但未超过 100%的部分	40	5
3	超过扣除项目金额 100%，但未超过 200%的部分	50	15
4	超过扣除项目金额 200%的部分	60	35

土地增值税应纳税额的计算。首先，以转让房地产的收入减除有关各项扣除项目金额计算出增值额；再按照增值额超过扣除项目金额的比例，确定适用税率，计算应纳税额。计算公式为：

应纳税额 = 增值额 × 适用税率 − 扣除项目金额 × 速算扣除系数

土地增值税在房地产有偿转让环节按次征收，每转让一次征收一次。

（三）城镇土地使用税

城镇土地使用税是以国有土地为征税对象，对拥有土地使用权的单位和个人征收的一种税。这一税种开征的主要目的是为了合理利用城镇土地，调节土地级差收入，提高土地使用效益。

城镇土地使用税的纳税人为在我国境内的城市、县城、建制镇、工矿区范围内使用土地的单位和个人，不包括外商投资企业、外国企业和外国人。

城镇土地使用税的税率是定额税率。根据不同地区和各地经济发展状况实行四个等级的幅度税额标准，即每平方米应税土地的年税额标准为：(1) 人口超过50万的大城市0.5～10元；(2) 人口在20万至50万的中等城市0.4～8元；(3) 人口不超过20万的小城市0.3～6元；(4) 县城、建制镇、工矿区0.2～4元。

各省、自治区、直辖市人民政府应在上述税额标准幅度内，根据市政建设状况、经济繁荣程度等条件，确定所辖地区的适用税额幅度。市、县人民政府应当根据实际情况，将本地区的土地划分为若干等级，在省级人民政府确定的税额幅度内，制定相应的适用税额标准，报省级人民政府批准执行。

城镇土地使用税以纳税人实际占用的土地面积为计税依据，按照规定的适用税额标准计算缴纳应纳税额。应纳税额的计算公式为：

应纳税额＝纳税人实际占用的土地面积×适用税额标准

城镇土地使用税按年计算，分期缴纳，具体缴纳期限由各省、自治区、直辖市人民政府确定。

第五节　行为课税

一、行为课税的特点

行为课税是指以纳税人的某些特定行为为课税对象的一类税的总称。在社会经济生活中，可以作为课税对象的行为很多，如特定的生产和消费行为，特定的投资行为，特定财产的使用行为，等等。

行为课税与其他课税相比具有以下特点：(1) 有较强的政策目的性。对特定行为征税，不仅是为了取得财政收入，更主要的是为了调节、限制某种行为，达到国家的特定目的。(2) 有较强的灵活性。行为课税可以因时因地制宜，需要时就开征，不需要时就停征，所以，行为税的设置比较灵活。(3) 税源分散、收入不稳定。行为课税的税源不普遍、不集中，而且，由于行为税的征收以调节纳税人的某种行为为主要目的，并不以取得财政收入作为主要目的，其征收往往具有临时性或时效性，收入不稳定。

二、我国行为课税的主要税种

我国现行税种体系中属于行为课税的税种有固定资产投资方向调节税、印花税、屠宰税和筵席税等，其中固定资产投资方向调节税从2000年开始暂停征收，这里主要介绍印花税的主要内容。

印花税是对经济活动和交往中书立、领受的各种应税经济凭证所征收的一种税，因纳税人主要是通过在应税凭证上粘贴印花税票来完成纳税义务的，故名印花税。

印花税在性质上和征税方法上都具有不同于其他税种的特点。印花税兼有凭证税和行为税双重性质，具有征收面广、税负较轻、由纳税人自行完税的特点。它不仅可为国家增加财政收入，增强纳税人的纳税意识，而且可加强对经济活动的监督，促进经济行为的规范化。

印花税的纳税人是指在我国境内书立、领受应纳税凭证的单位和个人，这其中包括外商投资企业、外国企业和外籍人员。根据应纳税凭证的不同，印花税的纳税人分为立合同人、立据人、立账簿人和领受人。

印花税的征税范围，即印花税条例中列举的应税凭证包括五大类：一是经济合同，具体包括购销、加工承揽、建设工程承包、财产租赁、货物运输、仓储保管、借款、财产保险、技术合同和具有合同性质的凭证；二是产权转移凭据；三是营业账簿；四是权利、许可证；五是经财政部确定征税的其他凭证。

印花税的税率根据应纳税凭证性质的不同，分别采用比例税率和定额税率两种。对载有金额的凭证，包括各种合同性质的凭证、资金账簿和产权转移书据等，都采用比例税率；对没有金额记载或虽载有金额但不宜作为计税依据的凭证，包括其他营业账簿、权利许可证采取按件规定固定税额，每件5元。

印花税分为从价计税和从量计税两种。印花税以应纳税凭证所记载的金额、费用、收入额或者凭证的件数为计税依据，按照税法规定的适用税率或者税额标准计算缴纳。

应纳税额计算公式：

应纳税额=应纳税凭证记载的金额（或者费用、收入额）×适用税率

应纳税额=纳税凭证的件数×适用税额标准

印花税的税额征收采取由纳税人自行缴纳完税的办法，即由纳税人根据税法规定，自行计算应纳税额，自行购买印花税票，自行完成纳税义务。

第八章　公　　债

第一节　公债概述

一、公债的涵义

公债就是政府举借的债务，它是政府凭借其信誉按照有借有还的信用原则筹措财政资金的一种形式。公债包括中央政府公债和地方政府公债。通常将中央政府发行的公债称为国债。

公债首先是一种财政收入，政府部门举借债务意味着将私人部门占有的一部分资源转移到公共部门，使政府可支配资金增加。但公债作为筹集财政资金的形式，与税收是不同的。税收是国家凭借政治权力获得的收入，就国家与具体纳税人的关系而言，税收具有强制性和无偿性，而公债具有自愿性和有偿性的特点。在一般情况下，公债的发行必须遵循信用原则，公债到期不仅要还本，还要按事先约定的条件支付利息；公债的认购是自愿的，是否认购，认购多少完全由购买者自行确定。① 作为政府获得财政收入的形式，税收是连续和相对固定的，课税需要通过法律形式预先确定，税收的变更要遵循严格的法律程序，因此，税负的变动往往需要较长的时

---

① 但在战争或者其他特殊时期，政府财政异常困难而又无法推销自愿公债时，国家可以利用政治权力在推销对象中强制摊派公债，这时的公债被称为强制公债，强制公债在某种程度上具有税收的性质。19 世纪的德国和比利时，第二次世界大战期间的加拿大，都实行过强制公债，英国当时也在所得税之外搭配一定金额的公债，规定战后还本付息。

间。而公债的发行较为灵活，公债发行与否以及发行多少，一般可以根据政府的财政收支情况灵活确定。

公债同时也是一种债务，是金融市场上的一种产品。公债与私债的本质区别在于发行的依据或者担保物不同，私人部门发行债务是以企业或居民个人的信用为依据，往往需要以其财产或收益作为担保，而公债是以政府信用为担保发行的。由于公债以政府信用为保证，一般情况下，公债风险要远远低于私人债务，因此，通常被称为“金边债券”。在成熟市场经济国家，公债的利率往往被当做无风险的市场基准利率，对确定整个金融市场价格体系具有重要意义。

另外，公债作为一种金融产品，是整个金融市场的重要组成部分。公债发行的方式、发行与偿还的数量与价格以及公债的期限结构都会对货币市场和资本市场产生影响，是政府实现货币政策的重要工具。公债属于财政与金融的交叉领域，公债政策是政府财政政策与货币政策的结合点，不仅对政府的财政运行意义重大，对金融市场乃至整个国民经济都具有重大影响。

二、公债的分类

按照不同的标准，公债可以划分为以下一些类型：

(一) 按债权人不同分类，可以分为国内公债（内债）和国外公债（外债）

内债的债权人是本国的公民或法人，内债的发行和还本付息一般以本国货币为计量单位；外债的债权人是外国政府、国际金融机构、外国银行、外国企业和个人，外债的发行和还本付息基本上以外币计量。国内公债的发行与偿还是本国资源在不同所有者之间的转移，发行国外公债是国外资源向本国的流动，是本国资源的净增加，而偿还国外公债则意味着本国资源流向国外。外债的偿还不仅取决于政府的财力，而且要受到一个国家的国际收支状况和国际汇率市场变动的影响。

（二）按发行期限不同划分，可以分为短期公债、中期公债和长期公债①

按照通常的划分标准，短期公债是指发行期限在一年以内的公债。发行短期债券具有较大的灵活性，主要用来弥补短期财政资金的不足。短期公债还是执行货币政策的重要工具，短期公债的利息率是具有代表性的市场基准利率，而中央银行通过买卖短期公债进行所谓的公开市场业务可以调节货币供应量，实现相应的货币政策目标。

中期公债是指发行期限在1～10年之内的公债。相对于短期公债而言，中期公债的偿还期较长，政府可以把发行公债的资金用于弥补赤字或者用于投资。对于债权人而言，中期公债的偿还期限适中，货币贬值的风险较小，因此也易于接受。在各国发行的公债中，中期公债占有重要地位。

长期公债是指期限在10年以上的公债，包括无期公债②。长期公债使政府可以长期使用筹集的资金而避免短期的还债压力，往往用于长期的资本性支出。由于发行期限过长，长期公债易受币值变动的影响，债券持有者承担的货币贬值的风险较大。

（三）按流动性不同划分，可以分为上市公债和非上市公债

上市公债是指可以在证券市场自由买卖的公债，上市公债的价格是随着市场利率和币值变动上下波动的，债券可以高于或低于票面价格买卖。非上市公债不能在证券市场上自由买卖，只能由政府以现金偿还或转变为其他公债。我国1984年以前发行的国库券就

① 对公债期限的划分是相对而言的，在不同时期、不同国家的划分标准有所不同。如在日本，人们把发行期在一年以上的公债都看作长期公债。在第二次世界大战之前，通常把5年内到期的称为短期公债，25年以后到期的称为长期公债，介于两者之间的称为中期公债。

② 无期公债或称永久性公债，如英国19世纪发行的统一公债。这种公债不规定到期日，持有者按期收取利息，但无权要求清偿本金；政府可以根据财政状况随时按市场价格收回债券。发行这种公债的目的，主要是避免持有者在政府财政困难时期要求偿付。现在世界各国已经基本不发行无期公债了。

属于非上市公债。公债能否自由买卖对于债券的收益和风险有较大的影响，非上市公债往往期限较长、利率较高，而且往往是针对特定购买者发售的。一般来说，非上市公债的发行不多，占公债总额的比重较小。

（四）按用途不同分类，可以分为生产性公债和非生产性公债

生产性公债也称为建设公债，是指政府将公债筹集的资金用于生产建设，如兴建铁路、高速公路等基础设施，或者投资于能源、通信等重要行业。生产性公债可以形成相应的资产，同时，可以从投资中获得一定收益。非生产性公债是指政府将公债收入用于非生产性支出，如弥补政府日常开支的不足或用于建设公共图书馆等公益设施，非生产性公债不能形成相应的偿债能力，其还本付息的资金主要来源于税收。在历史上，为筹措战争经费而发行的战争公债也是一种特殊的非生产性公债。

除了以上几种主要的分类方法之外，还有一些其他的分类方法。如按举债的形式不同分类，公债可以分为借款和发行债券；按募集条件不同分类，可以分为强制公债和自由公债；按利率不同分类，可分为固定利率公债和浮动利率公债。

三、公债的功能

（一）弥补财政赤字

当财政支出大于财政收入时，出现的收支差额称为财政赤字。财政赤字的弥补，通常有三种方式：即增加税收、增发货币和发行公债。税收的增加在客观上受到经济发展水平和纳税人承受能力的限制，而且税制的变动也受到立法程序的制约。政府通过中央银行增发货币或者向中央银行借款或透支，会扩大货币的供应量，容易导致通货膨胀。发行公债弥补财政赤字，实质上是将不属于国家支配的资金在一定时期内转让给国家使用，是社会资金使用权的单方面转移，一般不会导致通货膨胀。而公债的发行通常采取有偿和自愿的原则，政府获取的是社会相对闲置的资金，对经济发展的影响较小，也易于社会接受。利用公债弥补财政赤字是公债产生的主要动因，是公债最基本的功能。

但是，利用公债弥补财政赤字也是有限度的，同样受到一个国家经济发展水平等因素的制约。过度发行公债同样会对经济发展产生不良影响。

（二）筹集建设资金

把公债作为弥补财政赤字的工具，公债实际上是一种应急性、临时性和依附于财政赤字的被动性收入。而把公债收入作为筹集建设资金的一种手段，则是把公债作为一种长期、稳定和主动的收入来利用。我国在20世纪80年代中后期发行过专门用于筹集建设资金的重点建设债券和重点企业建设债券。

对于发展中国家而言，由于国内资本不足是制约经济发展的主要因素，因此，根据本国情况适量举借外债对于利用国外资源发展本国经济具有重要意义。发展中国家举借的外债就明确具有筹集建设资金的功能。

（三）调节经济运行

公债的发行改变了资金在公共部门和私人部门的分布，而公债收入的使用则会直接影响社会需求的总量与结构，公债持有人的结构和还本付息资金的不同来源则会直接影响社会的收入分配结构。如前所述，公债属于财政与金融的交叉领域，公债作为一种金融产品对于货币市场和资本市场都会产生重大影响，是中央银行进行公开市场操作的手段。总之，公债对于资源配置、收入分配以及宏观调控都具有重要作用，利用公债进行经济调控是公债的一项重要功能。

四、公债的规模与限度

尽管公债具有多方面的功能，但是由于公债需要还本付息，举借公债受到社会经济、政治多方面的制约。事实上，世界各国不仅有通过借债成功推动经济发展的经验和实例，也有许多失败的教训。20世纪80年代，许多发展中国家由于长期陷入内债的困扰，制约了经济的发展。因此，保持适度的债务规模和限度至关重要。

根据国际通行的标准，界定债务规模合理与否，主要有以下一些指标：

（一）债务依存度

它是指当年债务收入与财政支出之间的比例关系。依存度反映了一个国家的财政支出中有多少是依靠发行公债来筹集的。当公债发行量过大、依存度过高时，表明财政支出过分依赖债务收入使财政处于脆弱的状态，并对财政的未来发展构成潜在的威胁，因为公债是一种有偿的收入，债务收入只能作为一种补充性收入。因此，公债规模的合理性可以根据这一指标来判断。

（二）公债偿债率

它是指一年公债还本付息与财政收入的比例关系。债务收入的有偿性，决定了公债规模要受到资金投入效益的限制。公债资金用于生产建设产生的收益率高于公债的利率，能够促进财政收入的增长，还债就有了保证，否则，将使财政背上包袱。这就是说，发行公债的规模与资金使用效益乃至财政收入密切相关，要把公债规模控制在与财政收入相当的水平上。

（三）债务负担率

它是指一国历史累计下来的未偿还公债的余额占 GDP 的比率。根据国际经验，发达国家一般认为这一指标一般不应超过 60％。

以上三个指标，只是从量的角度考察公债的限度。公债的期限结构和利率结构也很重要。如果期限长、利率低的债务所占比重大，在相同的发行额和债务余额的情况下，偿债率的指标比较低，较高的依存度和债务负担率所表示的危险程度就小得多。保持公债长、中、短期的合理搭配，错开偿还高峰，均衡债务负担，可以有效减少偿债对财政形成的压力。

第二节　公债管理与公债市场

一、公债管理的政策目标

公债管理的政策目标，是政府进行公债管理的目的，也可以看作在决定公债管理政策时应当服从和遵循的原则。一般认为：公债管理政策主要有四个目标或原则：促进经济的稳定与增长，满足投资者的需要，争取利息成本最小化和减少公债的流动性。

（一）促进经济的稳定与增长

经济稳定是财政政策、货币政策和公债政策的共同目标，因此，促进稳定与增长是公债管理的首要目标。公债政策必须同财政、货币政策相协调，如果公债管理的其他目标与之产生矛盾，应当首先考虑经济的稳定与增长。例如，在第二次世界大战后，美国财政部为使公债支付利息最小化，要求实施公债低利率政策，联邦储备银行的货币政策迁就了这种低利率政策，结果导致了本可避免的严重的通货膨胀，到 1951 年不得不通过协调放弃了低利率政策。

对于公债政策在经济稳定与增长中的作用，理论界有两种不同的观点。一种是认为公债政策应和财政货币政策一起，对引导经济发展起积极作用。新债发行、新旧债调换及旧债偿还的条件以及其他管理措施，都应受到经济稳定和增长的目标支配。另一种观点认为公债政策本身应保持中性，既不直接鼓励，也不抑制经济稳定与增长，应主要依靠市场竞争实现这一目标。公债政策只限于管理公债，尽可能不影响经济，并不要干扰财政与货币政策的目标。

事实上，公债政策与财政政策和货币政策的联系非常紧密，公债政策不可能不对经济产生影响，尤其是在多个目标发生矛盾时，促进经济稳定与增长的目标仍然是必须优先考虑的。

（二）满足投资者的需要

公债是政府与投资者之间一种平等、自愿的借贷关系，在任何自愿交换的交易中，必须双方互利，否则，交易不能进行。由于政府不能在公债交易中采用强制手段，那么只有关注投资者的投资需求，公债管理的各项政策才能得到顺利实施。另外，在现代金融市场中，公债已经成为重要的金融品种，其低风险的特性是其他金融产品所无法比拟的，因此，各种期限的公债已经成为投资者进行资产管理和风险管理不可缺少的工具，在这种情况下，公债管理政策应当把满足投资者的投资需求促进金融市场发展作为一项重要目标和原则。

（三）争取利息成本最小化

由于公债利息的支付在很大程度上需要依靠税收筹集，因此，支付最低的公债利息意味着课征最低的税收，而且利息成本最小化可以最大限度减少财政支出的压力，是财政管理部门关心的重要问题。如果这条原则与公债管理的其他原则不矛盾，无疑是一条理想的原则。

但是，利息成本最小化受到市场上投资者投资条件的限制，而且往往与经济稳定与增长的目标相矛盾。利息成本最小，要求长期公债应在低利率时期发行，而短期公债应在高利率时期发行。而低利率时期通常是经济萧条的时期，在经济萧条时发行长期债券会使长期利率升高，不利于私人投资，影响经济复苏；高利率往往出现在经济膨胀时期，在这时发行短期债券，会减少对长期资金的需求，从而降低长期利率，会进一步刺激短期投资，加剧经济膨胀。因此，在这种情况下，利息成本最小化原则就需要服从于经济稳定与增长的原则。

（四）减少公债的流动性

公债的流动性就是公债持有者将公债转变成现金的难易和迟缓程度。短期公债的流动性大，因为它比长期公债容易而迅速地转变为现金。长期公债的流动性小，因此，它距离到期日较远。无期公债是非流动性的极端，因此，政府没有偿还本金的责任。减少公债的流动性可以大大减轻政府近期还本付息的压力并为采用各种方式筹集资金扩展了空间，有利于政府财政的稳定和持续的利用公债筹资。在历史上，英国政府通过一系列制度安排成功地将债务长期化，为公债规模的扩大和持续的利用国内外资金发展经济、增强国力创造了条件。在美国，这项原则也曾经成为官方政策。

但是，减少公债的流动性会增加长期资金的需求，减少短期资金需求，从而促使长期利率上升而降低短期利率，长期利率的持续上升会严重抑制私人投资，不利于经济增长。而且随着经济发展和金融市场的完善，投资者的投资需求和投资对象已经多样化，一味地减少公债的流动性会产生与投资者投资需求多样化之间的矛盾。另外，这项政策也与利息最小化的目标相矛盾，因为公债的长期化必然会使利率提高，增加利息成本。因此，这项目标在现代的适用性和重要性已大打折扣，实际上，就美国的实践来看，公债平均期限的发展趋势在缩短，并没有加长。

公债政策的上述目标是通过公债结构的选择、公债发行与偿还的方式条件、公债的发行价格与利率水平的确定以及干预公债市场实现的。

二、公债的结构

（一）公债的期限结构

公债的期限结构是公债管理的一个重要方面，期限结构合理将会促进公债的发行和流通。期限结构的形成受到很多因素的制约，如国民储蓄结构、居民消费结构、金融体系的完善程度、持有人结构、政府资金需求结构等。从理论上讲，公债合理的期限结构应当是短期、中期、长期公债相结合，品种丰富，形成系列。合理的公债期限结构不仅可以满足投资者多样化的投资需求，有利于政府保持财政收支的相对稳定和平衡，还可以为政府进行宏观调控提供多种调控工具。

公债期限结构的合理程度与债券市场的发展密切相关。以美国为例，美国债券市场非常发达，在其债券结构中，既有超长期公债，又有品种多样的短期公债，短、中、长期公债形成系列。我国政府债券的期限结构特点是短期化和多样化并存。20 世纪 80 年代初期，我国国内政府债券的期限为 8～10 年；80 年代中后期，期限为 5～8 年；90 年代初期为 3～5 年，1994 年为 0.5～3 年。由于缺少长期公债和一年以内的短期公债，不能形成合理的品种系列。我国公债发行品种较少，结构单一，使公债在满足投资者多种投资需求以及发挥宏观调控方面的许多功能难以有效发挥。

（二）公债的持有人结构

公债持有人是指以投资为目的的持有公债的机构和个人，不同的投资者其投资目的和行为方式是不同的，持有公债对经济的影响也就不同。因此，公债的持有人结构是公债管理的重要内容。

一般来说，公债的持有人结构应当与资金流量及金融资产的分布相适应。生产性企业通常是资金的需求者，没有过多的闲置资金，因此，不可能过多持有政府债券。政府部门和其他非生产部门的开支由国家预算安排，不存在购买中长期政府债券的资金，不可能成为政府债券的主要持有者。作为证券市场中介的金融机构，尽管它有大量资金可以用于分销和买卖政府债券，但其资本结构的限制使其难以长期持有政府债券。个人和机构投资者具有大量结余资金，是政府债券的主要持有者，其中，养老基金等机构投资者是政府长期债券的主要持有人。银行自有资金有限，但银行可以吸收存款，具有购买政府债券的能力，并且由于中央银行进行公开市场业务操作，政府债券是低风险而流动性高的资产，因此，银行也具有购买政府债券的内在动力。

发达国家政府债券的主要持有者是各种机构投资者，如养老保险基金、各种投资基金、银行等，此外，包括一些个人投资者和外国投资者。以机构为主的持有人结构有以下优点：(1) 机构投资者资金实力雄厚，而数量远远小于个人投资者，因此，有利于减少公债的销售环节，降低发行成本；(2) 养老保险基金等机构投资者倾向于长期持有公债，有利于长期公债的发行和债券市场的稳定，而各种不同风险偏好的投资基金持有公债进行资产管理和风险管理有利于不同期限公债品种的发行；(3) 银行持有公债可以为中央银行实行公开市场操作创造有利条件。

目前，我国公债的持有人结构特点是个人、银行和金融机构持有多，基金持有少，外国机构和个人基本不持有国内公债，这样的公债结构是由我国现阶段金融市场的状况所决定的。随着我国经济的进一步发展和金融市场的不断完善，大力发展以基金为主的机构投资者，是改善公债持有人结构的重要方向。

三、公债的发行与偿还

(一) 公债的发行方式

公债发行是公债管理的起点和基础，其核心是确定公债发行的方式和价格。从发行渠道来看，公债发行主要有两种方式，即政府直销和金融机构承销。金融机构承销公债，又称为公债的包销，即由金融机构按照一定条件向政府承购公债，然后在市场上转售，未售出部分则由金融机构自行购入持有。

从具体的发行方法不同来区分，可以分为固定收益出售方式、公募拍卖方式、连续经销方式、直接推销方式和综合方式。

1. 固定收益出售方式

这是一种在金融市场上按预先确定的发行条件发行公债的方式。这种发行方式的认购期限较短，从开盘发售到收盘，一般只有几天（最长两周）时间。发行条件固定，即公债价格与利率事先确定，按既定的条件出售。金融机构、中央银行、邮政储蓄机构以及财政部门都可以代理发行公债。这种发行方式主要适用于中长期债券的发行，而且要求金融市场利率相对稳定。

2. 公募拍卖方式

亦称竞价投标方式，这是一种在金融市场上通过公开招标发行公债的方式。在这种发行方式下，发行条件并不是事先确定的，而是通过认购者对准备发行的国债的收益和价格进行投标的方式确定的。拍卖过程由财政部门或中央银行负责组织，主要适用于中短期政府债券的发行。这一发行方式可以避免因市场利率不稳造成的问题，由于发行条件由拍卖决定，为防止出现价格过高或过低的情况，往往在事先规定最高和最低限价，这种方式也会因此出现拍卖余额，影响公债发行的按期完成。

3. 连续经销方式

亦称出卖发行法，是发行机构（包括债券经纪人）在金融市场上设立专门柜台进行销售的一种方式。这种销售方式较为灵活，经销期限不定，直到预定销售额度完成为止。而且并不预先确定债券价格，由财政部或其代销机构根据市场行情随时调整，主要适用于不可上市流通的公债，特别是对居民家庭发行的储蓄债券的发行。

4. 直接推销方式

亦称承受发行法，是由财政部门直接与认购者进行谈判出售国债的发行方式。政府财政部门与认购者之间直接进行谈判，认购条件由双方协商确定，交易不通过任何中介或代理机构。由于是直接销售，因此在这种发行方式下，认购者主要限于机构投资者，如银行、保险公司、养老基金等，个人投资者不能通过这种方式购买公债。采用直接推销方式销售的公债大多是特殊类型的政府债务，如对特定金融机构发行的专用债券。

5. 综合方式

这是一种综合上述各种方式的特点而加以结合适用的公债发行方式。如英国公债的发行往往采取先拍卖后连续销售的方式，即最初先将公债以公募的拍卖方式出售，如果投标数量不足，拍卖余额则由中央银行——英格兰银行负责购入，然后再以连续经销方式出售，直到售完为止。综合方式发行公债有利于取长补短，具有较大的灵活性。

（二）公债的发行价格

公债的发行价格，是指政府债券的出售价格或购买价格，按照公债发行价格与票面值的不同关系，可以分为平价发行、折价发行和溢价发行三种发行价格。

1. 平价发行就是公债按票面值出售。认购者按公债票面值购买公债，政府按票面值获得收入，到期按票面值还本。政府债券按票面值出售要求市场利率与公债利率大体一致。否则，如果市场利率高于公债利率，就没有人愿意认购公债；而市场利率低于公债利率，政府财政将会支付额外的利息支出。

2. 折价发行就是公债按低于票面值的价格出售，即认购者按低于票面值的价格购买公债，政府只获得折价后的收入，但公债到期后仍需按票面值还本。公债折价发行的主要原因是市场利率上升，高于公债的票面利率，因此，需要降低发行价格使公债的收益率与市场利率大致相同，这样公债才能顺利销售。另外，在公债发行规模较大、政府财政急需资金的情况下，折价发行公债实际上是提高了公债的收益率，会增加公债对投资者的吸引力。

3. 溢价发行就是公债按高于票面值的价格出售，即认购者按高于票面值的价格购买公债，政府按溢价获得收入，但公债到期后只按票面值还本。在公债利率高于市场利率情况下，通过溢价发行可以降低公债的实际收益率，使之与市场利率水平相适应，从而减少政府的公债利息成本并稳定金融市场。

（三）公债的利率

如上所述，公债票面利率与市场利率的差额是公债发行价格的决定因素。对投资者而言，公债票面利率与发行价格确定了公债的实际收益率。公债的实际收益率必须与市场利率保持大体相当的水平，公债才能对投资者有吸引力，因此，市场利率是公债利率的主要制约因素。

但另一方面，公债利率的变化也会改变市场上资金的数量和流向，并对市场利率产生影响，如政府提高短期公债的利率水平，会使大量资金流向短期公债，减少流通中的货币数量，提高市场短期利率水平，这样会抑制经济过热和通货膨胀，因此，公债利率是现代社会政府进行宏观经济调控的重要手段。

在证券市场上，政府公债的利率一般低于私人债券的利率，这主要是因为政府公债以国家信用为保证，信用风险很小。信用风险是指债务人不能根据契约按期还本付息的风险。高风险债券的利率等于低风险债券的利率加风险补偿。在一般情况下，公债作为风险最低的债券，其风险补偿为零。因此，公债利率要低于信用风险较高的私人债券。另外，政府债券可以享受到较多的税收优惠，如在美国，根据宪法规定，禁止地方政府征收联邦政府公债的所得税，联邦政府也不得征收地方公债所得税，地方政府为了鼓励投资者投资于地方公债，对自己发行的公债也免征所得税。税收优惠可以看作公债持有者的一种额外收益，变相提高了公债的实际收益。

（四）公债的偿还

1.公债的偿还方式

公债的偿还通常按照发行时约定的条件进行，主要有以下三种方式：

（1）直接偿还法，即政府直接向公债持有人兑付本金和利息。本息的兑付可以是到期一次性的，也可以分期分次进行。

（2）市场购销法，即政府在市场上选择合适的时机购进公债，以这种方式在公债到期前逐步清偿。这种方式适用于各种期限的上市公债，其中以短期公债为主。市场购销法可以通过中央银行的公开市场业务在证券市场上陆续进行，既可以减少政府的还本付息支出，又可以维持公债价格的相对稳定。

（3）调换偿还法，即以新债换旧债，从而达到延期偿债的目的。

2. 偿债资金的来源

偿债资金主要有以下几种可供选择的筹集渠道：

(1) 增加税收。通过增加税收偿还公债是偿债资金最基本的来源，但是税收增加往往要求变更税法，这会涉及到立法程序，而且税负的增加受到社会承受能力的限制，容易引起社会成员的不满。

(2) 发行货币。政府可以通过发行货币来偿还债务，但这种方法容易引发货币贬值，造成通货膨胀，从而使公债持有人的实际收益下降。从形式上看，政府履行了偿债义务，但实际上是政府在推卸偿债责任，政府的信誉会受到很大影响。

(3) 建立偿债基金。政府设立偿债基金，每年将一定的政府收入划入这一基金，该基金由专门机构进行管理，不得用于其他用途。

(4) 借新债还旧债。这种做法是用新发行的公债收入偿还到期公债。对公债持有者而言，政府履行了偿债义务，但对政府而言，只是债务的延期偿还。

四、公债市场

(一) 公债市场及其功能

公债不仅是一种财政收入形式，以债券形式发行的公债本身也是一种有价证券。证券市场是有价证券交易的场所，因此，公债交易形成的公债市场是证券市场的一部分。公债市场按照公债交易的阶段可分为两个部分：一是公债发行市场，又称公债的一级市场或初级市场；二是公债的流通市场，又称公债的二级市场。公债的一级市场是公债交易的初始环节，一般是政府与证券承销机构和证券经纪人之间的交易。公债的二级市场一般是公债承销机构与认购者之间的交易，也包括公债持有者与其他公债购买者之间的交易。公债二级市场的交易分为证券交易所交易和场外交易两类。证券交易所交易是通过证券所进行的公债交易活动，而不通过证券交易所进行的交易即为场外交易。

公债市场主要有三方面的功能：

1. 实现公债的发行和偿还，满足政府筹资的需要。对于公债管理部门而言，利用发达的证券市场发行和偿还公债，可以有效降低公债的发行和偿还成本，扩大公债规模。

2. 满足资金需求者与公债投资者交易的要求。公债作为一种金融产品，在发行之后，总有一部分公债持有者由于需要资金而希望将公债出售变现，而另外也会有一些需要买进公债的投资者，公债市场将资金需求者和公债投资者集合在一起，大大降低了交易的成本，促进了社会资金的流动和有效配置。

3. 公债市场可以进行公开市场业务，实现货币政策目标。对于执行货币政策的中央银行来说，对公债市场尤其是对短期公债市场的调节，可以调控货币供应量，实现货币政策目标。因此，公债市场是实现货币政策的重要工具。

（二）公债发行市场

公债的发行是政府按一定条件将公债出售获得资金的过程，政府可以采用直销的方式，在证券市场上直接向广大投资者公开出售公债，或者通过金融或邮政机构的网点代售，也可以采用金融机构包销的方式，将公债由为数不多的金融机构包销，再由金融机构向普通投资者出售。政府采用直销的方式发行公债，发行的时间较长，风险较大，不能保证及时获得所需的资金，这种方式一般只适用于面向居民发行非上市的中长期债券。目前，在公债发行市场上，多数债券的发行采用金融机构包销的方式，由具有一定资质的金融机构通过投标或承销的方式包销政府债券，在这种情况下，普通投资者很难参与发行市场的交易。这种方式可以保证政府迅速获得所需的资金，而且发行时间短，发行费用较低。另外，对于某些特定品种的公债，政府也可以采取向特定机构，如养老基金和保险机构，以定向募集的方式发行公债。

我国的公债分为上市公债（记账式公债）和非上市公债（凭证式公债）以及定向公债。目前发行市场的基本结构是：以差额招标方式向公债一级承销商出售可上市公债；以承销方式向承销商，如商业银行和财政部门所属的公债经营机构，销售不上市公债；以定向募集方式向社会保障机构和保险公司出售定向公债。这是与我国目前的公债品种和金融市场发展相适应的发行市场结构。

（三）公债流通市场

对于不同的公债品种，在发行之后、偿付之前变现主要有两种不同的方式。非上市公债不能在公债市场上进行自由交易，一般只能向银行或者财政部门提前兑付，提前兑付是在支付一定的兑付费用后，按照实际持有的期限和票面利率获得利息，提前兑付并不是真正意义上的交易。上市公债在发行结束后就可以上市流通，上市公债在流通市场上的价格完全由市场买卖双方自行确定，由于市场利率和供求关系的变化，上市公债的市场价格是在随时波动的，公债流通市场不仅为公债的提前变现提供了条件，公债价格波动的差价也成为投资者买卖公债的重要动因。

在公债现货交易功能的基础上，公债流通市场逐渐发展出了多种交易方式，如公债回购交易和公债的期货交易。公债回购交易是指公债持有人在卖出一笔公债的同时，与买方签订协议，承诺在约定期限后以约定的价格购回同笔公债的交易活动。如果交易程序相反，先买进公债，再以约定的价格在约定期限卖出，则称为公债逆回购。公债回购具有金融衍生工具的性质。对于公债卖出者而言，回购可以获得短期资金融通并且规避价格波动的风险；对于公债买入者而言，回购可以获得稳定的收益而避免市场风险。而市场投机者则可以利用约定价格与市场价格的差额获得价差收益。具有调剂债券与资金头寸作用的回购交易，是目前金融机构以融资为目的的主要交易方式。

所谓期货交易是相对现货交易而言的，其特点是以约定的时间、约定的价格、约定的公债品种、约定的交易数量进行公债交易。双方签订交易合同后不是立即付款和交付债券，而是到了约定的交割时间才进行实际交易。20 世纪 70 年代由于“石油危机”的影响，美国经济运行波动较大，致使利率波动的幅度与频率比以往任何时候都厉害。为了避免利率波动所带来的风险，1976 年芝加哥商品交易所（CBOT）率先将国债期货合约作为利率期货的一种形式推出，供银行与非银行金融机构通过买卖国债期货合约来进行金融资产的风险管理。随后芝加哥商业交易所（CME）也推出了国债期货合约以及后来的国债期权交易。日本东京证券交易所从1988年开始引进国债期货与期权交易。成立于1982年的伦敦国际金融期货期权交易所（LIFFE），将英国金边债券（LONG GILT）、日本国债（JGB）、德国国债（BUND）、意大利国债（BTP）和美国国债作为期货合约的标的物，集中在场内进行交易。目前，国债期货与期权交易成为全球范围内最主要的金融衍生产品，成为银行、证券、其他金融机构以及非金融机构规避利率风险必不可少的工具，也成为占全球期货交易额近一半的品种。

第九章　政府预算与预算管理体制

第一节　政府预算的原则与分类

政府预算是政府的财政收支计划，是按照一定的标准将财政收入和支出分门别类地列入特定的收支分类表格中，反映政府的财政收支状况，规定政府活动的范围和方向，体现政府的政策意图。

政府预算是社会发展到一定历史阶段的产物，虽然在中国古代和古罗马时期已有对财政收支的粗略估计或对国家收支的记账，即政府预算的萌芽形式，但是，比较完备的财政预算制度最先形成于17世纪的英国，是当时新兴的资产阶级与日趋没落的封建贵族阶级为争夺国家财政权而进行长期斗争的产物，它规定政府的财政收支必须按年度编制计划，经过议会的审批，并在议会的监督下执行。后来，各国纷纷加以仿效，到20世纪，绝大多数国家都建立了政府财政预算制度。由于政府预算要经过国家权力机关的审批方能生效，因而，它也是国家的重要的法律文件。随着经济的发展和社会的进步，政府预算制度也不断地改进和完善，目前，政府预算作为宏观经济政策的作用被人们日益认识，政府预算已成为政府进行宏观调控的重要手段和工具。

一、政府预算的原则

政府预算的编制是政府有意识地确定和规范政府财政收支活动的计划，反映政府的政策意图和导向，关系到所有社会成员的利益，因此，政府预算必须遵循一定的原则。预算原则就是指政府预算在选择预算形式、体系以及制定财政收支计划时所遵循的指导思想和方针。一般认为，政府预算应主要遵循以下原则：

(一) 预算的公开性

政府预算及其执行情况必须采取一定的形式公诸于众，让民众能够了解和监督财政收支情况，也就是说政府作为代表全体社会成员利益的机构，必须通过预算的公开性让社会公众了解政府取得了多少财政收入，如何取得的收入，支出规模有多大，主要用于哪些方面等与其切身利益息息相关的问题。

公开性是确保政府活动受社会公众约束和监督的基本条件，它要求：政府预算的编制、审批和执行都要按照法律的规范要求来有序地进行，并及时予以公开；政府预算要广泛听取和征求社会公众的意见，最大程度反映社会公众的需求偏好和利益；细化预算编制的内容，透明度高，容易理解。

预算的公开性一般是通过向代表公众的立法权力机构提交预算报告的形式阐述预算编制的依据、执行过程中采取的措施以及如何保证预算的实现，并在立法权力机构审议通过后向全体公众进行公布。

(二) 预算的可靠性

政府预算必须真实可靠，要求预算所列的每一收支项目的数字指标必须依据充分确实的资料，进行科学计算，不得假定和任意编造；性质不同的预算收支应该严格区分，不能随意混淆；预算中的预计数应该尽量准确地反映出可能出现的结果。

(三) 预算的完整性

政府预算必须是完整的，包括政府所从事的所有财政收入和支出的内容，以便全面反映政府的财政活动和政府的职能范围，应该列入政府预算的一切财政收支都要反映在预算中，不得打埋伏，造假账，预算外另行预算。也就是说，政府所有的财政活动都不能脱离预算的管理和监督，即使是经立法机构批准的非预算资金的活动，也应在预算内有所反映，并接受预算管理。

(四) 预算的统一性

在分级管理财政体制中，虽然各级政府都设有财政部门，也有相应的预算，但整个政府预算应该是一个统一的整体，由单位预算、部门预算和各级政府总预算等自下而上逐级汇编而成，各级政府总预算共同组成统一的政府预算，形成一个有机统一的整体。它要求政府预算设立统一的预算科目，每个科目都要严格按照统一的口径、程序进行计算和填列。

（五）预算的年度性

所谓预算的年度性，是指政府必须按照法定预算年度编制政府预算，这一预算要反映全年的财政收支活动，同时，不允许将不属于本年度财政收支的内容列入本年度的政府预算之中。任何一个政府预算的编制和执行都有一个时间上的界定，预算年度就是指政府预算收支起止的有效期限，通常为一年。目前，世界各国普遍采用的预算年度有两种：

1. 历年制预算年度，即从每年 1 月 1 日起至同年的 12 月 31 日止，我国即实行历年制预算年度。

2. 跨年制预算年度，即从每年的某月某日开始至次年的某月某日止，中间历经 12 个月，但却跨越了两个年度，如美国的预算年度是从每年的 10 月 1 日开始，到次年的 9 月 30 日止。

各个国家在确定预算年度时主要会考虑到既有的习惯、议会的会期、税收和生产的旺季等因素，因此，选择的预算年度会有所不同。

（六）预算的法制性

政府预算只有经过国家立法、权力机关的审批方能生效，因而，它是国家的重要的法律文件。政府预算的制定过程就是立法过程，经过立法、权力机关审批后具备了法律效力，不能随意进行修改和调整。

二、政府预算的类型

最初的政府预算是十分简单的收支一览表，随着社会经济生活和财政活动的逐步复杂化，各种预算方法和形式的不断改进，政府预算也成为了一个相对复杂的系统。按照不同的标准，政府预算可以划分为不同的类型：

（一）以预算的形式差别为依据，可以将政府预算划分为单式预算和复式预算

1. 单式预算，也称为单一预算，它把政府的全部预算收支加以汇集，财政收支计划通过统一的一个计划表格来反映。在政府预算产生之后相当长的时期内，世界各国实行的都是单式预算，我国在 1992 年以前一直采用单式预算形式。

单式预算的优点是能直接反映政府预算收支的全貌，从整体上说明其构成，平衡关系明了，便于考察政府预算收支的总体规模。其缺点是各类性质不同的收支无对应关系，结余或赤字的原因不易划清，无法对收支转化作分类分析和分层管理，也不利于宏观经济分析和财政收支效益的考核。

2. 复式预算。复式预算是把政府预算的全部收入、支出按预算收入的来源和支出的性质的不同，分别编入两个或两个以上的系列所形成的预算计划。复式预算是在单式预算的基础上发展演变而成的一种经济分析预算，其基本原理是将收支按经济性质分别对应汇编成两个或两个以上的收支平衡表。共同的特征是以特定的预算收入来保证特定的预算支出，两者之间具有密切联系、相对稳定的对应关系。

复式预算的优点是能适应市场经济的发展所带来的预算资金分配格局的变化；有助于对政府预算资金进行成本—效益的分类、分析与控制，可以清晰地反映预算平衡和预算结余或赤字的原因，以使区别情况，有选择地采取有效手段进行调整、控制。复式预算的特点决定了它更有利于加强预算管理和对整个财政活动及国民经济的分析与控制。但复式预算也存在一些缺点：由于是两个或两个以上的预算组成，其完整性受到一定的影响；经常预算的结余和赤字都将转入资本预算，可能会影响到对财政赤字、财政平衡的判断；不同预算之间存在项目划分标准如何统一的问题；预算编制的方法复杂，工作量增大。

单式预算与复式预算各有优劣，采取哪种形式应结合本国的国情以及经济发展的需要。从政府预算诞生到 20 世纪 30 年代以前，各国政府编制的预算都是单式预算形式，20 世纪 30 年代以后，在

凯恩斯主义通过扩大政府财政支出、增加有效需求以刺激经济增长的思想影响下，各国政府对市场经济活动进行干预和调控的程度加深，政府职能和财政活动范围扩大，预算活动日趋复杂，单式预算已远不能适应客观经济发展的需要，为加强预算管理和财政支出效益分析，复式预算应运而生。最早起源于丹麦，1938 年瑞典正式实行，此后，世界各国都纷纷采用复式预算。到 70 年代后期，一些国家由于经济状况的变化和财政政策的转变，资本预算单列逐渐失去意义，加之复式预算存在过于复杂、划分标准难以确定等问题，而且国民经济核算体系已经发展成熟，政府的经济活动不必仅仅通过预算来加以全面反映，所以，一些主要的市场经济国家又出现了政府预算结构简单化的趋势，多数经济发达国家又改为采用新型的单一预算。

因此，不能简单地说单式预算与复式预算孰优孰劣，而应根据是否与本国的经济发展状况和国情相适应、是否有利于财政预算管理和监督来决定预算形式的选择。

（二）按照预算编制方法的不同，可以将预算分为绩效预算、计划项目预算和零基预算

1. 绩效预算。绩效预算是美国在 20 世纪 50 年代开始推行的一种预算方法，主要是为了解决这样两个基本问题：(1) 在政府预算的主要项目上，理想支出的最大数字应该是多少，以便控制支出；(2) 如何有效地、节约地执行被批准的项目。美国总统预算办公室曾对绩效预算进行如此的定义：绩效预算是这样一种预算，它阐述请求拨款是为了达到什么目标、为实现这些目标而拟订的计划需要花多少钱以及使用哪些量化的数据来衡量在实施每项计划过程中取得的成绩和完成工作的情况。

绩效预算就是把成本分析应用于政府财政预算中，政府首先制定有关的事业计划和工程计划，再依据政府职能和施政计划制定执行计划的实施方案，并在成本分析的基础上确定实施方案所需要支出的费用来编制预算。将成本分析法运用到政府预算中的绩效预算，其特点是按计划决定预算，按预算计算成本，按成本分析效益，然后按效益来衡量其业绩。

绩效预算的优点是改变了传统预算着重投入而忽视产出的做法，重视对预算支出项目的效益考察，有助于提高财政资金的使用效益，但绩效预算需要建立起一些能够适应绩效预算要求的辅助系统，包括工作计量体系、绩效计量体系等，而政府一些部门的支出是难以用数字来表明其预期的经济效益，即缺乏绩效的计量指标和方法，也就无法实行绩效预算。另外，绩效预算方法要求对政府的每一笔拨款所要达到的目标进行描述，并且提出衡量所达到的量化标准，等等，需要花费很多时间和进行大量细致的工作。

2. 计划项目预算。计划项目预算起源于美国，是在绩效预算的基础上发展起来的，它是依据国家确定的目标，着重按项目安排和运用定量分析方法编制的一种预算制。

计划项目预算的基本步骤包括：(1) 按政府确定的目标划分项目，如把国防活动划分为战略报复、一般兵力、运输及后勤等 11 种主要计划，把这些主要计划构成一个总系统；(2) 在此基础上，再划分诸多细项目，构成总系统的子系统，然后在子系统的基础上再划分诸多细项目构成必须的资源，以及对选定的项目配置资源，并确定这部分资源的费用，从中选择一种最佳的办法；(3) 计划的安排，既要考虑过去的计划决策的执行情况，更要考虑现在正在设计的未来计划，要善于把两者有机地结合起来考虑。

计划项目预算具有以下特点：(1) 可以把预算中安排的项目和政府的中、长期计划相结合，做到长期计划短安排，有利于政府活动的开展；(2) 由于在选择和安排项目过程中，重视成本—效益分析，因而要求依据各项数据资料进行经济分析和评估，并通过对项目之间进行比较，有利于降低各个项目的费用和提高财政资金的使用效益，为政府决策提供依据和参考；(3) 考虑许多项目往往是跨年度的，按项目安排预算，可以根据发展变化情况对目标、计划和预算进行调整。可见，由于计划项目预算制能较好地把政府活动的长期计划和年度预算所包括的各项活动规划结合起来，利用各数量分析法对方案进行分析，参照各种成本和效益的数据，选择出最佳的方案，成为政府决策的重要依据。

3. 零基预算。零基预算就是指在编制预算时，一切从零开始，对新的预算年度中想做的所有事情进行重新审核，重新审核每项工作计划，并测定不同层次服务所需要的资金，而不是仅仅修改上年预算或检验新增部分，以达到节省开支、有效使用资源的目的。

零基预算是针对传统的基数预算提出来的，基数预算是以前一年的实际数或前几年的平均数为基本依据来确定预算年度的支出方案。其特点是注重过去，不注重将来；注重历史因素，不注重发展因素。因而，原有的一些不合理、不必要的支出得以继续保留，而适应新的发展需要的支出不易充分考虑进来，导致支出规模和结构的不合理及支出对象之间的利益不平衡，资金使用效益低下。而零基预算则强调一切从计划的起点开始，提高部门的工作效率，改进本年度预算执行过程中花钱不当或方法不妥的地方，用更好、更有效率的方案加以替代，因此，能有效消除基数预算存在的弊端。

零基预算的核心是打破基数加增长的预算编制方法，预算项目及其金额的确定不受以往年度"既成事实"的限制，每个项目及其金额都被当做一项备选方案，系统地做成本—效益分析并进行评估，按重要程度确定各备选方案的先后次序，确定资金的停止供应点，对低于停止供应点的项目不再提供资金。各个部门在申请预算时，应从计划的起点（即"零基"）开始，在系统地评价和审查所有的计划项目和活动的基础上编制预算。

（三）根据预算支出分类是按功能汇总还是按部门汇总，可以分为功能预算和部门预算

1. 功能预算。建国以来，我国财政支出预算一直实行传统的、支出按功能进行汇总的预算方式，即功能预算，功能预算是一种不分组织单位和开支对象、而是按照政府的概括目标或职能对开支进行分类的预算方法。它的优点是便于了解政府在行使各职能方面的财政支出是多少，如基建支出、支农支出等。它的缺点表现为：（1）部门没有一本完整的预算，各部门的预算一般只反映预算内资金的日常经费收支，不反映预算内安排的建设性和事业发展性支出，也不包括预算外资金和自有资金；（2）预算编制粗糙，缺乏部门内部责任机制和外部有效的监督机制，没有将预算指标细化到部门，不利于进行审核和监督；（3）预算编制缺乏科学、必要的定员

定额标准；（4）预算资金分配权分散，一个单位或部门的资金多口供应；（5）预算约束软化，预算机动权力过大，形成预算的二次分配，预算执行过程中追加追减的情况时有发生。

2. 部门预算。部门预算是政府公共财政预算编制的主要形式，也是市场经济国家普遍采用的预算编制方法。部门预算是由政府各部门编制、经财政部门审核后报立法机关审议通过反映部门所有收入和支出的预算，即一个部门一本预算。部门预算是按政府的组成结构来进行分类，即先按部门进行分类，然后在部门内部按所属预算单位进行分类。这种分类方式可以明确政府各部门的支出规模和财政权力，但它不能反映部门支出的真正用途和支出性质，比如，预算支出可以按部门分成国防部支出、教育部支出、农业部支出等。

可见，预算支出按功能分类和按部门分类，各有优缺点，它们之间具有一定的互补性，如把两者有机地结合起来，更能达到预算管理的目的。

第二节　政府预算的体系与程序

一般来说，有一级政府即有一级财政收支的主体，也就应有一级政府预算。在现代社会，大多数国家都实行中央与地方的多级政府体制，从而也就产生了政府预算的体系。同时，现代政府预算应是一个能充分反映社会的民意、体现公共民主决策和贯彻立法机构监督的过程，它要求政府预算必须符合一定的法定程序。

一、政府预算体系

政府预算体系是指整个国家的政府预算是由各级政府的预算和各级政府的公共部门预算组成，相互之间有着复杂的预算资金往来关系的系统。

政府预算由中央预算和地方预算组成，与中央预算和地方预算相联系的一个概念是总预算。一般说来，一级政府在一般性财政收支之外，往往还有一些特别项目的收支，如国有资本运营收支、特别工程的收支等。在相当长的时期内，这类收支与政府的一般财政收支是分别核算的，这种做法有损于预算的统一性和完整性。现在，许多国家都把这些预算合并在一起并统一列表核算，于是形成了总预算。一级政府的总预算不仅包括本级一般财政收支和特别预算，也包括下级政府的总预算，从而形成完整的整个国家的政府预算体系。

由于各个国家的结构形式不同，在行政区划的形式、权力设置和预算是否归属于上级政府预算之中都有很大的区别，例如，在实行联邦制的美国，由于立法权相对分散，所以美国各州均拥有独立的立法权和独立的预算，联邦政府对州和地方政府的预算通常没有指导、审批和检查的权力。而在实行单一制强调中央集权的国家，中央政府对地方政府的预算往往会存在某些形式的影响和干预。从各国的实践来看，在保证中央财政的必要财力和宏观调控主体地位的前提下，由各级地方政府分别编制相对独立的政府财政预算，并主要对本级立法机构负责，中央财政主要采取直接投资、转移支付、税收分成等手段来对地方财政产生影响，是市场经济条件下更为通行的做法。

在我国，政府预算体系的组成是按照一级政权设立一级预算的原则建立的，包括中央预算和地方预算。中央预算即中央政府预算，是经法定程序批准的中央政府财政收支计划；地方预算是经法定程序批准的各级地方政府财政收支计划的统称，由各省（自治区、直辖市）的总预算组成。由于我国地方政府包括省（自治区、直辖市）、设区的市（自治州、直辖市辖区）、县（自治县、不设区的市、市辖区、旗）、乡（民族乡、镇）四级，因此，我国政府预算体系由中央政府预算与地方政府预算共五级预算组成。地方各级总预算由本级政府预算和汇总的下一级预算组成；没有下一级预算的，该级次政府的总预算即指本级预算。我国现行预算体系如图9.1所示。

二、政府预算的程序

政府预算的程序主要由政府预算的准备和编制、预算审定、预

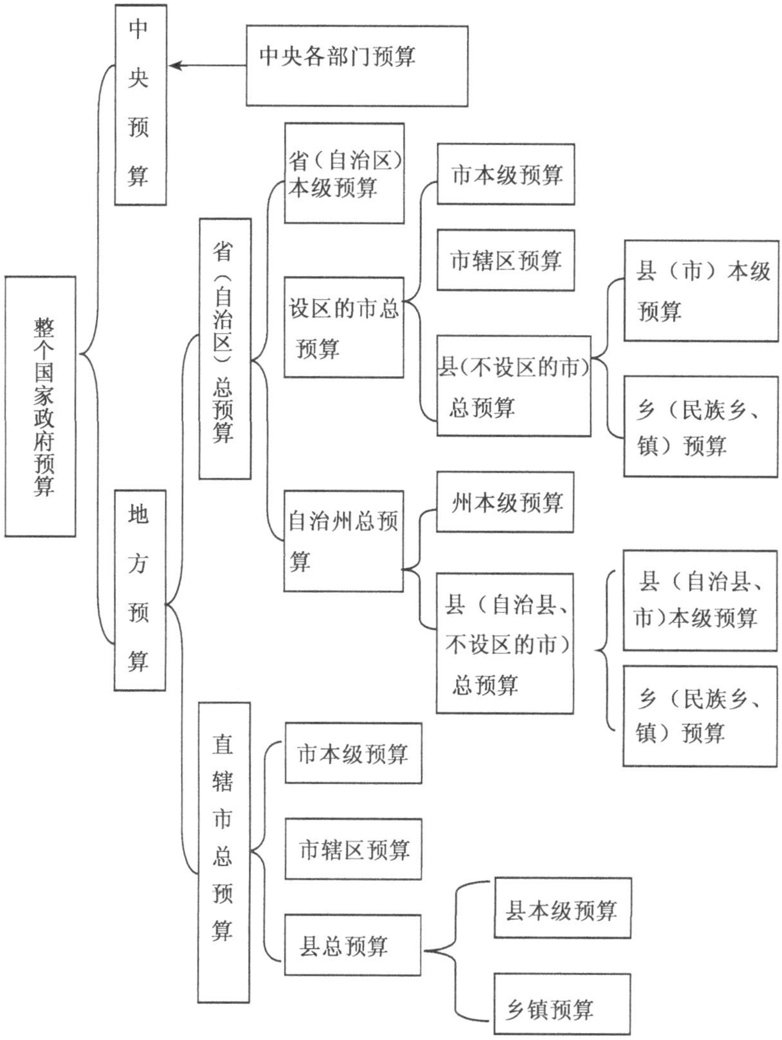

图 9.1　我国现行预算体系

算实施和审查、决算等构成。政府预算实质上是政府活动和职能在经济上的反映，政府预算程序也就是政府如何确定政策目标、如何筹集达到目标所需要的资源、如何使用这些资源以及对最终结果的评价。

我国政府预算的程序一般包括预算编制、预算执行、预算调整和决算。以我国目前中央政府部门预算的程序为例，主要包括：

（一）预算的编制

编制政府预算是一件复杂细致的工作，在正式编制预算之前，通常需要做好一系列的准备工作，包括：(1) 收入预算的测算。各部门要根据历年收入情况和下一年度增减变动因素测算收入，部门收入预算包括一般预算收入和基金收入。其中，一般预算收入包括上年结转、财政拨款、行政事业单位预算外资金、上级补助收入、事业收入、事业单位经营收入、附属单位上缴收入、其他收入和用事业基金弥补收支差额9项；基金预算收入主要是根据国家规定的纳入预算管理的各项基金。(2) 支出预算的测算。部门支出主要有一般预算支出和基金预算支出，其中，一般预算支出分为行政事业支出、生产建设和事业发展支出两个部分。行政事业支出主要包括行政事业性支出、上缴上级支出、事业单位经营支出、对附属单位补助支出；生产建设和事业发展支出主要包括基本建设支出、其他生产建设性支出、事业发展支出。(3) 国务院下达编制预算草案的指示，财政部门部署编制预算的具体事项。(4) 对预算科目和预算表格进行适当的修改。

在做好准备工作的基础上，按照“两上两下”的程序编制预算：(1)“一上”是指由部门根据国务院关于编制预算的指示和财政部下达的编制预算的具体要求，根据国家社会经济发展情况，结合本部门的情况，提出本部门的收支安排建议数上报财政部门和有预算分配权的部门。(2)“一下”是指财政部门与有预算分配权的部门审核预算建议数后，下达部门预算控制数。首先，财政部门与有预算分配权的部门认真审核和汇总部门报送的预算建议数，然后根据审核后的部门建议数和征收部门报来的财政收入测算数，审核并汇总成按功能划分的收支预算草案报国务院批准。财政部和有预算分配权的部门根据国务院的批准数落实到各个部门。这个过程基本确定了部门的收支规模和财政拨款数额。(3)“二上”是指部门根据预算控制数编制本部门预算草案报送财政部。接到财政部门和有预算分配权部门的预算控制数后，部门要将控制数下达到所属的二级预算单位和落实到具体项目，然后根据财政部的要求及时报送预算草案。(4)“二下”是指财政部根据全国人民代表大会批准的中央预算草案批复部门预算。财政部收到部门报来的预算草案后，要及时审核汇总，并将汇总情况报国务院。国务院批准后，财政部代表国务院向人民代表大会提交中央预算草案。人民代表大会审议批准中央预算草案，财政部根据批准的中央预算草案在规定时间内批复部门预算，部门也要在规定时间内批复所属单位预算。

(二) 预算的审批

部门预算的审批主要经过以下几个阶段：(1) 财政部门审核阶段，审核的内容主要包括预算收支是否有赤字、预算收支科目是否正确、预算收入测算是否准确、预算支出是否留有缺口、汇总的部门预算数是否与财政部门下达的预算支出控制数一致等。(2) 政府首长审核阶段。部门预算编报完后，财政部门应将汇总的部门预算和各部门报来的部门预算送政府行政首长审批，经行政首长批准后，送交人民代表大会初审。(3) 人民代表大会审核阶段。一是初审，财政部门根据行政首长的指示，将预算报人民代表大会财经委员会进行初步审核。审核的内容主要是：各项收支安排是否符合法律、法规的规定；收支规模与国民经济社会发展计划是否一致；国家债务收入规模是否合适等。财政部门根据人民代表大会财经委员会的意见修改后报行政首长批准。二是审议阶段。财政部门正式代表政府向人民代表大会提交预算草案。人民代表就政府预算和部门预算进行审议，最后通过预算草案。(4) 财政部部门批复阶段。我国预算法实施条例规定，财政部要在人民代表大会通过预算后的30天内批复中央部门预算。(5) 部门批复预算阶段。我国预算法实施条例规定，部门要在财政部批复部门预算后的15天内批复所属单位预算。

(三) 预算的执行

预算执行是实现政府预算的重要环节，是一项经常的、细致的、复杂的工作，是国家政治、经济、社会生活的综合反映。预算的执行阶段主要包括这样一些工作：(1) 预算收入的执行。预算收入的执行是由财政部门统一负责组织，并按各项预算收入的性质和征收方法，分别由财政、税务、海关等部门负责征收和管理。(2)预算支出的执行。预算支出的执行由各支出机关具体负责执行，财政部门处于主导地位，主要工作是：按照公共财政的要求和组织预算执行的需要制定相关的法规、政策和制度；根据部门预算，编制用款计划并按计划拨付；建立经济责任制，提高资金的使用效率等。(3) 预算调整。因为国际、国内政治经济形式的变化，有时需要通过改变预算收入来源、支出用途以及收支规模等，对原有的预算进行调整，包括动用预备费、预算的追加追减、预算划转等。(4) 预算执行情况的分析。预算执行情况分析主要通过预算执行信息反馈系统和报表报告制度获取必要的信息，分析内容包括：政府宏观经济政策和重大经济举措对预算收支的影响，对比分析部门之间、地区之间主要收支项目的完成情况，分析财政信贷的综合平衡情况等，并将分析结果报决策部门以供决策参考。

三、决算

决算是预算执行的最终结果，必须经过人民代表大会常务委员会审查批准。决算包括这样一些工作：(1) 决算编制的准备工作，如拟订和下达编制政府收支决算的统一编报方法，组织年终收支的清理工作，修订和颁发统一的决算表格。(2) 按照程序编制决算。决算的编制，是从执行预算的基层单位开始，自下而上逐级编制、审核和汇总而成的，政府收支总决算由财政部负责汇编，并编写决算说明书，提请全国人民代表大会常务委员会审议批准。(3) 决算的审查。由财政部负责对中央级总决算和地方政府总决算进行审查，主要就收入、支出、结余、数字之间的关系及决算的完整性、及时性等方面的内容进行审查。(4) 决算的批准。经过逐级审核汇总编成的政府收支总决算，由财政部连同决算说明书报送国务院审查。经国务院全体会议讨论通过后，提请全国人民代表大会审查批准。在一般情况下，政府收支决算的批准程序是：财政部长代表国务院向全国人民代表大会报告年度预算执行情况并加以说明，人民代表大会经讨论后予以批准。

从我国市场经济发展的趋势看，政府预算决策的民主化、公开化，预算管理的规范化、制度化，是政府预算进一步改进和发展的必然。

第三节　我国政府的预算改革

中华人民共和国成立以来，我国长期采用单式预算编制方法，直至1992年才开始试行复式预算，目前，在预算形式、编制方法和管理制度等诸多方面都进行改革，才能与我国不断发展的社会主义市场经济体制相适应。

一、我国政府预算的现状

（一）目前实行经常性预算和建设性预算组成的复式预算

根据1991年国务院颁布的《国家预算管理条例》规定，现行的国家预算分为经常性预算和建设性预算两部分。经常性预算收入是指国家以社会管理者身份取得的各项税收收入和其他一般性收入；经常性预算支出是指国家用于维持政府活动、保障国家安全和社会秩序、发展各项社会公益事业以及用于人民生活和社会保障等方面的支出。建设性预算收入是指国家以国有资产所有者身份取得的收入、各种专项建设基金和国家明确规定用于建设方面的收入；建设性预算支出是指国家预算中用于各项经济建设活动的支出。复式预算收支项目的具体划分情况如下：

1. 经常性预算

经常性预算收入包括：各项税收、非生产性企业亏损补贴、专项收入、教育费附加、其他收入。其中，各项税收包括除城市维护建设税、固定资产投资方向调节税和耕地占用税以外的消费税、增值税、营业税、关税、农业税、印花税等各种税收。

经常性预算支出包括：非生产性基本建设支出，事业发展支出（文化教育科学卫生事业费、农林水气部门事业费等），国家政权支出（行政管理费、国防费等），政策性补贴支出等。

2. 建设性预算

建设性预算收入包括：经常性预算结余，专项建设性收入（城乡维护建设税、固定资产投资方向调节税、耕地占用税、征收排污费和城市水资源费收入、国有土地使用权有偿出让收入等)，生产性企业亏损补贴（工业、农林、水产、气象等企业亏损补贴)。

建设性预算支出包括：生产性基本建设支出，企业挖潜改造和新产品试制费，地质勘探费，支援农业生产支出，支援经济不发达地区的发展资金等。

（二）现行政府预算收支的分类

政府预算收支分类是按照一定的标准和方式对预算收入和预算支出进行编排，它是进行各项预算管理活动必不可少的前提。

我国现行的政府收支分类主要通过两个渠道来体现：一是通过政府预算收支科目来体现；另一个是通过政府提交给人民代表大会的预算草案来体现。

国际上预算收支进行分类的主要方式有部门分类、功能分类和经济分类三种，而我国政府预算收支科目将政府预算收支分为一般预算收支、基金预算收支和债务预算收支三大类，在三大类下面再按款、项、目的层次进行具体的分类，具体分类的标准有的是按照部门分类，有的是按照功能分类，还有的是按照经济分类，而且同一功能的支出往往被多处分散反映。例如，教育支出，除在教育事业费中反映外，还在基建支出、科技三项费用、科学事业费、行政管理费、卫生经费、工业交通事业费、税务等部门事业费中反映。

（三）现行预算的编制方法

我国目前预算的编制方法基本上采用的是基数法，即在编制下一年度预算时，以上年度实际支出数为基础，并考虑下一年度财政收入状况和影响收支的各种因素，对不同的支出确定一个增长比例，从而确定预算。

（四）现行预算收支的国库管理

我国现行的国库管理制度，是以设立多重账户为基础的分散收付制度。在这种制度下，财政收入的许多项目由征收部门通过设立过渡账户收缴，即许多项目的财政收入先征收进入部门设立的过渡账户，再由部门的过渡账户汇缴到国库；财政支出通过财政部门和用款单位分别开设的账户层层拨付，资金拨付的环节多，而且在预算单位实际支付行为发生之前就流出了国库，往往在预算单位的账户上形成大量的资金滞留。

二、我国政府预算改革的基本思路

进一步改革和完善我国政府预算制度，主要是在复式预算的结构、预算收支科目的分类、预算编制方法和国库支付制度等方面进行改革和完善。

（一）建立由政府公共预算、国有资产经营预算、社会保障预算组成的新型复式预算

根据《中华人民共和国预算法》的要求，我国各级政府复式预算的改革目标是逐步建立政府公共预算、社会保障预算、国有资产经营预算和其他预算。

1. 政府公共预算

政府公共预算是指国家以社会管理者身份取得的收入和用于维持政府活动、保障国家安全和社会秩序、发展各项社会公益事业支出的预算。

政府公共收入包括增值税、消费税、营业税、企业所得税、个人所得税、农牧业税、关税、公益性国有资产收益、行政性收费和罚没收入等。

政府公共预算支出包括国家政权建设支出、各项事业发展支出、国家公益性基本建设支出（即文化、教育、科研、国防、行政机关等部门的基本建设支出）、社会福利事业费支出、公益性国有企业亏损补贴支出、政策性补贴支出、对外援助支出等。

2. 社会保障基金预算

社会保障基金预算是指国家以行政手段筹集并管理的社会保障收入和安排用于社会保障方面支出的预算。

社会保障基金预算收入包括：企业职工基本养老保险基金收入，企业职工失业保险基金收入，企业职工工伤保险基金收入，企业职工女工生育保险基金收入，医疗保险基金收入，住房公积金收入等。如果在条件成熟时开征社会保障税，则社会保障税应成为社会保障基金预算的主要收入来源。

社会保障基金预算支出包括：企业职工基本养老保险基金支出，企业职工失业保险基金支出，企业职工工伤保险基金支出，企业职工女工生育保险基金支出，医疗保险基金支出，住房公积金支出等。随着我国社会保障体系的逐步完善，社会保障的范围会随之扩大，甚至扩大到全部的社会成员，社会保障基金预算支出也会逐步地增加。

3. 国有资产经营预算

国有资产经营预算是指国家以国有资产和国有资源所有者身份取得的收入和国家用于经济建设以及国有资产经营方面支出的预算。

国有资产经营预算收入包括：政府公共预算结余转入，经营性国有资产收益（包括国有企业上缴的利润，股份制、联营企业、合资合作企业国有资产收益，国有资产出售、转让收入等），资源性国有资产收益（包括资源税、土地增值税、矿产资源补偿费等），专项建设基金收入（包括一部分已纳入预算管理的政府性基金和尚未纳入预算管理的政府性基金等）。

国有资产经营预算支出包括：国家经营性基本建设支出，支援农业生产支出，挖潜改造和新产品试制费，国有企业生产性亏损补贴支出，支援经济不发达地区发展资金支出，专项建设基金支出等。

（二）建立科学规范的预算科目体系

财政收支分类制度必须符合市场经济的需要，并与政府行政管理体制和财政职能的健全和完善相衔接。具体来说：

1. 结合税费关系改革和强化预算外资金管理的需要，将体现政府职能的收支纳入预算，通过预算收支科目予以反映，同时，结合财政支出改革，取消一部分反映政府竞争性、盈利性支出的预算科目，这反映了社会主义市场经济条件下政府职能的转变对政府预算收支的影响。

2. 配合预算编制方法改革的需要，细化预算收支科目，对预算收支进行科学的分类。改革后的预算分类有：（1）部门分类，是根据政府机构的性质和预算管理级次对部门进行分类，并相应设置编码。就中央预算而言，按中央一级单位的预算设置部门代码；部门所属预算单位，由部门设置二级预算单位编码。中央一级预算单位有：全国人大、全国政协、最高人民法院、最高人民检察院、国务院办公厅、国务院各部委、中央各部委等。这种分类方法要与我国现在实行的部门预算结合起来。(2) 功能分类，即将财政收入按其来源方式的不同分为税收收入、非税收入和债务收入；财政支出按其功能的不同分为经济建设支出、国防支出、行政管理支出、环境保护支出等。(3) 经济分类，即将财政支出再细分为经常性支出和资本性支出。经常性支出和资本性支出再按支出的基本要素细分。预算收支科目的改革重点是要克服目前预算收支分类不具体的弊病，为科学地编制预算、强化部门预算控制和监督机制创造条件。

3. 预算科目的设置要尽量与国际通行做法相衔接以增强国际间的交流，同时，科目名称要简洁、明白，这有利于提高我国财政政策和预算管理的透明度，有利于建设社会公众对预算的监督和管理。

(三) 政府预算编制方法的改革

目前，我国政府预算编制方法的改革主要包括这样三个方面：

1. 推行部门预算。部门预算是当前我国财政改革的主要内容，部门预算就是一个部门一本预算。根据国际经验，部门预算是由政府各部门编制、经财政部门审核后由议会（在我国是人民代表大会）审议通过的反映部门所有收入和支出的预算。编制部门预算要求各部门按照财政部门的统一规定和标准表格，全面、系统、准确地将本部门一般预算收支情况和基金收支情况编入部门预算。也就是说，部门的所有开支都要在预算中加以反映，预算中没有列出的项目不得开支，同时，要求将各种收入都要纳入预算管理。

2. 推行“零基预算”编制方法。即在编制年度预算时，对各项财政支出均不以上年预算为基数来作为预算分配的依据，而是根据各部门履行的职责、发展目标和人员配备等客观因素来确定资金使用额度。我国实行零基预算的基本步骤包括：(1) 设计各种预算数据表格，收集和掌握各预算单位的信息；(2) 确定各单位的预算管理形式、人员编制；（3）确定行政、事业单位正常经费定额；（4）根据需要和可能确定专项经费；（5）确定经费预算总水平。零基预算要真正发挥出作用还需要建立相关的配套措施，如制定科学的定员定额标准、建立专项支出项目库、提高财政信息处理技术水平等。

3. 实行综合财政预算。即改变目前政府资金实行预算内和预算外两套制度和管理办法的做法，对预算外资金项目进行深入的清理，坚决取消越权设立的或不合理、不合法的基金和收费项目，同时，通过费改税将一部分具有税收性质的收费纳入税法调控范围，然后将“费改税”的收入以及按国际惯例和政府行政所需保留的规费一并纳入部门预算管理，取消预算外资金，建立统一、完整的政府预算，即综合财政预算。

（四）建立市场经济国家普遍采用的国库集中收付制度

所谓国库集中收付制度，就是将政府所有的财政资金全部集中到国库单一账户，并规定所有的财政支出必须由国库直接支付。为便于核算和详细反映各支出单位的预算执行情况，财政部门为各支出单位建立分类账册系统，反映国库单一账户中各部门的支出。在这种制度下，财政资金的使用，由各部门根据细化的预算自主决定，由财政部门核对后准予支出，财政资金将由国库单一账户直接拨付给商品或劳务供应商，而不必经过支出单位进行转账结算。为便于各部门小额零散支出的需要，财政部门可为预算单位设立当日清算的流动账户。在实际支付之前，所有的资金都集中在国库，财政部门可以统一调度。实行国库集中收付制度，有利于财政资金的统一调度，提高财政资金的使用效益，减少国债的发行，也有利于财政预算资金的监督。

第四节　政府预算管理体制

一、预算管理体制的概念与实质

预算管理体制是处理中央与地方以及地方各级政府之间财政关

系的各种制度的总称，它是财政管理体制的主导环节。

在一个由多级政府组成的政府财政体制中，首先涉及的是政府的财政职能在政府间的分工以及分工的程度和结构，这实际上是一个财政的集权与分权问题。因此，预算管理体制的实质就是处理预算资金分配和管理上的集权与分权、集中与分散的关系。根据各级政府间的职能分工情况，理论界通常把多级政府下的财政类型分为两种；一种是财政集权型，一种是财政分权型。财政集权型是指在财政职能的分工中，绝大部分的财政职能由中央政府承担，地方一级政府只承担一小部分的职能。财政分权型通常是指在确认地方政府具有相对独立的地方利益和自主行为的基础上，财政的职能在中央到地方各级政府间进行有效的分工，各级政府财政各自履行自己的职责。从财权财力的划分看，各级政府间收支划分的比例也体现了财政集权和分权的关系。从财政收入看，中央政府的财政收入占据主导地位，地方政府的自有收入占地方财政收入的比重较低，财政集权的程度就比较高。从财政支出看，中央对地方的控制程度高，财政集权的程度就高，如果中央对地方的控制程度低，则财政分权的程度就高。所以说，中央和地方政府间财政职能的分工以及分工的程度和财政收支划分的状况都体现了集权和分权的关系。财政集权和分权的关系是相对的。实践中，没有绝对的中央集权和地方分权，同为集权制的财政体制，集权的程度亦有差异。同理，同为地方分权制，分权的程度也是不同的。一个国家财政集权和分权的程度是受国家的政体、社会经济制度等多种因素决定的。从世界各国集权与分权关系的变化看，各国有所不同，但也有其共同性，即始终是以集权为轴心的，分权是围绕集权进行调整的。

从实践中看，一个国家的预算管理体制必须明确以下四个方面的内容：一是确定预算管理主体和级次；二是确定预算收支划分的原则和方法；三是划分预算管理权限；四是规定预算调节制度和方法。

二、预算收支划分的基本理论

在市场经济体制下，政府部门作为整个公共经济部门中的一个重要组成部分，承担着提供公共产品和管理社会公共事务的职能，这些职能由各级政府共同负担。为了提高管理效率，就需要在中央和地方政府之间以及各级地方政府之间进行财政职责或事权的合理划分，在此基础上来划分各级政府的财政收支及其管理权限，并通过政府间财力的纵向与横向平衡机制来使各级政府以其财力来保障其职能的实现。

（一）政府间的职能或事权划分

在多级政府体制下，由各级政府分级执行财政职能从而满足公共需要。在一般情况下，中央政府必须单独行使财政的收入分配和宏观调控职能，因为这事关国家全局利益，但就财政资源配置职能即公共产品的提供来说，一个多级政府的财政体制却是合理的。大多数的经济学家认为公共产品的提供应是一个较分权的模式，地方政府应承担起资源配置的主要职能以提高效率。提供公共产品的职能在中央政府和地方政府之间如何划分，这要依据公共产品的受益空间理论。这一理论认为，公共产品的受益具有空间层次性，即各种公共产品的受益范围在空间上有所不同，某些公共产品的受益范围可以覆盖全国，某些公共产品的受益范围仅涉及某个地区。据此，可将公共产品划分为全国性公共产品和地方性公共产品。全国性的公共产品如国防、外交、全国性的重大基础设施，等等，全国的公民或居民都可以无差别地享用它所带来的利益，因此，适合于由中央来提供。地方性公共产品，如区域性的行政管理、社会治安、环境保护、文化教育、基础设施、公益事业等，仅能由一定区域内的社会成员享用它的利益，因此，适合于由地方来提供。按受益空间或范围区分公共产品的层次性是符合受益原则和效率原则的。受益原则是受益与义务对等的经济原则，按照受益原则的要求将某些公共产品划归受益区域的地方政府提供在经济上具有合理性。效率原则是指因为受益地区最熟悉本地区情况，掌握充分的信息，更了解当地居民的偏好，能够提供满足居民需要的公共产品和劳务，达到提高资源的配置效率的目的。

当然，在公共产品中，严格按照上述界定标准属于全国性的公共产品是很少的，多数是在中央与地方以及地方各级之间交叉的。

因此，为了提高资源配置效率，还要考虑公共产品本身具有的特性，即效益递减性、规模经济的空间性和利益外溢性。效益递减性是指距离中心位置越远，效益就越小；当人口密度增加时，会出现拥挤现象，会影响原有人的产品消费质量，产生拥挤成本。比如消防设施，受益范围不宜过大，过大会鞭长莫及，也不宜过小，过小则可能由于人口密度增加而降低服务质量。规模经济的空间性是指某些公共产品受制于技术经济条件，要求有适度的经济规模才能充分发挥它的效益，规模过小就会产生浪费，增加单位服务成本。大部分公共设施都存在规模经济问题，所以，将受益范围的空间与公共设施的规模结合好，获得规模经济效益，是区分公共产品层次性的一个重要课题。利益外溢性是指有些公共产品的利益或成本常常会外溢到辖区之外，即产生"外部效应"问题。显然，存在外溢问题的是一些地方性公共产品。外溢性使得地方政府在决定公共产品的供应量时，考虑的仅是使辖区内的边际成本等于边际效益，因而会产生对有外溢利益的产品提供不足或对存在外溢成本的产品过量提供的问题，降低了资源配置效率。要解决这一问题，考虑到这些外溢性公共产品受益区域的交叉性，其责任应是受益地区共同协商确定，必要时由中央政府出面协调和部分参与。

政府间财政职能的划分为支出的划分确定了基本的框架。为此，中央政府应该主要承担那些旨在进行宏观经济调控和收入再分配的支出，包括全国性的社会稳定和调节地区之间收入不平衡的转移支付支出以及提供受益范围覆盖全社会的公共产品和服务所需要的支出，如中央政府的日常经费开支，国防、外交和国家安全支出，全国性的环境保护、江河治理、基础设施等方面的支出。而地方政府应承担提供本地区公共产品和服务所需要的支出，如地方政府的日常经费开支、地区性的安全、警察支出，地区性的环境保护、基础设施、社会公益性设施等支出以及其他地方政府用于促进社会稳定和经济发展方面的支出。

（二）政府间财政收入的划分

各级政府财政职能的实现以其一定的财力作保障。只有中央和地方政府的收入与支出对称，才能维持各自财政收支的平衡。从这个意义上说，收入划分受支出划分的制约。但是，由于各地方支出需要和收入能力是不对称的，需要靠中央转移支付来调节这种不对称，所以，划分收入需要遵循另外的标准。

在市场经济条件下，政府间财政收入的划分往往采取分税制的形式。分税制，是以划分税种和税权为主要方式来确定各级政府的收入范围及其管理权限，以税法为基础来规范中央与地方政府以及地方政府之间财政分配关系的分级财政制度。

在政府间划分税种是分税制的核心和关键环节。税种划分是否科学合理，标志着分税制的科学程度。政府间税种划分的根据主要是各级政府对各税种的征收能力及效率。具体来说：

1. 根据税基的移动性强弱进行划分。如果一个税种的税基具有较强的移动性，应划归中央，如果划归地方征收，则会出现下述弊端。地区间的税收差异会使流动性税基从高税地区流向低税地区，这实际上是通过税基迁移来实现避税，这种资源流动不是体现经济效率的要求，会引起资源配置的扭曲。要想减少乃至消除这种税基移动，地方政府间需要进行有效合作与协调，这会加大征税成本。这类税由地方政府征收还容易引起地区间的税收竞争，竞争的结果是压低了所有地区的税率，地方政府不能有效地取得足够的收入，财政支出也只能维持在一个较低的水平上。因此，税基移动性强的税种划归中央较为理想，而税基的移动性不强或不具移动性的税种，通常划归地方政府。

2. 根据税种的调节功能强弱划分。一般地，将宏观经济调控和调节收入分配功能强的税种划归中央。如世界各国一般都将所得税划归中央税，因为所得税具有较强的调节功能，中央政府可以利用它的累进性，在不干扰资源按照效率原则正常流动的前提下来实现稳定经济和调节收入差距的目的。

3. 按照税基的均衡性不同进行划分。税基在全国范围内分布不平衡的税种应划归中央税，否则，由地方政府征收会引起各地财政收入的极大差异，影响地方政府间财政能力的平衡。

4. 根据征管的效率不同划分。对于某些税种而言，由中央政府进行统一的征收和管理，能够实现规模效益，可以大大降低税收的单位成本，所以，宜划归中央集中征收。反之，税源分散、集中管理成本较高且收入易于流失的税种，宜下放给地方政府。

5. 根据税源大小或税种地位不同划分。税源广阔、普及全国或在税收体系中收入比重较大的税种应划归中央，因为中央政府只有在取得大量的财政收入，并且使其收入超过自身的直接支出的条件下，才有能力调节地区间财政能力的差异，实现宏观经济管理的目标。而税基狭窄、区域特征明显的税种应划归地方。

6. 基于受益原则而征收的税种，适于地方政府管理。根据中央和地方政府间税种划分的根据或标准可以看出，大部分重要的税种都应划归中央政府掌握。这正如大多数经济学家所认为和主张的，税收体系采取比较集权的形式，才会更具效率和公平。

（三）政府间转移支付制度

1. 转移支付的目标

政府间的转移支付也就是政府间财力的无偿性支付或补助。而这种财力无偿性转移的程序、规则和方法构成了政府间的转移支付制度。它通常是作为各级政府间责权关系和利益关系的一种协调机制而存在的。政府间转移支付有自上而下的纵向转移，也有同一级次的不同政府间的横向转移。在各国的具体实践中，最常见的流向是从高级次的政府流向低级次的政府，即从中央流向地方，从省或州流向县、市。

中央向地方政府实施转移支付，其目标或者说经济理由主要包括四个方面：

（1）弥合地方财政缺口。前述在中央和地方政府间税种或收入划分上，出于效率和公平考虑，采取了比较集权的形式，而在财政职能或支出的划分上，奉行了地方分权的原则，这就形成了中央和地方收入与支出的不对称性，即支出方偏重于地方，收入方偏重于中央，或者说，中央收大于支，地方支大于收。因此，必须通过转移支付来弥补地方财政缺口。

（2）纠正地区间外溢性问题。由地方政府所提供的公共产品或服务中，有的公共产品的成本或利益常常会外溢到辖区之外，比如兴建水利，对空气和污染的控制，对病虫害的防止等都有利益或收益外溢问题。在市场经济条件下，地方政府只代表或考虑本地区居民的利益，在从事公共活动过程中，对利益或成本外溢的地方性公共产品或服务进行成本收益比较时只计算该产品或服务在本辖区内产生的收益与成本，而对外溢到其他辖区的利益或成本不考虑在内。它按照社区的边际收益与边际成本相等条件来决定供应量，因此，易造成公共产品或服务提供不足或过量提供的问题，降低资源的配置效率。为了解决这一问题，中央政府可向地方政府提供补助。当然，中央为此提供补助并不是为受补政府提供一般性的财政补助，而是有条件的，必须用于提供特定的公共产品或服务项目。

(3) 纠正地区间财政不平等。地区间经济发展不平衡几乎是各国社会经济发展过程中所共有的现象。由于经济发展不平衡或财源分布不均衡，在实行相对统一税收体系的情况下，各地方政府的可支配财力或财政能力就会不尽一致，而各地区的财政需求也会各不相同，有些地区有可能存在不利的高费用因素（如险恶的地理位置与不利的自然条件）或较高的费用需求（如老、少、穷人口占总人口比重高等），因此会使地方政府间的财政净收益不同。财政净收益的差异会使得过多的要素流到资源丰富的地区，会造成资源配置模式的扭曲和不公平等社会经济问题。为了实现各地均能在税收努力差别不大的情况下，提供一个基本一致的公共服务水平的目标，中央政府应向公共产品需求较大而税基较小的地方政府进行补助，以缩小各地方财政状况的差异。

(4) 贯彻中央政府的宏观调控意图。中央政府通过转移支付来实现一些既定的政策目标，如实现某些地方公共服务在全国范围内的统一标准，中央政府对地方政府的项目委托等。后者是指一些大型公共开支项目或国民经济主干工程，地方政府无力承担或风险太大而缺乏投资兴趣，而从效益角度考虑，中央政府的直接投资又不经济。那么，在此情况下，就需要中央政府对项目建设所需资金给予一部分或全部的支持，从而形成特殊的转移支付。

2. 转移支付的形式

政府间的转移支付或补助有多种形式，也有多种分类方式。按照转移支付的补助金与资金用途之间的关系不同划分，可以把转移支付分为一般性补助和专项补助两种形式。一般性补助，也称一般性转移支付，它是中央政府向地方政府、上级政府向下级政府的无条件拨款，其用途或使用方向一般不作规定，也没有任何附加条件，地方政府有权自主决定拨款的使用方式。一般性补助是适合于解决地方财政收支缺口和平衡地区间财政能力的补助形式。专项补助也称专项转移支付或专项拨款，它是中央政府对地方政府、上级政府对下级政府的指定专门用途的拨款。地方政府必须按照规定的方式和用途使用这种补助，专款专用，比如说，专门用于教育、公路建设、环境保护等特殊用途。专项补助是中央对地方实施宏观调控的重要手段。

以转移支付是否附带着规定的使用条件为标准，可以将转移支付分为对称补助和非对称补助两种形式。在具体运用中，非对称性补助同一般性补助的意义又是比较接近的，甚至常常被视为同义语。对称补助，又可称为配套补助，是指在中央政府对地方政府实施转移支付时，规定地方政府必须拿出相应的配套资金或自有资金，配套资金既可以是某一固定数额的资金，也可以是相当于补助金的一定比例的资金。补助资金可能会限定资金的大致投向或具体使用范围，也可能不予严格地限定。配套补助的数额或比例由中央政府依照具体情况的不同而确定。配套补助是解决地区间外溢性问题最合适的补助形式。对地方政府利益外溢项目的支出予以一定比例补助的形式能够降低地方的单位成本，对该项目的扩张产生一个直接有效的刺激作用。同时，为了使外溢利益得以完全地内部化，配套的条件与利益外溢的程度要相联系。配套补助还可用于中央政府实现一些既定的政策目标。使用配套补助，使地方政府承担一部分项目的成本以提高其管理的责任心。

3. 转移支付数额的确定

确定转移支付数额是转移支付制度的核心。通常情况下，转移支付数额是以地方收不抵支的差额为依据确定的。在实行分税制的条件下，地方财政收入是通过税种划分固定下来的，是比较确定的因素，所以，确定转移支付额的关键主要在支出需要量的确定方面。

从世界各国的情况来看，地方财政支出的确定主要有两种方法：即基数法和因素法。基数法是以基期的实际支出数为基础，结合计划期经济和社会发展的各种需要来测定计划期财政支出数额及转移支付数额的方法。这种方法是我国在确定财政支出时长期采用的方法。基数法的优点是操作简便易行。缺点是保留了地方支出中的不合理因素，易形成地方财政支出的刚性增长机制，不利于提高资金使用效率。因素法是目前世界各主要的市场经济国家普遍采用的一种测算转移支付数额的方法，它是以计划期影响地方政府财政能力和财政支出的各种因素为依据来测算地方政府计划期内财政支出需要量与财政能力之间的差异、进而测算转移支付数额的方法。使用因素法，一是要测算地方政府的财政能力，二是测算地方政府支出需要量。对财政能力的测算主要考虑以下因素：地方税的税基、地方税的标准税率和地方政府征税的效率。其中，地方税的税基反映了纳税人的纳税能力，标准税率往往用地方税的平均税率来代表，地方政府征税的效率是反映地方政府征税能力的指标，它是以税基和标准税率确定的情况下，地方政府可能征税入库的税款为依据确定的。它一般取决于两个因素，一是地方税制的完善程度，二是地方政府征税的努力程度。对支出需要量的测算是较为复杂的，现实生活中影响财政支出的因素太多，世界各国选择的具体指标也不相同，但一般都考虑以下几个因素：社会经济发展状况，区域面积，社会总人口，财政供养人口，计划期区域内公共产品的需要量预期，社会公共产品的成本变动预期，物价水平预期，国家的宏观经济政策，等等。

三、我国现行预算管理体制

（一）我国预算管理体制的演变

我国预算管理体制的演变和发展过程自 1949 年建国以来大致经历了三个阶段，从建国初期的统收统支体制到逐步实行统一领导、分级管理的体制，又到分级财政管理体制。在财政集权和分权的关系上，是由财政集权到逐步分权的过程。预算体制的变动是与其当时的政治、经济形势紧密联系的。

中华人民共和国成立初期，于1950年实行了高度集中的统收统支体制。其基本特征：一是财政管理权限集中在中央，一切收支项目、收支办法和开支标准，都由中央统一制定；二是财力集中在中央，地方组织的收入统一上交中央，地方的支出统一由中央拨付，地方的收入与支出基本不发生联系。在这样一种统收统支体制下，没有严格意义上的政府间的转移支付，因为地方财政并非是一级独立的财政，它只是中央在地方上的一个派出机构，负责组织收入。这种高度集中的体制在我国历史上也只是在建国初期的很短一段时间内存在过，以后就被统一领导、分级管理的体制所取代。统一领导、分级管理的财政体制，虽然在方法上屡经调整，并且各种具体形式之间总存在着或大或小的差异，但体制类型从总体上说保持不变，是属于一种统收统支型的集权型体制。地方财政的收支支配权和管理权相对较小，并不构成一级独立的财政主体。自我国实行经济体制改革到1994年实行分税制财政体制之前所实施的财政体制，其共同特点是在划分收支的基础上分级包干、自求平衡，所以通称为“分级包干制”。它打破了过去“统得过多、管得过死”的局面，扩大了地方财政的自主权，地方财政初步成为相对独立的一级财政主体。但是，分级包干体制毕竟是特定历史条件下的产物。它与完备规范的分级财政体制相比还有相当大的差距，其实施过程中导致了许多新问题的出现，为了克服这些弊端和适应经济体制进一步改革的要求，我国从1992年起在部分省（区）市实行了分税制财政体制改革的试点，经过两年的试点，取得了经验，1994年起在全国实施分税制财政体制。

我国1994年的分税制改革是本着按照建立社会主义市场经济体制的基本要求，借鉴国外分税制财政体制的成功经验，结合我国的具体国情这样的宗旨来进行的，其目标是建立起一种符合中国实际的分级财政体制。

（二）我国分税制改革的基本内容

1. 中央与地方事权和支出的划分

根据现在中央政府与地方政府事权的划分，中央财政主要承担国家安全、外交和中央国家机关运转所需经费，调整国民经济结构、协调地区发展、实施宏观调控所必需的支出以及由中央直接管理的事业发展支出。地方财政主要承担本地区政权机关运转所需支出以及本地区经济、事业发展所需支出。

2. 中央与地方收入的划分

根据事权与财权相结合的原则，按税种划分中央与地方收入。将维护国家权益、实施宏观调控所必需的税种划为中央税；将同经济发展直接相关的主要税种划为中央与地方共享税；将适合地方征管的税种划为地方税，充实地方税税种，增加地方税收入。具体划分如下：

中央固定收入包括：关税，海关代征消费税和增值税，消费税，中央企业所得税，地方银行和外资银行及非银行金融企业所得税，铁道部门、各银行总行、各保险总公司等集中交纳的收入（包括营业税、所得税、利润和城市维护建设税），中央企业上交利润等。外贸企业出口退税，除 1993 年地方已经负担的 20% 部分列入地方上交中央基数外，以后发生的出口退税全部由中央财政负担。

地方固定收入包括：营业税（不含各银行总行、铁道部门、各保险公司集中交纳的营业税）、地方企业所得税（不含上述地方银行和外资银行及非银行金融企业所得税）、地方企业上交利润、个人所得税、城镇土地使用税、固定资产投资方向调节税、城市维护建设税（不含各银行总行、铁道部门、各保险总公司集中交纳的部分）、房产税、车船使用税、印花税、屠宰税、农牧业税、农业特产税、耕地占用税、契税、遗产和赠与税、土地增值税、国有土地有偿使用收入等。

中央与地方共享收入包括：增值税、资源税、证券交易税。增值税中央分享 75%，地方分享 25%。资源税按不同的资源品种划分，大部分资源税作为地方收入，海洋、石油资源税作为中央收入。证券交易税地方分享 20%。

从 2002 年 1 月 1 日起，我国分税制进行了重要调整，打破了原来企业所得税按隶属关系和个人所得税按照税目划分中央和地方收入的办法。除了铁道部门、国家邮政、中国工商银行、中国农业银行、中国银行、中国建设银行、国家开发银行、中国农业发展银行、中国进出口银行以及海洋石油天然气企业缴纳的所得税继续作为中央收入外，其他企业所得税和个人所得税由中央与地方按比例分享。

2002年所得税收入中央分享50%，地方分享50%；2003年所得税收入中央分享60%，地方分享40%；2003年以后年份的分享比例根据实际情况再行考虑。同时，以2001年为基期，按改革方案确定的分享范围和比例计算，地方分享的所得税收入，如果小于地方实际所得税收入，差额部分由中央作为基数返还地方；如果大于地方实际所得税收入，差额部分由地方作为基数上解中央。对于跨地区经营、集中缴库的中央所得税等收入，按相关因素在有关地区之间进行分配。

中央因改革所得税收入分享办法增加的收入将全部用于对地方主要是中西部地区的一般性转移支付。改革将循序渐进，分享比例分年逐步到位。此外，所得税分享范围和比例全国统一，以保持财政体制规范和便于税收征管。

3. 中央财政对地方税收返还数额的确定

为了保持地方既得利益格局，逐步达到改革的目标，中央财政对地方税收返还数额以1993年为基期年核定。按照1993年地方实际收入以及税制改革和中央地方收入划分情况，核定1993年中央从地方净上划的收入数额（消费税+75%的增值税-中央下划收入）。1993年中央净上划收入全额返还地方，保证现有地方既得财力，并以此作为以后中央对地方税收返还基数。1994年以后，税收返还额在1993年基数上逐年递增。递增率按全国增值税和消费税的平均增长率的1:0.3系数确定，即上述两税全国平均增长率每增长1%，中央财政对地方的税收返还则增长0.3%。如果1994年以后上划中央收入达不到1993年的基数，则相应扣减税收返还数额。

为了顺利推行分税制改革，1994年实行分税制以后，原体制的分配格局暂时不变，过渡一段时间再逐步规范化。原体制中央对地方的补助继续按规定补助；原体制地方上解仍按不同体制类型执行；实行递增上解的地区，按原规定继续递增上解；实行定额上解的地区，按原确定的上解额继续定额上解；实行总额分成地区和原分税制试点地区，暂按递增上解办，即按1993年实际上解数，并核定一个递增率，每年递增上解。

原来中央拨给地方的各项专款，该下拨的继续下拨。地方1993年承担的20%部分出口退税以及其他年度结算的上解和补助项目相抵后，确定一个数额作为一般上解或一般补助处理，以后年度按此定额结算。

（三）我国现行财政转移支付制度

1994年分税制改革实现了对中央与地方财力分配格局的调整，不仅有利于缓解中央财政的困难状况，也为建立规范合理的转移支付制度提供了客观保证。历史经验表明，转移支付制度是政府预算管理体制的重要组成部分，是规范政府间财政分配关系的一个重要方面。尤其是在我国这样一个地域广阔、人口众多、各地社会经济和自然资源差异很大的国家，建立科学规范的转移支付制度具有重要的意义，它可以调节和平衡地区之间的差距，促进整个国民经济的持续发展和社会稳定。

1. 我国现行财政转移支付的形式

在我国实行的分税预算管理体制下，中央政府向地方政府的转移支付形式主要有四种：

（1）一般补助，也叫体制补助或定额补助。这类补助是对依靠自有收入和分享税收分成收入仍不能满足支出需要的地区提供的转移支付。补助额的确定是在核定收支基数的基础上，对于支出大于收入的差额，由中央确定一个数额予以拨付补助。1994年体制补助为114.1亿元，占当年全年转移支付的4.8%，全国享受定额补助的有17个省区。

（2）专项补助，也叫专项拨款。这是一种具有特定用途的补助，是由中央政府根据实际情况按项目确定的。现在专项拨款主要包括四部分：一是原中央负担后下放给地方管理的各种人头经费，如军队转业干部经费等；二是由中央财政负担的各项救灾支出；三是各种专项贷款贴息支出；四是其他近百项专款，从基建支出、支农支出、公检法支出到其他支出。专项补助近年来大致为400亿元。

(3) 结算补助，是指在一个财政年度终了时中央政府给予地方政府的补助，主要是在该财政年度中，由于企事业单位隶属关系变化以及在预算执行过程中因新出台政策措施的影响需要在年终时给予地方政府的补助。1995 年的结算补助为 126 亿元。

(4) 税收返还。这是 1994 年分税制改革后出现的一个新的转移支付类型。1994 年实行的分税制改革，中央财政按照 1993 年地方实际收入以及税制改革后中央地方收入划分情况，核定 1993 年中央从地方净上划的收入数额，并以此作为中央对地方税收返还基数全部返还给了地方政府。并进一步规定，以后年度以上年为基数，再按增值税和消费税增长率的 1∶0.3 的系数计算对各地的返还增长额。1994 年税收返还是四种转移支付形式中数量最大的一项，占全部转移支付的 75.3%。

上述我国现行四种转移支付形式中，属于无条件拨款的是税收返还、体制补助和结算补助。专项补助则属于有条件拨款。

2. 过渡时期转移支付办法

与分税制的财政体制改革相适应，这几年我国一直致力于推进规范化转移支付制度的建设。1995 年开始实行的《过渡期转移支付办法》就是对以往我国财政转移支付制度的一个重大突破，主要体现在以“因素法”替代了“基数法”，通过测算标准收入、标准支出、收入努力程度、成本差异系数等因素，决定对各地的转移支付额，在方法和内在机制上借鉴了市场经济国家的成功经验，比较科学合理，代表了今后我国转移支付制度建设的大方向。

当然，过渡期的转移支付办法仍处于改革的探索阶段，规范化程度是有限的。它仍维持了 1994 年分税制改革中的税收返还，只是从中央收入的增量中拿出一部分用于转移支付，第一年只有 20 亿元，只占财政收入的 0.5%，重点是缓解地方财政运行中的突出矛盾。而且由于继续维持既得利益，在制度设计上不可能全面放弃“基数法”转入按影响因素计算的“标准收支法”，同时也存在统计数据不完整和计算方法不完善的问题，这些都有待于继续完善和调整。另外，《过渡期转移支付办法》明确了中央对地方的转移支付关系，但是在我国这样的大国，公共服务水平的差距不仅表现在省与省之间，而且也表现在省内不同地区之间。因此，就必须建立以均等化为基本目标的省对下的转移支付制度，以实现建立全国统一的转移支付体系的目标。

四、分税制预算管理体制的改革与完善

我国1994年进行的分税制改革，初步确定了市场经济体制下中央与地方财政分配关系的基本框架。从其实际的运行情况来看，基本正常，并取得了一定的成效。主要表现在：中央政府在财力分配中的主导地位已初步确立，宏观调控能力有所加强；在明确划分中央和地方财力范围的同时，相应地建立了中央和地方两套税务征管机构，分设了中央和地方两级金库，实施了中央和地方分别编制本级预算，为分级财政体制的建立和完善创造了条件；各级政府间的财政分配关系逐渐步入了规范化的轨道。但是，我国现行的分税制作为一种体制转换时期的过渡性体制还存在着诸多的不规范之处，对照政府间财政关系的基本理论和其他国家的成功经验，还存在着较大的差距，需要深化改革和完善。

（一）在政府职能转变的基础上，进一步明晰各级政府的事权范围和支出职责

政府间事权范围和支出责任的明晰是政府间财力分配即税种划分、财权界定的依据和前提。现行分税制，对政府职能并未重新界定，财政职能范围转换不明确，中央和地方政府的事权划分还是按照原有的模式，界限不清，划分过粗，存在着交叉重叠的纠葛，因此，必须进一步明晰各级政府的事权范围。在现阶段，要做到这一点，首先，要认清和明确市场经济体制下的政府应承担哪些职责。凡是市场能够有效解决的事务，政府不予插手，政府的职能应仅限于市场机制不能有效解决的问题上，主要承担宏观经济稳定、收入再分配以及对于私人部门无法高效率供应的公共产品的提供方面，在此基础上划分各级政府间的事权范围。前述政府间财政关系的理论为我们提供了如何划分的基本原则，这些原则在我国是同样适用的，如公共产品的提供以公共产品的层次性为基本依据。当然有些

事权的划分是较为明确的，如国防纯属于中央事权，但大部分事权则是交叉的，这要根据公共产品的特性，以效率原则为依据划分，在对事权划分清楚的基础上，对支出职责要细化。特别是在中央与地方间有交叉的支出、跨地区支出、具有外溢性支出，力求边界清晰，避免混淆不清、相互干扰。各级政府的事权和支出职责划分清楚后，应以法律形式加以规定，以达到政府职能划分规范化和法制化的要求。

（二）进一步规范中央和地方的收入划分

根据税收在政府间划分的原则和标准，对照我国目前的分税情况，可以发现某些收入划分不够合理和规范。如我国目前对企业所得税仍是按照行政隶属关系在各级政府之间划分，违反了规范的分税制按税种划分收入的要求。这种划分不符合市场经济的发展方向，不利于政企分开，而且随着企业重组，合资、联营以及股份制等跨所有制组织形式迅速发展，这种划分已越来越不适应新形势的要求。在国外企业所得税一般是属于共享税，税基共享，分率课征，而且，地方税率较低。因此，我国应将企业所得税划为共享税，实行分率分成或比例分成。还如个人所得税和固定资产投资方向调节税，都属调节功能强的税种，划归中央税是分税制的通则，但我国目前将这两个税划归了地方。当然就个人所得税而言，由于现阶段我国个人所得税所占比重还较低，其调节收入分配和稳定经济的作用还不大，且税源分散、零星，征管难度较大，出于划归地方税有利于提高征管效率的考虑来划归地方有一定的合理性和现实性，但从发展的角度以及市场经济国家的通行做法看，在今后的改革中也应考虑把它作为中央税处理。现行分税制下地方税体系得以建立，但是还很不健全，反映为收入水平不高，自给率偏低。从运行实践来看，营业税是地方的主体税种，但随着我国主体税种增值税的深化改革，扩大征收范围是必然趋势，营业税征收范围会随之缩小，因此，如何加强地方税体系中骨干税种的建设是分税制进一步完善中着重注意的问题。除营业税外，财产税、资源税应逐步成为地方税的主体税种，同时，应允许地方根据自己的状况开征一些辅助税种。随着增值税税制的改革或调整，政府间的收入划分也应随之调整，以逐步把地方税规模扩大到国家税收总额的30%左右。

（三）进一步完善财政转移支付制度

我国现行分税制同时并存存量调节和增量调节两条转移支付系统。其中，存量调节是主要的，存量调节就是为维护既得利益而设置的双向转移支付，自上而下的有税收返还、体制补助、结算补助等多种形式，自下而上的即地方上解，因为是以基数法为确定依据的，缺乏科学合理性，有悖公平。我国中央对地方的转移支付除上述一般性补助外，还有专项补助，专项补助目前也存在着项目过多过细、管理分散和分配没有标准可循、随意性大的问题。一般性补助主要体现公平，专项补助则会提高效率。对于一般性补助，我国应逐步减少以至于消除基数法的确定方法，而代之以因素法，通过计算各地标准收入额和标准支出额来确定补助数额。对专项补助则要进行清理，提高其科学合理性，加强管理，使之制度化、程序化和相对公开化。在转移支付模式的选择上，根据国际上的经验，可供选择的模式有两种：一种是单一的纵向转移支付；二是纵向转移和横向转移的混合模式。我国一向是采取纵向转移模式，单一纵向转移既可以均衡公平服务水平，也可以体现中央的政策意图，但它是以中央收入居主导地位为前提。从发展的角度看，我国可以借鉴或运用横向转移模式。横向转移就是由富裕地区直接向贫困地区转移支付，其主要目标是实现地区间公共服务水平的均衡，当然，因为我国没有横向转移的实践经验，要借鉴这一模式一定要从国情出发，调查研究，统筹规划。从当前来看，我们仍要立足于纵向转移支付的完善。

第十章　财政平衡与财政政策

第一节　财 政 平 衡

一、财政平衡的概念

财政平衡是财政收支之间的对比关系。财政收支对比，不外乎有三种情况：一是收大于支，有结余；二是支大于收，有赤字；三是收支相等。在编制年度预算（计划）时，上述三种情况都可能出现。但是，在预算的实际执行过程中以及年终的决算中，收支绝对相等的情况是罕见的。在预算的执行和决算中，可能出现的只有两种情况，或者是结余，或者是赤字。在出现结余的情况下，有个结余数量大小的区别。结余过多，在国家物资储备已有保证的情况下，意味着现有的物资没有得到充分的利用，形成积压和浪费，这对国民经济的发展是不利的。事实上，当今世界各国经常有预算结余的国家为数很少，倒是赤字经常出现。赤字过大，超过了一定限度，会带来财政风险，严重时会影响国民经济的稳定发展。既然结余过多和赤字过大都不好，因此，所谓财政平衡，在实际生活中应是指包含略有赤字在内的财政收支的基本平衡或大体平衡。

在研究财政平衡时，应特别注意财政平衡的真实性问题，要区别真实平衡与虚假平衡、公开赤字与隐蔽赤字问题。所谓虚假平衡，是指财政收支从账面上看是平衡的甚至有结余，但是，实际上有隐性赤字和隐性债务的存在，因而实际上是不平衡的。当前，其主要表现形式是“财政性挂账”，如应补未补的企业亏损补贴、粮食亏损补贴、拖欠企业出口退税款、欠发公教人员工资等。隐性赤字和虚假平衡具有很大的危害性，因为这会使人们产生错觉，即在实际上已存在赤字的情况下，还认为财政状况良好，从而导致决策上的失误，给国民经济带来不应有的损失。

在财政收支平衡的概念中，还有一个财政平衡的计算口径问题，亦即赤字和结余的口径问题。计算财政的赤字或结余，通常有以下两种不同的计算口径：

赤字或结余＝（经常收入＋债务收入）－（经常支出＋债务支出）

赤字或结余＝经常收入－经常支出

这两种口径的主要区别在于：债务收入是否计入经常收入之中以及债务支出是否计入经常支出。按第一种口径，债务收入计入经常收入，相应地债务还本付息也计入经常支出；按第二种口径，债务收入不列入经常收入，相应地债务的还本也不列入经常支出，但利息的支付却列入经常支出。

在当今世界，各国对债务收入的处理方法是各不相同的。前苏联历来把公债收入列为经常财政收入，而不是作为弥补赤字的来源。美国则一向不把公债收入作为经常收入，而是明确作为弥补财政赤字的来源。日本把公债分为建设公债和赤字公债两部分，仅将赤字公债作为弥补赤字的来源。1994 年以前，我国对公债收入有过两种处理方法，1950 年发行的人民胜利折实公债和 1981 年发行的国库券，明确是为了弥补财政赤字的；其他年度发行的公债和国库券则都列入了当年的财政收入。国际货币基金组织是把国内外债务收入同弥补赤字联系在一起的，以发行政府债券作为弥补财政赤字的手段。考虑到债务收入是要偿还的，这在性质上不同于税收等经常收入，我国从 1994 年度起采用国际货币基金组织的规定，债务收入不再列为经常收入，相应地债务的还本支出也不列为经常支出。

二、财政赤字的经济影响

财政赤字是当今世界各国经济中的一种普遍现象。我国在改革开放前，财政工作中一直坚持“收支平衡，略有结余”的方针，但在不少年份也出现赤字。按当时的统计口径，1950～1978年的29年中10年有赤字。而从1979年到现在，除1985年外，按现行口径计算，每年都有赤字，2002年赤字为3 149.5亿元，占当年GDP的比重为3.01%。

财政赤字对经济会产生什么影响？这需要作具体分析。

财政赤字对经济发展的影响，在很大程度上取决于财政赤字如何弥补。我国弥补财政赤字，基本上有以下三种方式：

（一）动用财政历年结余

能否动用财政结余弥补赤字，曾有过争论。按理说，只要财政结余是真实的，就应该是可以动用的。在我国银行代理财政金库的条件下，任何时候，财政收入在未支用之前，都是存在银行作为信贷资金来源被贷放出去，如果说财政结余不能动用，就等于说不能动用财政收入，只能收不能支，这显然是说不通的。当然，在动用财政结余时，应该考虑对信贷资金的影响，因为财政结余已构成银行信贷资金的一项来源，财政动用结余，就意味着信贷资金来源的减少，如果没有新的补充的资金来源或者信贷规模不能作相应的压缩，就有可能导致信用膨胀和通货膨胀。这说明，财政结余能否动用的问题，实质上是个财政信贷综合平衡问题。目前，我国的现实是，由于财政连年赤字，已无财政结余可供动用。

（二）发行政府债券

通过发行政府债券即借债的办法来弥补财政赤字，这是世界各国通行的做法，因而被认为是弥补赤字的可靠方法。因为发行政府债券，一般只是引起货币资金的再分配，即购买力的转移，企业和居民的一部分购买力通过购买债券转移到政府手中，从全社会看，不会增加货币供应量。但是，这也要作具体分析：

一种情况是，政府发行债券被居民、企业和商业银行认购。这通常会表现为减少银行信贷资金来源，如果银行有相应数量的存差时，将不会产生什么问题。若信贷资金没有存差或存差数量不足，一种办法是相应地压缩其他非政府贷款规模，这不会对货币流通产生影响，但有可能产生“排挤效应”，影响居民和企业的投资与消费需求；另一种办法是，允许商业银行拿政府债券到中央银行贴现，这会扩大货币供应量。

另一种情况是，如果中央银行购买政府债券而不相应地压缩贷款规模，则如同财政向银行透支，会直接扩大货币供应量。

（三）向银行透支和借款

财政向银行透支和借款，实质上是一回事。这种办法通常是在动用财政结余、发行政府债券还不能弥补赤字时而被迫采取的措施。由于中央银行代理国库，财政的一收一支都是通过银行账户进行的，财政出现赤字就意味着财政的收不敷支，那么，不足的货币从何而来，其中一种办法就是向银行透支和借款，这会增加银行对基础货币的供应，其结果通常会引起信用膨胀和通货膨胀。当然，这也不尽然。这是因为，随着经济的增长，货币的需求和供给都会有相应地增长，即基础货币量会有一定的增量，其中一部分可以用于财政的透支和借款。另外，如果中央银行的信贷资金比较充裕，或者在财政借款后对商业银行的贷款规模有压缩的余地，则中央银行能够控制贷款总规模，也可以避免出现信用膨胀和通货膨胀。不过，从理论上说虽然存在这种可能性，但在实际生活中，特别是财政赤字过大时，要做到这一点，则是困难的。因此，1995 年通过的《中央银行法》规定，中央银行不得向财政提供借款和透支，亦不得直接购买政府债券。

三、财政平衡与社会供求总量平衡的关系

财政平衡即国家预算收支平衡与社会供求总量之间的平衡关系，可用如下公式表示。

在国民经济核算中总量平衡有如下恒等式：

$$C + S + T + M \equiv C + I + G + X \tag{10.1}$$

恒等式的左边代表总供给的收入流量，由消费 C、储蓄 S、税收 T 和进口 M 组成。右边代表总需求的支出流量，由消费 C、投资 I、政府支出 G 和出口额 X 构成。

根据恒等式（10.1），可以列出国家预算收支的平衡状态同非政府部门收支平衡状态之间的恒等式：

$$G - T \equiv (S - I) + (M - X) \tag{10.2}$$

等式（10.2）的左边表示预算收支平衡状况，当 $G>T$ 时，国家预算出现赤字；当 $G<T$ 时，则为预算结余；当 $G=T$ 时，预算收支平衡。等式的右端由两个部分组成，这两部分实际上是两个不同的账户，S 和 I 是储蓄、投资账户，M 和 X 是对外贸易经常账户。当 $S>I$，非政府部门的储蓄大于投资，有结余资金；反之，$S<I$，则非政府部门的储蓄、投资账户出现赤字。当 $M<X$，贸易经常账户有盈余；反之，$M>X$，则贸易经常账户出现赤字。

为了更清晰地理解恒等式（10.2）的经济含义，我们先从一个封闭经济来分析，即 $(M-X)=0$，有：

$$G-T\equiv S-I \tag{10.3}$$

根据恒等式（10.3）的要求，为了实现供求总量的平衡，当 $S>I$，即非政府部门的储蓄大于投资，出现结余时，国家预算应实行 $G>T$ 的赤字政策进行调节；当 $S<I$，即非政府部门的储蓄小于投资，出现赤字时，国家预算应实行 $G<T$ 的结余政策进行调节，只有当 $S=I$，即非政府部门的储蓄等于投资时，国家预算才应实行 $G=T$ 的收支平衡的中性政策进行调节。在一个开放经济中，国际资源与国内资源可以相互补充，在这种情况下，恒等式（10.2）的右端，即储蓄、投资账户和对外贸易经常账户之间会有多种组合，不过组合的最终结果不外乎三种情况：结余、赤字、平衡。与之相对应，政府预算应实行的政策是：赤字、结余、平衡。

由此可见，财政平衡是社会供求总量平衡的一个组成部分，是政府进行宏观调控的重要手段，而不是目的。政府在对社会供求总量的调节中财政收支究竟采取赤字、结余或平衡中的哪一种，取决于该时期社会总需求与社会总供给之间的平衡状态。

第二节　财政政策

一、财政政策的含义和内容

财政政策是指一国政府为实现一定的宏观经济目标而调整财政收支规模和实现财政收支平衡的指导原则及其相应的措施。财政政策贯穿于财政工作的全过程，体现在收入、支出、预算平衡和国家债务等各个方面，因此，财政政策就是由税收政策、支出政策、预算平衡政策、国债政策等构成的一个完整的政策体系，它是政府宏观经济政策的重要组成部分，是政府进行宏观经济管理和调控的重要手段。财政政策作为政府管理和调控的重要政策工具，它有着极其丰富的内容，如果从财政政策的构成要素来看，财政政策的基本内容包括政策目标、政策工具以及政策的传导机制。

（一）政策目标

财政政策目标，就是财政政策所要实现的期望值，即政府运用财政政策工具通过财政政策的传导机制发挥作用之后所要达到的调控和管理目的。财政政策目标的确定受一个国家当时的社会、政治、经济、文化等环境与条件的影响和制约，根据我国社会经济发展的需要和财政运行的基本特点，一般认为在今后一个较长时期内，我国财政政策的目标可以归结为以下几个方面：

1. 经济适度增长。经济增长通常是指一个国家的经济发展速度和水平的提高。衡量经济增长的主要指标是国民生产总值和国民收入。追求经济增长速度目标，对一个落后或比较落后的发展中国家来说，是一个必须十分重视的问题，只有保持较快的经济增长，才能不断提高国家的综合实力，改善人民群众的物质文化生活水平。

经济适度增长，适度的含义就是量力而行。其一，要视财力可能（即储蓄水平）制定增长率。储蓄水平主要由收入水平和储蓄倾向两个因素决定。在一个低收入国家，储蓄的能力极其有限，单纯依靠国内储蓄很难实现增长目标，这时引进外资就成为发展的一个重要推动力。其二，要视物力可能。物力是各种物资资源的总称，包括能源、钢材、木材、水泥、交通运输等方面的内容。物力可能实际是指能支撑经济增长的物质承受能力。作为一个低收入国家，我国经济发展既是生产能力不断提高的过程，也是产业结构不断优化，即现代产业部门不断增长扩大、传统产业部门比重逐渐下降的过程。因此，只有优先发展一些主导产业部门，才能迅速提高社会生产率，摆脱经济低水平循环，但是，这种优先发展战略的实施必须充分考虑到物力的可能，考虑到短线经济资源对经济发展的制约，才能保持经济健康增长。

因此，财政政策在推动经济增长的过程中主要作用是：一方面处理好储蓄与消费的关系，既要保持适度的储蓄率，促进储蓄转化为投资，同时要保持适度的消费，促进新的消费点的形成，保持消费需求对市场的拉动作用；另一方面是充分发挥财政政策在经济结构调整中的积极作用，尽量克服我国经济发展中存在的短线因素和“瓶颈”制约。只有这样，经济的增长才能既是积极的，又是稳定、协调而有效的。

2. 价格相对稳定。价格相对稳定是指价格总水平保持稳定，即把价格总水平的波动约束在经济稳定发展所能允许的范围内，一般用价格指数来加以衡量。从国际上通常的情况来看，一般认为价格总水平（价格指数）波动的幅度在4%～5%之间是正常范围，如果出现价格总水平持续不断上升的现象，就是通货膨胀；反之，出现价格总水平持续不断下降的现象即为通货紧缩。通货膨胀与通货紧缩都说明价格不稳定，不利于经济的稳定发展。

严重的通货膨胀会引起社会收入和国民财富的再分配，使工薪阶层和债权人深受其害，会使价格上升快的行业趋于扩张，上升慢的行业趋于收缩，扰乱价格体系，扭曲资源配置，使整个分配秩序和经济秩序出现混乱。由于在现实经济中，通货膨胀发生的可能性及其带来的危害更大些，是各国经济发展中的主要障碍，因此，各国一般都把避免和抑制通货膨胀列为财政政策追求的重要目标。严重的通货紧缩同样会给社会和经济带来负面的影响，通货紧缩会使资源无法充分、有效地得到利用，造成生产能力和资源的大量闲置、浪费，失业人数增加，社会需求不旺，生产出来的商品销售不出去，人民生活水平下降。因此，虽然各国的财政政策一般把避免或抑制通货膨胀作为主要追求目标，但在经济停滞或低谷时期，运用各种财政手段防范通货紧缩也是财政政策理应追求的目标。还需注意的是，价格相对稳定并不是说冻结价格，自“凯恩斯革命”以后，一些经济学家认为一定程度的通货膨胀可以刺激经济，加快经济发展速度，并在一些国家的实践中取得了成功，加之在实际经济发展过程中，不可能完全消除通货膨胀，因此，目前大多数国家在稳定价格方面都是控制在一般的轻微通货膨胀即可。

3. 资源合理配置。资源合理配置是指对现有的人力、物力、财力等社会资源合理地进行分配，使其发挥最有效的作用，获得最大的经济和社会效益。在市场经济条件下，资源的配置主要是通过市场调节来进行的，通过价值规律、供求关系以及竞争机制的作用，把有限的资源配置到能够提供最高回报的地方去。但是，市场机制也不是万能的，而是存在着市场失灵，由于许多行业和商品的生产存在着自然垄断的特点，从整个社会的角度看，还需要提供外溢性很强、不可能完全通过市场来提供的公共产品，因此，政府有必要从全社会的整体利益出发，在市场自发作用的基础上对社会资源的配置进行合理的调节。

财政作为政府对资源配置进行调节的重要工具，一是通过财政收入和支出的分配数量和方向直接影响各产业的发展，如对需要鼓励的发展的产业或事业加大财政投入的力度，或者实行财政补贴，通过财政资金的示范和鼓励引导社会资金的流入；二是通过制定合理的财政税收政策，引导资源在地区之间、行业之间的合理流动，如通过实行低税政策或加速折旧、投资抵免等税收优惠政策，以吸引社会资源流入国家鼓励发展的产业。

应当指出的是，财政调节资源合理配置是为了弥补市场存在的失灵，而不能代替市场机制在资源配置方面的基础作用，更不能干扰正常的市场规则和市场运行，对市场效率造成伤害。

4. 收入公平分配。收入公平分配是指社会成员的收入分配公正、合理，公平分配并不是平均分配，它是在一定社会道义规范下既有差距又注意均衡协调的分配。

我国当前处理分配问题的原则是兼顾效率与公平，既反对平均主义，允许和鼓励一部分人或地区通过诚实劳动和合法经营先富起来，允许和鼓励资本、技术等生产要素参与收益分配，又要通过财政税收等手段调节过高收入，整顿不合理收入，取缔非法收入，防止两极分化，逐步实现共同富裕。财政在实现公平分配目标方面主要应做到：其一，要合理适度地确定纳税人的税收负担，既要考虑财政支出的需要，又要考虑纳税人的负担能力和自我积累、自我发展的需要；其二，为所有纳税人创造一个公平竞争的税收环境，不因国别、所有制等的不同而实施不同的税收政策和负担水平；其三，通过对高收入人群实行累进税率的个人所得税、财产税、遗产税等，对低收入阶层实行最低生活保障、社会保障与救济等财政转移支付，防止和纠正收入水平的过分悬殊。

（二）政策工具

财政政策工具是政府实施财政政策时所选择的用以达到政策目标的各种财政手段，主要包括财政收入（主要是税收）、财政支出（包括购买性支出和转移性支出）、公债和财政预算。

1. 税收。税收是国家凭借政治权力参与社会产品分配的重要形式，是政府组织财政收入的基本手段，具有强制性、无偿性和固定性的特征，这些特征使得税收具有权威性。税收作为财政政策的重要手段，它的作用主要体现在以下几个方面：

（1）优化资源配置。税收是政府取得财政收入最主要的形式，实际上就是将一部分社会资源通过税收的形式转移到政府部门，由政府按照整个社会的利益重新进行配置，以弥补市场机制的缺陷，达到优化资源配置的目标。一个国家税收比率（税收收入占 GDP 的比重）的高低，反映了该国政府集中掌握的财力或资源的多寡，表明了政府介入资源配置的程度。另外，税收可以通过调整税率和增减税种来调节产业结构，如通过降低税率和减免税来鼓励和支持某些产业的发展；反之，通过提高税率和加征的办法来限制某些产业的发展，使得资源在各产业的配置符合政府的意图。

（2）调节总供求之间的关系。税收调节总供求一方面表现在政府可以以消费需求和投资需求为对象设立税种并调整税率，从而实现对社会总需求的调控。从调节供给看，提高税率，可以限制生产的扩大和产品的供给；降低税率，则会增大生产的规模和产品的供给。税收调节总供求还表现在税收制度特别是累进税制具有“自动稳定器”的作用，在经济繁荣时，国民收入增加，以国民收入为源泉的税收也会随之自动增加，相应减少个人可支配收入，在一定程度上减轻需求过旺的压力；相反，在经济萧条时，税收收入会自动减少，相应增加个人可支配收入，在一定程度上缓解有效需求不足的矛盾，有利于经济复苏。

(3) 调节个人收入和财富的分配，实现公平分配。税收调节收入分配主要是通过累进的个人所得税、财产税、遗产和赠与税来实现，这些税种对高收入者和富有者征税，而对低于起征点的低收入者和不富裕者免税，这有利于缓解收入分配中差距过大的问题，防止贫富过分悬殊。

2. 财政支出。财政支出无一例外地表现为资金从政府手中流出，也就是政府安排使用通过财政收入掌握在手中的资源的过程。财政支出可以有多种分类，如果按财政支出的经济性质来进行分类，以财政支出是否与商品和服务相交换，可以将财政支出划分为购买性支出和转移性支出两类，这两类支出对国民经济的影响存在着差异。

(1) 购买性支出。购买性支出从最终用途看，无非是政府消费和政府投资两部分，政府投资是由政府利用来源于税收或国债的资金对市场机制难以有效进行资源配置的基础设施建设和事关国计民生的一些投资项目的投资。财政购买性支出对国民经济总供求关系存在重要影响，当社会总需求明显超过总供给，通货膨胀压力加大时，政府削减购买性支出，可直接减少需求；当社会总供给大大高于总需求，资源未能充分利用时，政府扩大购买性支出，进行大规模采购与投资，可直接增加总需求。因此，购买性支出是政府进行宏观调控的重要手段之一。

(2) 转移性支出。财政转移性支出是政府宏观调控和管理，特别是调节收入分配问题的一个重要工具。例如，社会保障支出，在现代社会里发挥着“安全阀”和“减震器”的作用，在经济萧条时，失业人口增加，政府相应地增加社会保障支出，从而增加了他们的收入，也即增加了社会购买力，有助于恢复供求平衡；在经济繁荣时，失业减少，政府相应地减少社会保障支出，以免需求过旺。可见，财政转移性支出对实现收入分配和反经济周期的调节起到重要作用。

3. 公债。公债对经济的调节作用主要体现在下述三种效应：

一是所谓“排挤效应”，即由于公债的发行，使资源从民间部门流入政府部门，从而减少民间部门的投资和消费；二是所谓“货币效应”，即公债的发行引起货币供求变动，它一方面可能使部分目前未处于流通状态的“潜在的货币”转变为现实中流通的货币，另一方面则可能把存于民间部门的货币转移到政府部门或由于中央银行购买公债而增加货币的投放，由于公债的发行而带来的货币的一系列变动，统称为“货币效应”；三是所谓“收入效应”，即由于公债主要依靠未来年度的税收来偿还，而公债持有人在公债到期时，不仅收回本金而且得到利息，而政府公债的用途主要是提供人人均可享受的社会公共产品，这样在一般纳税人与公债持有人之间、不同代际的人们之间，由于公债的发行会带来收入与负担的转移问题。

公债各种效应与作用的大小，是通过公债规模、持有人结构、期限结构和公债利率等综合体现出来，政府可以通过调整公债规模，选择购买对象，区分公债的偿还期限，制定不同的公债利率来实现不同的财政目标。

尤为重要的是，在现代信用经济条件下，公债的发行和流通为货币政策的重要工具——公开市场业务的运作创造了条件，使得公债的市场操作成为财政政策与货币政策联动的主要载体，可以协调财政与货币两大政策体系。一方面，可以淡化赤字的通货膨胀后果；另一方面可以增加中央银行灵活调节货币供应的能力。

4. 国家预算。国家预算的调节功能主要体现在财政收支规模和差额上：首先，从总规模上分析，既定的财政收支规模可以决定民间部门的可支配的收入规模，可以决定政府投资规模和消费规模，可以影响经济运行中的货币流通量，从而对整个社会的总需求和总供给产生重大影响；其次，从差额上看，国家预算有三种形态即赤字预算、盈余预算和平衡预算，它们各具不同的调节作用，赤字预算是一种扩张性财政政策，盈余预算是一种紧缩性财政政策，平衡预算通常是一种大体呈现中性的财政政策。在有效需求不足时，赤字预算可以对总需求的增长起到巨大的刺激作用；在总需求膨胀时，盈余预算可以对总需求的膨胀起到抑制作用；在总供求大体平衡时，平衡预算可以基本上维持这种状态。可见，国家预算对稳定价格、促进经济增长等政策目标均能发挥重要作用。

（三）财政政策的传导机制

财政政策传导机制就是财政政策在发挥作用过程中，各政策要素通过某种媒介体相互作用形成的一个有机联系的整体，也就是从开始实施政策工具到最终实现政策目标的过程。在财政政策从政策工具的实施到政策目标的实现的过程中，最重要的媒介体包括收入分配、货币供应和价格。

1. 财政政策工具通过影响收入分配来传导。财政政策工具通过收入分配来传导的范围很广，在这里只选择对整个 GDP 分配影响最大的个人收入分配和企业利润分配来进行分析：

（1）财政政策工具对个人收入分配的影响，主要是通过政策工具的调整、实施，改变货币收入者实际货币收入或使货币收入者的实际货币购买力发生变化，而这些主要是通过对居民个人征税使其税后收入减少，或者通过某种形式的补贴使居民个人的实际收入增加，或者通过财政政策的实施影响到货币的升值或贬值，从而改变居民个人的实际收入。而居民个人实际收入的变化会影响到他的行为，如影响到他的消费与储蓄行为，影响到劳动者的生产积极性，影响到个人在工作与闲暇之间的选择。例如，开征消费税直接影响到居民的消费支出，而开征利息税则会影响到居民的储蓄行为。再如，当个人所得税的累进税率达到一定高度时，可能会使一部分人在工作与闲暇之间重新进行选择，减少工作时间，增加闲暇时间，从而对社会总产出产生一定的影响。

（2）财政政策工具对企业利润分配的影响，则主要体现在对企业税后利润的分配上，例如企业所得税税率的高低以及可扣除范围的大小，会影响到企业税后利润的多少，直接影响到企业的生产经营活动，尤其是企业的投资行为，而企业的投资行为无论是对总需求还是对总供给都有重大的影响。

总之，导致国民经济总供求关系波动的主要因素是居民和企业收入的变动，而收入分配是引起收入变动或者说利益格局重新调整的关键，财政政策正是通过政策工具的实施改变收入分配或利益格局，从而实现财政政策目标的。

2. 财政政策工具通过影响货币供应来传导。财政政策工具一方面可以引起货币流通速度和货币存量结构的变化，从而引起货币供应量的变化。例如，通过发行公债，可以把居民的一部分暂时不参与流通的货币转入到政府财政手中并加以运用，从而转变为现实中流通的货币，使得货币的存量结构发生变化。另一方面，就是国家预算差额与货币供应量之间存在十分紧密的关系。例如，国家预算出现赤字，如果是通过向中央银行透支或借款加以弥补，而中央银行在向财政透支或借款的同时并没有相应地压缩信贷规模，这样就会导致财政性货币发行，增加整个社会中的货币供应量，从而影响到整个社会的总供求之间的关系。因此，货币供应也是财政政策工具发挥影响的重要传导媒介。

3. 财政政策通过影响价格来传导。在我国，许多财政政策工具是通过价格的作用或者与价格相互作用共同发挥调节功能的。例如，税收作为价值体是商品价格的构成部分，一个生产者出售商品或劳务的销售收入一般总是由成本、税收和税后利润组成。因此，在计划价格或价格受到政府严格控制的情况下，税收的变动主要是调节生产者的利润，政府就可以通过税率的调整来调节不同部门和行业的利润水平。在市场经济价格自由变动的情况下，税收对消费者的影响是直接的，而对生产者的影响是间接的。如果商品的需求无弹性或弹性很小，税收提高，消费者需求不减，生产者可以通过提高售价向消费者转移税收负担；如果商品的需求弹性很大，税收提高，消费者减少需求的可能性很大，生产者就不能加价出售，从而使得生产者利润减少。可见，价格也是财政政策工具的传导媒介之一。

二、财政政策乘数

财政政策作为政府管理和调控经济的重要手段，能够对国民经济产生影响，发挥作用，并且这种影响和作用在数量上不是简单的一一对应关系，而是存在着乘数或者说倍数的影响。

（一）乘数的概念

所谓乘数（Multiplier），是西方经济学家研究经济波动时应用的一种概念性工具，它是由英国经济学家 R·F·凯恩斯在研究投资变动对就业量增加的影响时首先提出来的。后来，凯恩斯对这一概念加以利用，用来研究投资变动对总收入的倍增作用。按照凯恩斯的说法，乘数是指投资增加时，会引起收入增加，而收入的增加将是若干倍于投资量，这个倍数就是乘数。所以，乘数是指投资与收入在量上的关系，但这里所说的收入，不是指投资后带来的利润，而是指投资形成的购买，由购买所形成的收入。财政政策乘数研究财政收支变化对国民收入的影响，主要包括税收乘数、财政支出乘数和平衡预算乘数。

（二）财政政策乘数的推导与经济含义

财政政策乘数是根据凯恩斯经济学的国民收入决定方程式来推导的。从支出方面看，国民收入的决定方程式是：

$$Y = C + I + G \tag{10.4}$$

其中，Y 代表国民收入，C 代表消费支出，I 代表私人投资支出，G 代表政府购买性支出。其中有：

$$C = C_a + bY_d \tag{10.5}$$

其中，C_a 代表消费函数中的常数，是属于维持生计的基本消费，也就是说，在没有收入的情况下也要消费的部分，b 代表边际消费倾向，Y_d 代表可支配收入，即扣除税收（用 T 来表示税收）后的收入，即：

$$Y_d = Y - T \tag{10.6}$$

把（10.5）式、（10.6）式代入（10.4）式可得：

$$Y = C_a + b(Y - T) + I + G$$

$$Y = C_a + bY - bT + I + G$$

$$(1 - b)Y = C_a - bT + I + G$$

$$Y = [C_a - bT + I + G]/(1 - b) \tag{10.7}$$

根据(10.7)式,就可以得到简单的财政政策乘数如下：

1. 税收乘数。求(10.7)式对 T 的导数,得到税收乘数$\partial Y/\partial T$：

$$\partial Y/\partial T = -b/(1 - b) \tag{10.8}$$

它表明的是税收的变动（包括税率、税收收入的变动）对国民收入的影响程度，这种影响程度就是所谓的税收乘数。它的经济意义是：(1) 税收乘数是负值，说明国民收入与税收的变动呈相反的方向，即在其他条件不变的情况下，增税会使国民收入减少，而减税可以使国民收入增加。(2) 国民收入变动是税收变动的 $-b/(1-b)$倍，即如果政府增税，国民收入将减少，减少量是增税量的 $-b/(1-b)$倍；如果政府减税，国民收入将增加，增加量是减税量的 $-b/(1-b)$倍。(3) 只要能够确定边际消费倾向，就可以明确税收乘数的具体倍数关系，如假定边际消费倾向是 $b=0.8$，则税收乘数是 -4，也就是说国民收入与税收的变动呈相反的方向，变动量是税收变动量的 4 倍。

2. 购买支出乘数。求 (10.7) 式对 G 的导数，得到购买支出乘数 $\partial Y/\partial G$：

$$\partial Y/\partial G = 1/(1-b) \tag{10.9}$$

它表明的是购买性支出的变动对国民收入的影响程度，这种影响程度就是所谓的购买性支出乘数。它的经济意义是：(1) 购买性支出乘数是正值，说明国民收入与购买性支出呈正方向变动。即在其他条件不变的情况下，增加购买性支出会使国民收入增加，而减少购买性支出会使国民收入减少。(2) 国民收入变动是购买性支出变动的 $1/(1-b)$倍，即如果政府增加购买性支出，国民收入将增加，增加量是购买性支出增加量的 $1/(1-b)$倍；如果政府减少购买性支出，国民收入将减少，减少量是购买性支出减少量的 $1/(1-b)$倍。(3) 只要能够确定边际消费倾向，就可以明确购买性支出乘数的具体倍数关系，如假定边际消费倾向是 $b=0.8$，则购买性支出乘数是 5，也就是说国民收入与购买性支出的变动呈相同的方向，变动量是购买性支出变动量的 5 倍。

3. 平衡预算乘数。政府在增加税收的同时，等量增加财政购买性支出，也就是说财政实行平衡预算，那么这对国民收入的影响是怎样的？反映平衡预算对国民收入影响程度的就是所谓的平衡预算乘数。

即 $\partial Y/\partial T + \partial Y/\partial G$，根据前面各式有：

$$\partial Y/\partial T+\partial Y/\partial G=[-b/(1-b)]+[1/(1-b)]=1 \tag{10.10}$$

也就是说，在实行平衡预算时，一方面增加税收会减少国民收入，但另一方面由于等额地增加财政支出会增加国民收入，由于购买性支出乘数要大于税收乘数，增加财政支出所增加的国民收入量要大于增加等额税收所减少的国民收入量，两种效应相抵，国民收入还是有一定量的增加。因此，平衡预算财政政策仍具有一定的扩张性。

应该说明的是，财政政策乘数更多地是从理论上推导财政政策工具变量对国民经济影响程度的大小，在现实中这种影响程度的大小会受其他各种因素的制约而并不一定能准确地加以量化。

三、财政政策的类型

根据财政政策在调控经济活动中所起的作用，对财政政策可以从不同的角度进行分类，主要的分类有以下两种：

（一）按财政政策调节经济周期的作用分类

根据财政政策具有调节经济周期的作用来划分，它包括自动稳定的财政政策和相机抉择的财政政策。

1. 自动稳定的财政政策。自动稳定的财政政策是指某些能够根据经济波动情况自动发生稳定作用的政策，它无需借助外力就能直接产生控制效果。财政政策的这种内在的、自动产生的稳定效果，可以随着社会经济的发展，自发发挥调节作用，不需要政府采取任何干预行动。财政政策的自动稳定性主要表现在两个方面：

（1）税收的自动稳定性。税收体系特别是公司所得税和累进的个人所得税制的设计，对经济活动水平的变化相当的敏感。如果当初政府预算是平衡的，税率没有变动，而经济活动出现不景气，国民生产就要减少，这时税收收入就会自动减少；如果政府预算支出保持不变，则由于税收收入的减少而使预算发生赤字，这种赤字会“自动”产生一种扩张性力量，以抑制国民生产的继续下降。

（2）政府支出的自动稳定性。财政制度中对个人的转移支付制度设计是国民经济的一种内在的自动稳定器，对个人的转移支付计划是为了在个人收入下降到非常低时，为维持他们的生活水平而向他们提供的，如失业救济金、最低生活保障金、社会救济款等。如果国民经济出现衰退，就会有越来越多的人具备申请失业救济金等的资格，政府相应的必须支出更多对个人的转移性支付，这样就能使国民经济中的总需求不至于下降过多；相反，如果经济逐步走向繁荣，就业机会增多，原来的失业者越来越多地重新获得了工作机会，政府用于失业救济等方面的财政支出自动就会下降，使得社会总需求不至于过旺。

2. 相机抉择的财政政策。相机抉择的财政政策是指本身没有自动稳定的作用，需要借助外力才能对经济产生调节作用的财政政策，是政府利用国家财力和财政手段对经济运行进行有意识的干预。财政政策理论把相机抉择的财政政策又分为汲水政策（Pump Priming Police）和补偿政策（Compensatory Police）。

（1）汲水政策，从字面上看，这种政策就好比水泵里缺水不能吸上地下水，需要注入少量水，以恢复水泵抽吸地下水的能力。对财政政策来说，就是在经济萧条时，财政付出一定数额的公共投资，使经济自动恢复其活力的政策。财政付出的一定数额的公共投资的作用就好比注入水泵的少量水一样。在20世纪30年代的世界性经济危机中，美国实施的“罗斯福—霍普金斯计划”（1929～1933年）、日本实施的“时局匡救政策”（1932年），都是汲水政策在实践中的运用。

汲水政策有四个特点：①它是一种诱导经济景气复苏的政策，是以激发经济机制本身所具有的自我恢复能力为前提的治理经济萧条的政策；②汲水政策的载体是公共投资，以扩大公共投资规模作为启动民间投资活跃的手段；③汲水政策的公共投资是有限的，财政不进行超额的支出，只要使民间投资恢复即可；④汲水政策是一种短期的财政政策，随着经济萧条的消失而不复存在。

（2）补偿政策是政府有意识地根据当时的经济状态，进行反方向调节景气变动幅度的财政政策，以达到稳定经济的目的。即在经济繁荣时期，为了减少通货膨胀因素，政府通过增收减支等政策以抑制和减少民间的过剩需求；而在经济萧条时期，为了减少通货紧缩的因素，政府又通过增支减收等政策来增加民间的消费和投资需求，从而增加整个社会的有效需求。

虽然汲水政策和补偿政策都是政府有意识的干预政策，但它们之间也有区别：①汲水政策只是借助公共投资以弥补民间投资的减退，是治理经济萧条的处方；而补偿政策是一种全面的干预政策，它不仅在使经济从萧条走向繁荣中得到应用，而且还可用于控制经济过度繁荣。②汲水政策的实现工具只有公共投资；而补偿政策的载体不仅包括公共投资，还有所得税、消费税、转移支付、财政补贴等。③汲水政策的公共投资一般是不超额的；而补偿政策的财政支出灵活性更大，可以超额增长。④汲水政策的调节对象是民间投资；而补偿政策的调节对象是社会的有效需求。

（二）按财政政策调节国民经济总量功能分类

根据财政政策在调节国民经济总量方面的不同功能，财政政策可区分为扩张性财政政策、紧缩性财政政策和中性财政政策。

1. 扩张性财政政策

扩张性财政政策是指通过财政分配活动来增加和刺激社会的总需求。在国民经济存在总需求不足时，通过扩张性财政政策使总需求与总供给的差额缩小以至平衡；如果总需求与总供给原来是平衡的，扩张性财政政策就会使总需求超过总供给。实施扩张性财政政策的措施主要是减税和增加财政支出。一般来说，减税可以增加民间的可支配收入，在财政支出规模不变的情况下，也可以扩大社会总需求。当然，减税的种类和方式不同，其扩张效应也不同。流转税的减税在增加需求的同时，对供给的刺激作用更大，所以，它的扩张效应主要表现在供给方面。所得税尤其是个人所得税的减税主要在于增加人们的可支配收入，它的扩张效应体现在需求方面。财政支出是社会总需求的直接构成因素，财政支出规模的扩大会直接增加总需求。在减税与增加支出并举的情况下，扩张性财政政策一般会导致财政赤字，从这个意义上说，扩张性财政政策等同于赤字财政政策。

2. 紧缩性财政政策

紧缩性财政政策是指通过财政分配活动来减少和抑制社会的总

需求。在国民经济存在总需求过旺的情况下，通过紧缩性财政政策来消除通货膨胀缺口，达到供求平衡；如果总需求与总供给原来是平衡的，紧缩性财政政策就会使总需求不足。实施紧缩性财政政策的措施主要是增税和减少财政支出。一般来说，增加税收可以减少民间的可支配收入，降低他们的消费和投资需求；而减少财政支出可以降低政府的消费需求和投资需求，直接减少社会总需求。所以，无论是增税还是减少财政支出，都具有减少和抑制总需求的效应。如果在一定的经济状态下，增税与减支同时并举，财政盈余就有可能出现，在一定程度上，紧缩性财政政策等同于盈余财政政策。

3. 中性财政政策

中性财政政策是指财政的分配活动对社会总需求的影响保持中性。财政的收支活动既不会产生扩张效应，也不会产生紧缩效应。在一般情况下，这种政策要求财政收支基本保持平衡，但是，使预算收支平衡的政策并不等于中性财政政策。

在经济理论中，一般把通过增加盈余或减少盈余以及增加赤字或减少赤字的形式表现出来的财政政策称为非均衡财政政策；而以收支均衡的形式表现出来的财政政策称为均衡财政政策。均衡财政政策的主要目的在于力求避免预算盈余或预算赤字可能带来的消极后果。但均衡财政政策不等于中性财政政策，因为在均衡财政政策之下，政府支出的支出乘数要大于等额税收收入的税收乘数，也就是说财政收入与财政支出虽然在规模上相等，但由于支出与收入的乘数不一样，财政支出的扩张效应要略大于税收收入的紧缩效应，即前面所说的平衡预算的乘数效果。因此，均衡财政政策不是中性财政政策，而是略带扩张效应的财政政策。

四、积极财政政策

我国自 1998 年起实施积极的财政政策，主要以增发国债和扩大政府投资为手段，以刺激需求、促进经济增长为主要目标的一种扩张性财政政策。

（一）实施积极财政政策的背景

我国自1998年起实施积极的财政政策，是根据国内外经济形势的变化以及我国财政运行状况作出的重大决策，有着深刻的时代背景：

1. 亚洲金融危机的冲击。从1997年下半年起，亚洲金融危机不断蔓延，严重冲击了亚洲经济和世界经济，使我国经济面临前所未有的极其复杂的国内、国际经济环境，这主要表现在两个方面：一是出口需求锐减。1998年上半年的外贸出口额同比增长了7.6%，与1997年同期的26.2%和1997年全年的20.9%相比，增幅明显大幅度下滑，其中5月份出口下降了1.5%，为22个月以来的首次负增长。二是外商投资下滑。改革开放以来，我国逐渐成为吸引外资的大国，但受亚洲金融危机的影响，从1997年起，外商对我国的直接投资开始明显下降，1997年亚洲国家对我国直接投资占我国实际吸引外资总量的比例由以往的80%以上降为75.6%，1998年继续下降为68.7%。

2. 消费需求增长缓慢。进入20世纪90年代中期后，由于多种原因城乡居民的个人收入增长缓慢，1997年仅比1996年增长5.7%，增幅比1996年回落8.1个百分点，1998年增幅仍维持在1997年水平。加上收入差距扩大，造成全社会的消费倾向下降。与此同时，由于改革滞后，居民减收增支的预期增强，有钱也不敢花，造成居民边际储蓄倾向上升，边际消费倾向下降，从而减少了社会的消费需求。

3. 投资需求增长乏力。由于经济不景气，市场供求关系的转变，投资回报率下降，盈利空间缩小，社会投资增长乏力，作为我国经济增长主要动力之一的固定资产投资，1997年增幅下降至8.8%，比1996年下降了6个百分点。

4. 通货紧缩趋势显现。改革开放以来，我国经济持续快速增长，总供给水平不断提高，多数产品由卖方市场转变为买方市场，长期存在的“短缺”经济转变为产品的相对过剩，据1998年对601种商品的调查统计，供大于求或供求基本平衡的商品达100%，企业库存大量增加。这种供过于求的局面，表现在物价上就是国内物价水平持续走低，商品零售价格总水平自1997年7月开始出现绝对下降，到1998年7月，持续下降了9个月；居民消费价格指数从1998年3月开始出现下降，工业品价格指数自1996年6月以来持续下降，到1998年7月，已长达25个月。很明显，通货紧缩的趋势已经形成。

5. 货币政策效果不明显。在需求不足、通货紧缩、经济增长开始放慢以后，从1997年开始，我国即采取了一系列放松银根、刺激需求的货币政策，包括连续多次降低利率、降低存款准备金和存款准备率、取消商业银行贷款指令性指标等措施。但实际效果并不明显，由于多种原因，1998年上半年银行贷款和各层次的货币供应量增长幅度，与1997年同期相比，不但没有提高，反而下降了。

6. 积极财政政策的提出。在宏观经济形势疲软而货币政策又乏力的情况下，启用财政政策就成为历史的必然。从我国财政运行状况看，财政虽然也面临困难，但改革开放以来，财政实力明显增强，国债发行还有一定的空间，而且，财政政策与其他政策手段相比，传导过程的时滞短，力度大，对经济增长的拉动作用明显。经过酝酿研究，1998年7月，我国政府正式决定实施旨在扩大需求的积极的财政政策。

（二）积极财政政策的主要内容

1998年以来我国实施的积极财政政策主要内容包括：

1. 增发中、长期建设国债，专项用于基础设施建设，进行反周期调节。基础设施建设扩大，不仅能有效刺激国内需求，也为调整经济结构，实现经济长期稳定发展创造了有利条件。从1998～2002年共发行长期建设国债6 600亿元人民币，国债投资总规模达到3.2亿元。据测算，1998～2002年国债投资每年拉动经济增长1.5至2个百分点，累计创造就业岗位750万个。

2. 向国有独资商业银行发行特别国债，专项用于补充国有独资银行的资本金，增强银行防范金融风险的能力。

3. 调整税收政策，多次提高出口退税率，以鼓励出口；停征固定资产投资方向调节税，对企业设备投资实行投资抵免企业所得税政策，以刺激投资；对国家鼓励发展的外商投资项目和国内投资项目，实行在规定范围内免征关税和进口环节增值税政策，以鼓励引进国外先进技术设备和吸引外资。

4. 推进“费改税”改革，清理涉及企业和农民负担的各种收费、基金、集资、摊派，减轻企业和农民的负担。

5. 增加财政支出，主要是：增加大江大河治理和实施天然林保护工程投资，保护生态环境，实现可持续发展；增加政权建设方面的支出；增加对农业、科技和教育的投入；增加对企业下岗职工的基本生活费和再就业补助等社会保障方面的支出。

总之，1998 年以来我国实施的积极财政政策，是针对国内外经济形势的变化而采取的反经济周期的调控措施，对增强我国抵御亚洲金融危机冲击的能力，保持经济稳定发展发挥了重要作用，为各项改革的顺利进行创造了良好环境。

第十一章 货币与货币制度

第一节 货币的起源

一、货币起源于商品

研究货币的起源是对货币职能、货币制度求得科学理解的关键。货币是如何产生的？马克思从分析商品交换变化入手，深入研究了价值形式的演变及与其有关的大量的历史资料，得出的科学论断是：只要理解了货币的根源在于商品本身，货币分析上的主要困难就克服了。这就说明，货币起源于商品，货币分析应从商品分析着手。

货币是怎样从商品产生的？货币原来就是商品，它的产生是在商品交换发展到一定阶段，即商品内部矛盾运动发展到非借助于货币不可时，才自发地从千万种商品中分离出来。正如马克思所说：货币是以商品交换发展到一定高度为前提的。

商品是一种对人们有用的、用来交换的劳动产品。商品生产是为了交换而进行的产品生产。建立在商品生产基础上的商品交换，就是商品买卖行为。商品生产是以社会分工和劳动产品属于不同所有者为前提的。

商品有使用价值和价值两重属性。商品是一种能够满足人们某种需要的物品，它的有用性，就是商品的使用价值。另一方面，商品作为劳动的产物，人们在生产它的过程中，尽管具体形式不同，但都是人类劳动的支出，都要损耗智力和体力，这种凝结在商品里的一般人类劳动，就形成了商品的价值。商品的使用价值各不相同，因此，各种商品需要交换。但是，它们之间无法比较，如果撇开它们各自的自然属性来看，都具有相同的质，即它们都耗费了一般人类劳动或称作抽象劳动，则它们之间就可以互相比较，进行交换。一种商品的量的关系，称为交换价值。某一商品价值量的大小，是由生产这种商品的社会必要劳动时间决定的。一种商品凝结的社会必要劳动时间越多，则其价值越大；反之，则其价值越小。

商品的使用价值和价值的关系，是既互相统一，又互相矛盾的。之所以互相统一，是因为它们互为条件，互相依存，紧密联系。一种物品没有使用价值，它就没有价值；反之，一种物品虽有使用价值，但不是人类劳动的产品，不是人类一般劳动的物化，它就没有价值，就不是商品。商品必须既有使用价值，又有价值，这是商品的统一性。另一方面，商品的使用价值和价值又是相互矛盾的。从商品的使用价值来讲，生产者生产商品的目的，不是为了满足自己的需要，而是为了交换取得价值。所以，商品生产者把商品生产出来后，就必须把使用价值转让给他人，并从他人手里取得价值。如果生产者不能把商品卖出，就不能从他人手里取得价值。因此，商品的使用价值和价值又是互相矛盾的。

商品的使用价值和价值的矛盾，是由生产商品的劳动两重性所产生的。在私有制社会中，劳动的两重性，反映出商品生产者私人劳动与社会劳动的矛盾。一方面，商品生产者都是私有者，生产是个人私事，劳动产品为个人所有；另一方面，商品生产者的劳动又是社会性的，是整个社会劳动的一部分。商品生产者的劳动直接表现为私人劳动，他们为社会生产什么，生产多少，是由生产者个人决定的，带有一定的盲目性，必须通过交换，才能证明他们的劳动是否能为社会承认。要进行交换，就必须把具体劳动还原为抽象劳动，或者就把具体劳动用劳动的量来体现，这样，人们互相交换商品，实际上就是互相交换各自为商品生产所损耗的劳动。这里，只不过是由于私人劳动和社会劳动的矛盾，使商品生产者劳动的社会性不能直接体现，而是采取价值形式。

二、价值形式的发展与货币的产生

价值形式，就是商品价值的表现形式。一件商品不能自我表现自己的价值，只有在商品交换时，依托在使用价值上，才能从商品的交换价值中看到自己价值的存在。在现实生活中，商品的价值都是通过货币来表现的，而在历史上，商品有过四种价值形式，即简单的或偶然的价值形式、扩大的价值形式、一般的价值形式和货币价值形式。

（一）简单的价值形式

简单的价值形式，就是一种商品的价值偶然地由另一种商品来表现的价值形式，是价值形式发展的最初阶段，商品交换只是在原始部落之间偶然地进行。这种简单的价值形式用公式来表示，即：

$$1\text{只羊}=2\text{把石斧} \tag{11.1}$$

在简单的价值形式中，商品的价值表现虽然很不完善，但作为等价形式的商品，已开始孕育着货币形式所具有的基本特征，它是货币的胚芽。

（二）扩大的价值形式

扩大的价值形式是一种商品价值由多种商品来表现的价值形式。用公式来表示，即：

$$\left.\begin{array}{l}2\text{把石斧}\\3\text{斤茶叶}\\4\text{斤盐}\\\text{其他}\end{array}\right\}=\text{一只羊} \tag{11.2}$$

从公式（11.2）中可以看出，在扩大的价值形式中，作为等价物的是多种商品，如有新的商品出现，就要增加一个新的价值表现材料。这表明一切商品都是无差别的人类劳动的凝结，各种商品交换比例由它们所包含的价值量来决定。扩大的价值形式交换的范围扩大了，也较为方便了，促进了商品交换的发展。但带来的问题是，参加交换的商品越多，物物交换的局限性就越突出。因为物物交换，必须在需求上、时间上、地点上一致，否则，交换就难以进行。由此说明，扩大的价值形式仍不适应商品交换的发展。

（三）一般的价值形式

一般的价值形式是在频繁的商品交换中，为克服扩大的价值形式的局限性给商品交换带来的困难，逐渐地从商品世界中自发地分离出一种经常参加交换的商品，人们习惯于同它们相交换。这种所有商品的价值都同时用一种商品来表现的价值形式，就是一般的价值形式。以公式表示，即：

$$\left.\begin{array}{l}2\text{把石斧}\\2\text{张羊皮}\\3\text{斤茶叶}\\\text{其他商品}\end{array}\right\}=1\text{只羊} \tag{11.3}$$

一般的价值形式与扩大的价值形式不同，主要表现在：

1. 价值的表现是简单明确的。在一般的价值形式下，各种商品价值都表现在一种商品上——羊，各种商品的价值表现都是简单的、明确的。

2. 性质起了变化。表明价值不仅在质上相同，在量上也是可以比较的，显示出商品的社会性和价值的社会性。

3. 间接交换代替了直接物物交换。

（四）货币价值形式

一般的价值形式出现后，便利了商品交换。但是，由于一般等价物不固定，或者在地区之间不统一，这对扩大商品交换仍带来困难，客观上要求把一般等价物统一起来，固定在某种商品上。这就逐渐从起一般等价物作用的商品中分离出一种固定的充当一般等价物的特殊商品，这种商品就是货币。

以公式表示，即：

$$\left.\begin{array}{l}80\text{公斤粮食}\\2\text{把石斧}\\30\text{米布}\\\text{其他商品}\end{array}\right\}=1\text{单位货币} \tag{11.4}$$

货币价值形式和一般的价值形式没有本质的区别，货币价值形式只表明一般等价物固定在一种商品即货币上面。货币是商品交换发展过程中，为适应商品交换的需要自发产生的，是商品内在矛盾发展的结果，是价值形式发展的最高形式。

一般来说，作为一般等价物，充当货币的商品应具有如下四个特征：一是价值比较高，这样可用较少的媒介完成较大量的交易；二是易于分割，即分割之后不会减少它的价值，以便于同价值高低不等的商品交换；三是易于保存，即在保存过程中不会损失价值，无需支付费用等；四是便于携带，以利于在广大地区之间的交易。

随着交换的发展，对这四点的要求越来越强，这就使得金属日益成为货币商品。金属货币最初是以块状流通的，随着经济的发展，又出现了大量铸币，且金属币材也从一些劣质币材，如铜、铁，渐渐集中于一些优质币材上，如金、银等。

随着经济的不断发展以及现代银行的出现，金属货币又被信用货币所取代，信用货币成为现代经济生活中的“一般等价物”。信用货币不仅包括商业银行发行的银行券、国家财政发行强制流通的纸制货币（即“纸币”），还包括可签发支票的存款、短期商业票据等。

第二节　货币的职能

货币具备四个职能，分别是价值尺度、流通手段、储藏手段和支付手段。各个职能之间存在着有机的联系。

一、价值尺度

以货币作为尺度来表现和衡量其他一切商品的价值，就是货币的价值尺度职能。货币在表现并衡量商品价值时，也在发挥价值尺度的职能。货币之所以有这样的职能，是因为货币本身就是商品，是劳动的凝结，它们在质上是相同的，因而是可以比较的。货币的商品本性是它们可以相互比较的基础，成为表现和衡量商品价值的前提。

价值的真正尺度是劳动时间，劳动时间的长短，决定了商品的价值量大小，构成商品价值的内在尺度。它不能自己表现出来，必须借助货币外化出来，才能被人接受，所以，“货币作为价值尺度，是商品内在的价值尺度，即劳动时间的必然的表现形式。”①

货币是通过把商品价值表现为一定量货币，即表现为价格，来行使其价值尺度职能的，所以，价格是商品价值的货币表现。价格的变化取决于商品价值和货币价值两个基本因素的变化：商品的价格同商品的价值成正比，同货币的价值成反比。发挥价值尺度职能的货币，是观念的货币，而不是实在的货币，这是价值尺度职能的重要特征。

货币执行价值尺度职能，是通过货币数量的多寡来体现的。要比较货币的不同数量，需要有个单位，这个货币单位由一定重量的货币金属构成。含有一定金属重量的货币单位及等分部分，就叫价格标准，或货币标准，它指单位货币中含金属量的多少。

二、流通手段

当货币在商品交易中起媒介作用时是流通手段。物物交换是商品所有者拿着自己的商品去寻找持有自己所需商品的所有者进行交换。有了货币，则商品所有者可以先把它换成货币，即“卖”出；然后，再用货币换取自己所需要的商品，即“买”进。这样，商品的交换过程就变成买卖两个过程的统一：一个商品所有者的买就是另一个商品所有者的卖。买卖构成连绵不断的过程就是商品流通。在买与卖之间，货币是媒介，所以这个职能又可以用“交易的媒介”来表述。

作为流通手段的货币与作为价值尺度的货币不同。后者不需要现实的货币，人们给商品标价并不需要把货币与商品捆在一起；前者却必须有现实的货币，卖东西不要钱，或买东西不给钱是不可能的。

三、储藏手段

货币停止运动，退出流通领域，处于静止状态，就发挥储藏手

① 《资本论》第1卷，北京：人民出版社1975年第1版，第112页。

段的职能。在商品货币不断反复交换运动中，商品卖出后获得了货币，但没有随之用货币购买商品，则视之为储藏。在界定的时间区间内，货币的不动用只能视作流通手段的准备，而不宜视为货币储藏。

执行储藏手段的货币，有两个显著的特点：第一，它必须是完全有价值的、现实的货币；第二，它必须退出流通领域。

储藏金银是积累和储存价值的典型形态。随着现代信用货币流通的发展，人们除了以金银积累和储存价值外，更为普遍地还是采取银行存款和储蓄的方式，直接储存纸币的也不少。对企业和个人来说，这些方式也同样有积累和储存价值的意义，但从整个社会角度来看，则并不意味着有对应数量的真实价值退出流通过程静静地不动。因为与贵金属不同，纸币不过是一张纸，银行存款和储蓄只不过是账簿上的数字，它们本身并没有实在的价值。纸币和各种存款表明持有者有从社会中取得相应数量的商品和劳务的权利，持有者推迟了他们对这种权利的利用，目的是以待来日，这正是储蓄对个人、对企业的意义所在。但储蓄者未享有的商品和劳务却通过种种方式被用于生产、流通、基本建设等过程之中，而不像古老储存形式那样，退出经济活动的过程。从这个角度来看，这种变化正是社会进步的表现。

四、支付手段

以信用形式买卖商品后，货币在清偿债务时，发挥支付手段职能。此时的货币已经不是流通过程的媒介，而是补足交换的一个独立的环节，即作为价值的独立存在而使流通过程结束。随着社会交换的不断扩大，货币作为支付手段的职能也扩展到商品流通之外，在财税、地租、借贷等支付中发挥职能。不论是在赊买赊卖中，还是在其他支付中，没有商品在同时、同地与之相向运动，这是货币发挥支付手段职能的特征。

在发达的商品交换中，大宗交易是货币的支付手段职能起作用的主要场所。因为，大宗交易的相当部分是采用延期付款等信用形式进行的。货币发挥支付手段职能的另一个重要场所是国家财政和银行信用领域。财政的收入与支出，银行的存款吸收和贷款发放，都是货币作为价值的独立存在形态而进行的活动，因而是作为支付手段在起作用。在工资和各种劳动报酬的支付中，货币也发挥着支付手段的职能。

发挥支付手段职能的货币同发挥流通手段职能的货币一样，也必须是处于流通过程的现实的货币，而不能只是观念中的货币。

第三节　货币制度

一、货币制度及其构成

货币制度，简称“币制”，是一个国家以法律形式所规定的货币流通的组织形式。

货币制度大体涉及这样一些方面：货币材料的确定；货币单位的确定；流通中货币种类的确定；对不同种类货币的铸造和发行的管理；对不同种类货币的支付能力的规定，等等。所有这些方面被称为货币制度的构成要素。

（一）币材的确定

国家规定哪种或哪几种商品（可能是金属，也可能是非金属）为币材，实际上是对已经形成的客观现实从法律上加以肯定。一种或几种商品一旦被规定为币材，即称该货币制度为该种或该几种商品的本位制。如以金为币材的货币制度称为金本位；把金银同时规定为法定币材的货币制度，则称为金银复本位制。现代社会广泛实行不兑现的货币制度，法令中没有任何商品充当币材的规定。在过去货币制度中极为重要的构成要素——币材的规定，已消失了。

（二）货币单位的确定

主要包括两方面的内容：货币单位的名称和货币单位的“值”。

法律对于货币单位名称的规定，通常都是以习惯形成的名称为基础。同时，按照国际习惯，一国货币单位的名称往往就是该国货币的名称，如俄罗斯使用的卢布，意大利使用的里拉；几个国家同用一单位名称，则在前面加上国家名，如法国使用的法国法郎及瑞士使用的瑞士法郎。

货币单位的确定更重要的是确定币值。在铸币流通时，货币单位的确定是确定单位货币所包含的货币金属重量和成色。在无货币流通条件下，货币单位的确定则是确定本国货币的“理论含金量”，或确定与世界主要货币的比价关系。

在现代信用货币条件下，货币币值的确定并不是一国当局随心所欲地完成的，需要综合考虑诸多因素，如国内、国际经济发展，综合国力的目标对比，国与国之间的比较优势，等等。

（三）本位币和辅币的发行及流通程序的确定

用法定货币金属按照国家规定的规格经国家造币厂铸成的铸币称之为本位币，本位币是一国流通中的基本通货。现在流通中完全不兑现的钞票，也称之为本位币，其含义不过是用以表示它是标准的、基本的通货。本位币的最小规格是 1 个货币单位。低于 1 个货币单位的流通货币则称为辅币。

本位币具有无限法偿能力，即法律规定的无限制偿付能力。其含义是：法律保护取得这种能力的货币，不论每次支付数额如何大，不论属于何种性质的支付，即不论是购买商品、支付劳务、结清债务、缴纳税款等，支付的双方均不得拒绝接受。相对于本位币的无限法偿，辅币则只有有限法偿能力，其含义是：在一次支付行为中，超过一定的金额，收款人有权拒收；但在法定限额内，拒收则不受法律保护。

（四）其他方面内容的确定

货币制度除了以上三个方面的内容以外，还包括一些其他方面的内容，如规定发行准备；规定货币的对外关系，如能否自由兑换、汇率的规定原则，等等。

二、货币制度类型

货币制度通常以币材标准分类，迄今为止，世界各国曾经采用的主要货币制度包括金属货币制度和不兑现的信用货币制度，其中，金属货币制度又经历了银本位制、金银复本位制、金本位制等阶段。这里我们重点介绍金本位制和不兑现的信用货币制度。

（一）金本位制

金本位制有金币本位制、金块本位制和金汇兑本位制三种形式：

1. 金币本位制。金币本位制是典型的金本位制，有以下三个特点：第一，金币可以自由流通，价值符号（辅币和银行券）可以自由兑换金币。由于价值符号能按面值随时向发行机构兑换金币，所以，它们能稳定地代表一定数量的黄金进行流通，从而保证货币价值和价格的相对稳定。第二，金币可以自由铸造，自由熔化。自由铸造是指人们可以将黄金条块向国家铸币厂申请铸成金币；自由熔化是指人们可自行将金币熔化成金块或向铸币当局换成金块。金币实行自由铸造与熔化，使金币数量能自发地满足流通中的货币需求，也使金币的币值与其他所含黄金的商品价值保持一致。第三，黄金可以自由输出与输入国境。由于黄金在国与国之间自由流动，并起到世界货币作用，从而促进了国际贸易的发展和外汇汇率的稳定。

2. 金块本位制。金块本位制的特点是金币停止流通而以银行券（或政府发行的纸币）代替金币流通。银行券（或纸币）仍规定一定的法定的含金量，其发行以一定数量的黄金为准备，居民可在一定范围内按法定含金量自由地兑换金块。

3. 金汇兑本位制。金汇兑本位制又称虚金本位制，其特点是：国内市场上没有金币流通，本国纸币仍规定有一定含金量，但在国内不能兑换黄金。实行这种本位制的国家，规定国内货币与另一实行金币或金块本位制国家的货币保持固定汇率，并在该国存放黄金外汇储备作为发行准备，居民可按法定汇率购买外汇，在联系国（即货币与黄金挂钩的国家）兑换黄金。

金币本位是典型的金本位制，存在于金本位制的全盛时期，它是一种比较稳定的货币制度。它曾对资本主义经济的发展具有重要的历史作用，在第一次世界大战前夕被主要资本主义国家广泛采用。然而，随着黄金在世界各国分布的日益不均，金币本位也让位于金块本位和金汇兑本位，金本位制进入衰退时期。金块本位制和金汇兑本位制都是残缺不全且极不稳定的金本位制，原因在于：第一，在金块和金汇兑本位制下，没有黄金的自由铸造和自由流通，黄金的流通手段和储藏手段职能不能发挥，币值难以稳定；第二，纸币不能自由兑换黄金，多种限制削弱了货币制度的基础；第三，采用金汇兑本位制的国家，使本国货币依附于与之挂钩的国家的货币，一旦该国币制混乱，依附国的币制也必然受到严重影响，无法独立自主地保持本国货币的稳定。

（二）不兑现的信用货币制度

不兑现的信用货币制度，又称管理纸币本位制，是以不兑现的纸币为本位货币的货币制度。它是20世纪30年代以来，世界各国普遍实行的一种货币制度。

不兑现的信用货币制度取代金本位制度，而成为世界通行的货币制度，是世界经济发展的必然选择。

金属货币制度本身存在着不可克服的弱点和矛盾。从货币的特性来看，即便是金本位制，也不是理想的货币制度，表现在：第一，金属藏量和产量的有限性与商品生产和交换扩大的无限性的矛盾，是金本位制崩溃的根本原因。商品生产和交换的不断扩大也要求作为交易媒介的货币数量不断增加，以适应流通对货币的需求，而金属本位制下的金属藏量和产量是有限的。第二，金属货币的价值稳定是相对的。在金本位制下，通常所说的币值稳定是指本位货币稳定地代表一定数量的黄金。但是，黄金本身的价值受生产黄金的劳动生产率变化的影响巨大，历史上，美洲和南非大金矿的开采，都曾使欧洲发生过两次金价大跌和物价猛涨现象。因此，在金本位制下，本位币代表固定数量的黄金，从而币值和物价稳定也是相对的。第三，金本位制下不利于国家实行独立的经济政策。金本位制条件下的黄金在国际间自由流动，使各国很难实行独立的经济政策。

不兑现的纸币之所以能取代金属货币成为本位货币，原因是：第一，在金属货币流通的条件下，由于流通造成的磨损或人为削刮，使铸币的名义价值与实际价值经常背离，“金货币在流通中升华为它自身的象征。最初采取磨损的金铸币的形式，而后采取金属辅币的形式，最后采取无价值的记号、纸片、单纯的价值符号的形式。"① 第二，不兑现纸币也能有效执行货币的各项职能。因为不兑现纸币直接代表一定的价值，且受到社会的普遍接受，因此，纸币也能充当价值尺度、流通手段、支付手段和价值储存手段，独立地发挥货币的各项职能。

不兑现信用货币制度的特点是：第一，它以不兑现的纸币为本位币，一般是由国家授权中央银行发行的，它具有无限法偿能力；第二，不兑现纸币不代表任何贵金属，不能直接兑现黄金等贵重金属，纸币的发行实行准备制度，发行准备的品种主要是政府证券、黄金、外汇和商业票据等，其数额由政府确定；第三，非现金结算占据主导地位。绝大多数交易均通过支票和电汇转移存款的方式进行支付，而较少采纳法偿货币（纸币和辅币）的直接交付；第四，信用货币的性质使得保证流通中的货币量与经济增长的要求量相一致，从金本位制下的金属货币自发调节转移到由各国政府机构人为控制。信用货币制度是通货膨胀加剧的制度基础。

---

① 《马克思恩格斯全集》第 31 卷，北京：人民出版社 1998 年第 2 版，第 508 页。

第十二章　信用与利率

第一节　信 用 概 述

有关信用问题的研究是金融理论的有机组成部分，是对货币问题研究的一种延伸。在信用活动中，货币由单纯的流通手段和支付手段，变成了能够带来价值增值的资本，即货币资本化了。

一、信用

信用是一种经济上的借贷行为。就借贷行为本身来说，借贷的对象既可以是实物，也可以是货币，金融理论研究的是货币借贷。在货币借贷关系中，货币所有者（贷方）把货币贷出去，并约定归还日期；货币借入者（借方）在获取货币时要承诺到期归还。此外，借贷活动既然是经济行为，就应是有偿的，货币所有者有权要求货币借入者给予补偿，即支付利息。所以，一般而言，信用具有两个特征：一是偿还性，二是付息性，但偿还性是信用的最基本特征。而在借贷活动中，无论是贷出、偿还还是付息都体现为一种价值的单方面让渡，即货币执行支付手段的职能。为此，我们可以把“信用”这一范畴定义为：以偿还和付息为条件的价值单方面让渡。

谈到货币向资本形态的转化，人们常常用“货币资本化”一词来概括。所谓货币资本化，就是指在经济生活中，人们将货币部分或全部地转化为可用来增值、从而带来更多财富的手段的过程和机制。资本化了的货币仍具有货币的形态和职能，同时，也增加了资本的各种特性：收益性、安全性、流动性等。

二、信用的职能

信用的最基本职能是动员闲置资金并加以再分配。信用是国民收入再分配环节中的一个范畴，信用分配是建立在社会总资金运动过程中企业初次分配和财政二次分配基础上的第三次分配。

企业初次分配指的是在再生产过程中，社会总产品经销售实现价值后，首先要由企业部门对销售收入进行分配：补偿成本以便继续购买生产资料和支付工人的劳动报酬、依法向财政缴纳税金、核算净利润并进行分配。企业部门对社会总产品的分配形成国民收入。财政二次分配在这里指的是，财政可以通过对在企业部门初次分配基础上集中起来的资金进行再分配来改变社会再生产的规模和国民收入分配格局。

信用是一种借贷行为，在这种借贷行为中，尽管所有权没有发生变化，但资金的使用权发生了变化，各主体可支配的资金规模发生了变化，因此，信用活动被归入分配范畴。其与企业初次分配和财政二次分配的共同点在于，它们都是对资金的分配；不同点在于在企业初次分配和财政二次分配中，资金的所有权与使用权是合一的，而信用分配则只是对资金使用权的再分配，并不改变资金的所有权归属。此外，从分配对象的范围上来说，企业初次分配是对社会总产品价值的分配，财政二次分配如果不考虑有关财政收入政策的改变的话，是对财政所集中资金的再分配，各自具有相对独立的分配领域，而信用分配，由于借贷的实质当事人并非信用中介本身，而是个人、企业或政府机构，因此，信用没有自己独立的资金分配领域，而是与企业初次分配和财政二次分配相重叠，是建立在前两次分配基础之上的第三次资金分配。

在传统概念中，资金借贷是资金盈余者以自己生产或消费后富余的资金向资金短缺者融通资金的一种行为，但在现代银行体制下，由于所有货币都是银行（更准确地说是中央银行）发行的，所有货币都是银行的负债，即使是存放在银行结算账户中的、流动性极强的生产准备金，对银行来说，也是可以成为信贷资金来源的，因此，信用分配的对象可以涵盖企业初次分配和财政二次分配中的所有货币资金，并把各主体自身难以动员的资金也动员起来。

信用在发挥资金分配职能的时候，也在提供（在一定条件下还可以创造）着流通手段和支付手段（即货币）。流通中的现金由中央银行发行构成其负债；流通中存款货币也是在信用程序基础上收支，同时，银行信用的收缩和扩张直接决定货币供应量的减少和增加。

第二节　信用的基本形式

现实生活中的信用形式多种多样，我国金融理论界传统上习惯以授信或受信主体为标准对信用活动进行分类，把基本的信用归结为商业信用、银行信用、国家信用和消费信用。需要注意的是，随着金融市场的发展，金融市场上的交易活动日益丰富，已远远超出了借贷的范围，出现了像信托信用、租赁信用和保险信用这些高级信用形式。

一、商业信用

商业信用是企业之间相互提供的，与商品交易直接相联系的信用形式，商品赊销是其最典型的做法。

商业信用是在企业购销活动中自发产生的一种信用形式。对于生产企业来说，产品销售是保持再生产过程的重要一环，产品有销路，再生产才有必要，有了销售收入，资金循环才会正常进行。但是，在现实生活中，商品交易各方直接的商品流动和现金流量在很多时候是不同步的。在进行大宗交易时，购货方手边常常没有足够的现金，或一时没有现金，这种情况在存在大量商品交换的市场中是很平常的，因为手中持有大量货币资金意味着资金没有充分利用，相对而言，就是一种利益的损失，而且负债经营往往是一些企业惯用的财务策略，这时，产品销售企业如果能够允许购货方延期付款，将产品赊销给购货方的话，双方的交易就能顺利进行。由于这种信用行为直接发生在商品购销双方之间，信用金额确定、使用方向、还款期限及相应的利息补偿可由双方直接协商确定，因此，相对于其他信用方式具有方便、简单、快速的特点。

二、银行信用

银行信用是银行等金融机构与企事业单位或个人之间发生的信用关系。如企事业单位和个人在银行存款就是这些单位和个人将自己的资金借给银行使用；银行对企业和个人提供贷款就是银行将自己筹集的资金借给企业和个人使用。

从产生的历史来看，银行信用是随着现代银行产生而出现的，晚于商业信用，但是，银行信用发展的广度和深度却要比商业信用大得多，这主要是因为：首先，银行信用基本上是一种单纯的货币借贷，与商品交易没有直接的关系，借贷资金的授信范围和用途比商业信用要广得多，突破了商业信用只能由销货方向购货方提供，且只能用于购买销货方商品的局限性；其次，与商业信用要受销货企业个别资本规模的限制不同，银行等金融机构在提供银行信用时并不是以自有资本为主的，银行等金融机构作为信用中介，不仅作为授信方对社会各界提供信贷资金，还作为受信方通过各种负债业务从社会广泛吸收信贷资金来源，自有资本只占其资金来源总额的很小一部分，这使得银行信用的规模可以远远超过商业信用，并且，银行信用在媒介社会资金运动过程中，具有积少成多、续短为长、变死为活等作用，可以大大提高社会资金的利用效率。

银行信用弥补了商业信用的缺陷，并使信用关系得以充分扩展，但是，银行信用并非商业信用的敌意竞争者，在信用关系的发展中，二者实际是一种相互支持、相互促进的“战略伙伴”。一方面，从商业信用角度看，假如没有银行信用的支持，商业信用的授信方就会在授与不授、期限长短上有较多的顾虑，因为授信方必须要考虑在没有售货收入的情况下，自己的企业持续运转所需资金能否从其他渠道解决的问题，有了银行信用的支持，如贷款或贴现，授信方就可以解除后顾之忧；从银行信用角度看，商业信用票据化后，以商业票据为担保品办理贷款业务或票据贴现业务比单纯的信用贷款业务风险要小一些，有利于银行进行风险管理。

三、国家信用

国家信用是中央政府以国家的名义同国内外其他信用主体之间发生的信用关系。从国家作为债务人的角度来划分，可分为内债和外债，内债主要采取发行政府债券的形式，外债主要包括国家财政在海外金融市场发行的债券、国家向世界银行等国际金融机构和其他国家的借款等。

国家信用在经济生活中起着积极的作用：第一，是解决财政困难的较好途径。解决财政赤字的途径不外有三：增税、向银行透支、举债。增税不仅立法程序繁杂，而且容易引起公众的不满、抑制投资和消费；向银行透支容易导致通货膨胀，而且按照我国中央银行法的规定，也禁止财政向银行透支；举债是一种信用行为，有借有还，有经济补偿，相对说来问题少一些。第二，可以筹集大量资金，改善投资环境，创造投资机会。发行政府债券既可以筹集大量资金，搞基础设施和市政建设，为社会经济发展创造良好的社会环境，也可以为社会公众提供投资机会。第三，可以成为国家宏观经济调控的重要手段。政府不仅可以主动利用国家信用，在总量上调节总需求，还可以通过有选择的支出安排和优惠政策等调节社会总产品需求的结构。

在现代经济中，国家信用与银行信用有着密切的关系，在金融市场发达的国家，一般都有较为成熟的政府债券市场，由于政府债券几乎没有违约风险、市场流通性较强、收益相对稳定，因此，深受银行等金融机构的青睐，成为银行资产流动性管理的一项重要选择。银行对国债的投资被称为是法定存款准备之外的二级储备，按照《巴塞尔协议》中有关《资产负债表内的资产风险权数》的规定，对国债投资属于零风险权数的债权。

四、消费信用

消费信用是企业和以银行为代表的金融机构向消费者个人提供的信用，直接用于生活消费。消费信用有两种基本类型：一种类似商业信用，由企业以分期付款方式向消费者提供房屋或耐用消费品，而企业一般也同时获得银行信用的资金支持；另一种则属于银行信用，由银行向消费者提供购房或耐用消费品贷款，用以支付货款。

消费信贷在西方国家相当流行，与人们日常生活密切相关。除用于购房或家庭耐用消费品外，还有通过信用卡透支额度和直接的消费者贷款等方式提供的用于日常开支的信用。

长期以来受生产力发展水平、宏观经济政策和居民消费习惯等因素的影响，消费信用在我国很少运用，在城市曾经办理过居民小额质押贷款，在农村办理过农民生活贷款，但数量都不大。在住房管理体制的改革过程中，住房抵押贷款业务的开拓，成为消费信用发展的契机。有助于支持我国汽车产业的发展、繁荣汽车消费市场的汽车抵押贷款业务的发展声势也很大。

五、民间信用

民间信用过去也称个人信用，是指个人之间的直接借贷关系，一般采取利息面议、直接成交的方式。

民间信用的特点是利率高、风险大、容易发生违约纠纷，但却十分灵活，能弥补银行信用的不足。

民间信用的发展在我国由来已久，在广大农村中普遍存在。改革开放以后，不仅农民经商、搞副业的经营性资金需要加入到民间信用中来，城镇一些个体工商户、集体企业、乡镇企业和私营企业的各种经营性资金需要，在国有商业银行贷款对象以国有企业为主的情况下，也多通过民间信用的途径解决。

由于民间信用利率高（通常比银行存贷款利率高 10 个百分点以上），在吸收存款方面给银行和信用社造成极大的压力；又由于其贷款机制灵活、便利，在争取好的贷款项目上也比银行有优势，在一定程度上构成对正常银行信用的冲击。因此，民间信用在我国既有其存在和发展的客观环境，又有其令人担忧的负面作用，如何加强对民间信用的引导和管理是金融监管当局亟待解决的问题，应尽早制定和出台有关的法律法规，确定民间信用的合法形式和监管机构的责任与权利。这将有利于我国金融体系的全面发展，为不同所有制经济主体提供全方位的金融服务。

六、信托信用

信托是信用委托的意思，指的是接受他人委托，代为管理、经营或处理某项经济事务的行为。信托有两大类型：一类是以商品物资为信托对象的商品信托；另一类是以资金、财产为信托对象的金融信托。

信托信用最大的特点是其灵活性。信托财产的管理、处理方式可以根据委托人的意愿适应客观情况变化而采取灵活多样的形式，其种类不仅比银行贷款或投资业务多得多，还可以根据需要随时创造出新的形式。

七、租赁信用

从字义上讲，“租”是指将物品借给他人使用并因此获得报酬，“赁”是指借用他人的物品并为此支付费用。一般说来，我们可以把租赁定义为：出租人按照契约规定，将财产租给承租人使用并向承租人收取租金的一种经济行为。在租赁期内，被租赁财产的使用权转给了承租人，但所有权仍然属于出租人。

租赁信用在西方发达国家颇为盛行，方式多种多样，归纳起来主要有三种类型：即融资性租赁、服务性租赁和企业租赁。

融资性租赁是现代设备租赁的主要形式。当企业需要添置设备时，企业可以与租赁公司签订租赁合同，由租赁公司根据企业的具体要求，代为购进所需设备，然后租给企业使用。

服务性租赁主要解决企事业单位对一些大中型通用设备（如通讯卫星、大型计算机、运输车辆等）的短期需求。设备用毕即退还给租赁公司，设备使用期间的维修、保养甚至操作均由租赁公司负责。

企业租赁是出租人将整个企业出租给承租者，承租者按合同规定取得对企业的经营权，并固定地向出租人支付租金的信用行为。企业租赁的对象是整个企业，租赁者对企业只有经营权，租金的实质是企业利润的分割，而不是像前两种租赁那样，是固定资产价值的转移。

第三节 直接融资与间接融资

一、直接融资和间接融资的概念

信用活动从借款方看就是融资活动，在金融市场发达的国家，企业融资的渠道是很多的，除了在前面介绍的商业信用、银行信用、民间信用、信托信用和租赁信用之外，企业还广泛采用发行债券、股票等方式融资。

在现代金融体制下，企业的各种融资活动都离不开金融中介机构的服务支持，依金融中介机构在融资活动中所起作用的不同，企业的各种融资活动可以分为两大类型：间接融资方式和直接融资方式。

在间接融资方式中，商业银行是核心中介机构。这种融资方式的特点是，面对众多的资金盈余者，银行以资金需求者的身份向他们出售自己的金融工具，将社会闲置资金集中起来，然后再将筹集来的资金统筹安排，以资金供给者的身份提供给资金的短缺者。

直接融资方式是以证券公司为核心的，它指的是资金盈余者直接购买资金短缺者债权或产权的融资方式。

二、直接融资与间接融资的优点

间接融资的优点主要有：(1) 各国对金融中介机构的监管都要比一般企业严得多，金融中介机构的资信度和内部管理也强于一般企业，因此，间接融资的社会安全性较强；(2) 尽管银行贷款一般审批比较严格，要求条件较高，但对于有良好资信记录的长期客户，授信额度可以使企业的流动性资金需要及时方便地获得解决；(3) 在间接融资中，企业只对有关金融机构公开财务和投资计划，保密性较直接融资强。

直接融资的优点主要有：(1) 筹资方直接面对市场，筹资规模和风险度可以不受金融中介机构资产规模及风险管理的约束；(2)

直接融资活动具有较强的公开性，在良好的信息披露制度下，筹资方直接面对市场监督的压力，必须注意规范自己的生产经营活动，将资金投向高效益的领域；(3) 直接融资活动还受公平性原则的约束，公平原则有助于形成良好的市场竞争环境，从而有助于实现资源的最优配置。

1979 年改革开放以来，受传统经济体制的影响，我国金融运行一直以银行间接融资为主。进入 20 世纪 90 年代，伴随着证券市场的发展，企业直接融资步伐加快，以股票融资为主的直接融资在我国金融运行中所占比重逐步提高，形成了当前以间接融资为主、直接融资为辅的金融运行格局（见表 12-1）。

表 12-1　**1986～2000 年中国直接融资、间接融资情况**

单位：亿元

年份	间接融资（1）	直接融资（2）	（2）/｛（1）+（2）｝%
1986	8 150.00	401.84	4.70
1987	9 800.00	562.88	5.43
1988	12 219.50	873.68	6.67
1989	14 360.10	11 28.77	7.29
1990	17 680.70	1 319.34	6.94
1991	21 337.80	1 754.34	7.54
1992	26 322.90	2 653.07	9.16
1993	32 943.10	3 074.78	8.54
1994	40 810.10	3 493.40	7.89
1995	50 394.20	4 420.62	8.06
1996	61 152.80	6 464.55	9.56
1997	74 194.10	10 617.61	12.46
1998	86 254.10	13 888.73	13.83
1999	93 734.28	14 420.40	13.33
2000	99 371.07	15 170.61	13.24

资料来源：引自黄达主编：《金融学》，北京：中国人民大学出版社 2003 年版，第 81 页表 2-5。

第四节　利息和利息率

利息和利息率这一节介绍的是货币资本化过程中的价格问题。价格问题对任何一种交易来说都是核心问题，在金融交易中也不例外。

一、利息和收益

在西方教科书中，利息常被表述为：货币所有者因出让货币使用权而从借款人那里获得的补偿，或者，是资金短缺者从市场上筹集资金的成本。这种定义方法主要是从利息对借贷双方的含义出发的。在借贷关系中，利息是资金使用权的价格表现形式。一方面，对于借入者来说，利息是他借入资本所必须做的补偿，数量多少是在借贷发生时就确定的，而且，其确定通常由市场利率水平决定，而与其自身盈利能力无直接的关系，因此，对于借入者来说，自然会把利息当做一种支出看待，而不可能把它看成是自己利润的一部分；另一方面，在借贷活动中，货币资本的所有权和使用权发生分离，贷出者只是出让了货币的使用权，而保留了货币的所有权，从而使得贷出者有权要求借入者还本并付息，即对于贷出者来说，利息就是因他对货币拥有所有权并出让使用权而来的。但是，上述定义只是从借贷关系表面出发所作的描述。

对于利息的实质马克思曾作过深刻的剖析："贷出者和借入者双方都是把同一货币额作为资本支出的。但它只有在后者手中才执行资本的职能。同一货币额作为资本对两人来说取得双重的存在，这并不会使利润增加一倍。它所以能对双方都作为资本执行职能，只是由于利润的分割，其中归贷出者的部分叫做利息。"因此，从本质上说，利息是剩余价值的特殊转化形态，是利润的一部分。

收益是一个与利息既相联系又相区别的范畴，收益的内涵比利息要深，外延比利息要广。收益是投资者通过投资取得的收入，投资收入由基本收入和资本收入两部分组成。

利息和股息收入是投资的基本收入。利息是债权资产的法定收入，是确定的，与债权资产的风险成正比；股息是产权资产的收入，优先股的股息通常是确定的，普通股的股息则是不确定的，产权所属企业的经济效益是股息的基础，但股息分配政策对股息起直接的作用，投资者也不要片面地追求高股息。

资本收益是因资产价上升而形成的价差收益，债权资产因票面收益、期限确定，故价格波动有限，资本收益也有限；产权资产价格波动大，且价格上升无上限，既可能因价格上升而获得大幅度的资本升值，也可能因投资失败而血本无归。

二、利息率

利息水平的高低是以利率来表示的，利率的基本内涵是一定时期的利息量与本金的比率。用公式表示如下：

$$R=\frac{I}{P} \qquad (12.1)$$

其中，R 代表利率，I 代表利息，P 代表本金。

计算利息的方法有两种：单利法和复利法。单利法只以本金计算利息，不考虑利息在再投资情况下使用的利率，基本计算公式如下：

$$I=P\times R\times T \qquad (12.2)$$

其中，T 代表借贷的时间，I、P、R 同上。利率的表示分为以百分位％表示的年利率、以千分位‰表示的月利率和以万分位‱表示的日利率，在计算时，借贷时间的单位要与利率表示的时间单位保持一致。如使用年利率时，要将时间换算成年。

例如，某甲在银行办理了 1 000 元的 ·年期定期储蓄存款，当时，一年期储蓄存款利率为 3%，但甲在存款 120 天后要求提前支取，按规定提前支取储蓄存款只能按活期利率计息，当时的活期利率为 1.8%，则甲在提取存款时银行只能支付利息额 6 元，具体计算如下：

$$I=1\ 000\times 1.8\%\times\frac{120}{360}=6\text{（元）}$$

复利法计算利息是把定期结算的利息加入本金逐期滚动计算

的。基本计算公式如下：

$$A = P \times (1 + r)^n \tag{12.3}$$

其中，A 为本利和，P 为本金，r 为复利率，n 为复利的期数。

例如，某项贷款为期两年，金额 1 000 元，利率 5%，每年计息一次，则该项贷款到期的本利和应为 1 102.5 元。

$$A = 1\ 000 \times (1 + 5\%)^2 = 1\ 102.5 \text{（元）}$$

很显然，在计算利息时，单利法比复利法要简单，但复利法计算利息由于考虑了利息再投资的因素，因此，在经济核算方面比单利法更精确。

三、收益率与到期收益率

收益水平的高低，也不是看收益的绝对值，而是看收益额相对于投资额的比率，即收益率，用公式表示如下：

$$Y = \frac{I_1 + (P_1 - P_0)}{P_0} = \frac{I_1}{P_0} + \frac{(P_1 - P_0)}{P_0} \tag{12.4}$$

其中，Y 代表收益率，I_1 代表一个时期的利息或股息收益，$(P_1 - P_0)$ 是一个时期的资本收益，$\frac{I_1}{P_0}$ 是利率或股息率，$\frac{(P_1 - P_0)}{P_0}$ 是资本收益率。

如同利息与收益的关系一样，利息率和收益率也是既相区别，又相联系的。对于存款来说，由于到期偿还金额与最初投资资本金是一样的，因此，利率与收益率是一样的。但是，对于大多数债权凭证来说，由于二级市场价格是波动的，债券参与二级市场交易的话，实现的价值就是不确定的，从而使实现的收益率或高于或低于票面利率。因此，尽管有些债券有票面利率，实际的收益率却不一定与票面利率相等。这种反映投资者实际获利水平的收益率，可被定义为有效利率，在日常经济活动中常常直接被称为利率。

收益率有多种，在投融资中常常用到的收益率是到期收益率。到期收益率就是假设投资者将债券一直持有到期的条件下债券的年均收益率。它全面考虑了债券的购买价格、偿还金额、到期时间、定期的利息支付及利息支付的时间间隔等因素。

四、单利率和复利率

单利率和复利率分别是在单利法和复利法这两种不同的计息方式中采用的利率，在表示方法上没有什么不同，但是，同样的本金，同样的利率水平，计算方法不同，计算的结果是不一样的。反过来说，同样的本金、利息用单利率表示的利率水平与用复利率表示的利率水平是不一样的，前者大于后者。

1949 年新中国成立后的很长时期，由于我们习惯于把复利和“利滚利”、“驴打滚”等封建高利贷信用联系起来，故对复利长期持否定态度，传统上一直采用单利法计息，故官方公布的利率都是单利率，银行存款利率始终如此。改革开放后，首先是贷款采用了按年结息的方法，然后是长期国债和企业债券的一些券种作为附息债券也采用了复利率。在计算无票面利率的贴现债券的利率或收益率时，人们也往往采用复利率来表示。

五、固定利率和浮动利率

固定利率和浮动利率是依对借贷期内利率是否可以调整而划分的两种利率。以借贷关系成立时确定的利率为标准，在借贷期内不做调整的利率是固定利率；相反，在借贷期内利率可做调整的利率为浮动利率。如我国的定期储蓄存款利率在 1993 年以前遇到国家上调利率，则采用分段计息的方法，上调前存款的那段时间按原定利率计息，上调后的时间按新的利率计息；而 1993 年以后定期储蓄存款利率则改为固定利率的方式，无论国家上调还是下调利率，都与国家调息前的定期储蓄无关，定期储蓄一律按存单上原定的利率计息。固定利率在核算上简单方便，但在 20 世纪 70 年代以后，由于世界各国利率波动幅度和频率大大增高，在更加讲求经济核算的情况下，浮动利率被越来越多地采用，特别是在企业的借贷活动中。我国企业的贷款利率现在就是采用的浮动利率法每年核定一次利率。

六、名义利率和实际利率

名义利率和实际利率是从利率是否包括对通货膨胀所引起的货币贬值风险的补偿角度区分的。古典利率理论认为，均衡利率取决于资金的总供给和总需求，通货膨胀是影响资金总供求的一个重要的宏观因素。实际利率是没有考虑通货膨胀因素影响下的均衡利率，在加入通货膨胀因素后，名义利率要据以调整以使投资者仍获得实际利率水平，因此，名义利率就是包含通货膨胀补偿的利率水平。名义利率、实际利率和通货膨胀率这三者之间的关系如下：

$$R = r + i \tag{12.5}$$

式中，R 为名义利率，r 为实际利率，i 为通货膨胀率。

这一关系式表明，名义利率与通货膨胀率成正比，通货膨胀率越高，名义利率也应越高，才能使贷款人获得的补偿接近实际利率；相反，在通货膨胀率降低后，名义利率也应有所降低。

七、官定利率、公定利率和市场利率

官定利率、公定利率和市场利率是从利率的决定机制角度划分的。官定利率顾名思义是由官方确定的，比如，在我国各金融机构的存贷款利率由作为中央银行的中国人民银行统一制定，各金融机构在统一规定利率的上下一定范围内有一定的利率浮动权，这就属于官定利率。公定利率是由非官方机构的行业自律组织加以规定的，对组织成员有一定的约束力。市场利率则是由市场供求决定的利率水平，如国债交易市场形成的利率水平。

八、基准利率、一般利率和优惠利率

基准利率、一般利率和优惠利率是从利率在经济中的作用角度划分的。基准利率是在利率体系中起决定作用或指导作用的利率，它既是一定时期利率水平的一般标准，又是金融监管当局宏观金融调控的一种指示器，它的变动表达着金融监管当局的政策意图，中央银行的再贴现率、再贷款利率和同业拆借市场利率都可以承担基准利率的作用。有一些国家如加拿大每周定期拍卖国库券，中央银

行根据国库券拍卖的收益率确定央行利率是否调整，商业银行则根据市场情况决定自身利率是否随央行利率调整，这样，国库券的收益率特别是三个月期国库券的收益率便成了有代表性意义的利率。

一般利率是指市场上存在的各种不含优惠的利率，如商业银行按中央银行公布的贷款利率对企业发放贷款。

优惠利率是指国家通过金融机构或金融机构本身对于认为需要扶植的行业、企业或个人所提供的低于一般利率水平的贷款利率。优惠利率有两种方法：差别利率法和贴息法，两者的经济作用是不同的。前者发生在贷款发放时，实际扶植效果是未知的；后者发生在贷款过程中，便于监督、管理，防止套利行为的发生。在我国，优惠利率较多地是与国家产业政策配合使用的，传统上多采用差别利率的方法，但实际操作过程中，由于量大面宽，很难起到调节产业结构的作用。在国际金融领域，外汇贷款的利率是否优惠是以伦敦同业拆放市场利率为衡量标准的，低于该利率者为优惠利率。

九、年利率、月利率、日利率

年利率、月利率、日利率是以利率计算的基本期限单位为标准划分的。年利率是以年为单位计算利息时使用的利率，以百分位%表示；月利率是以月为单位计算利息时使用的利率，以千分位‰表示；日利率是以日为单位计算利息时使用的利率，以万分位‱表示。传统上中国民间对于利率的称谓都是厘，由于年利率、月利率和日利率的单位差别很大，因此，年息的4厘和月息的4厘差别很大，年息4厘是4%，而月息4厘是4‰。

第五节　利率的决定

统览宏观和微观金融理论我们发现，有关利率决定的理论有三大类：第一类是利率总水平决定理论，研究一般利率水平的决定和影响因素，可服务于宏观调控的目的；第二类是利率期限结构理论，研究是什么因素导致长短期利率的差异，可直接服务于投资管理；第三类是利率的风险结构理论，研究金融资产如何依所承担风险的大小而享受相应的收益，可服务于金融资产的估值和投资决策。考虑学生的接受能力，本节仅对第一类利率理论进行介绍。

一、利率决定理论

（一）马克思的利率决定理论

马克思对利率决定因素的分析是以其对在资本主义制度下利息本质的认识为基础的。马克思认为，资本主义利息是利润的一部分，是剩余价值的一种转化形态。在资本主义社会中，职能资本家把自己的一部分利润以利息的形式支付给借贷资本家，作为给借贷资本的报酬，这样，利润就分割为两部分：借贷资本家的利息和职能资本家留下的企业主收入。分割利润的利息率既与借贷资本的供求状况有关，更与资本借贷的性质有关。职能资本家借款是为了把它当做资本以获取利润，如果利率高到要拿走他的全部利润，使他无利可图，那他就根本不会去借款；同样，借贷资本家也是以增值为目的贷放货币的。因此，正常情况下，利率水平应介于零和平均利润率之间。马克思的利率决定理论也因此被称为平均利润决定论。

（二）西方的利率决定理论

西方经济学中多从供求对比的角度考察利率变动，而对供求双方不同的考察角度和考察方法就形成了不同的利率决定理论。

传统经济学的利率决定理论也称为实际利率理论，它强调生产率和节约等实际因素在利率决定中的作用。其中，生产率用边际投资倾向表示，节约用边际储蓄倾向表示，这里的“储蓄”是指收入减去消费的差额。由于投资流量会因利率的提高而减少，储蓄流量会因利率的提高而增加，当储蓄和投资相等时，便会确定唯一的均衡利率。

凯恩斯的利率决定理论则完全抛弃了实际因素对利率水平的影响。凯恩斯从货币供求角度进行分析，认为利率决定于货币供求数量，而货币需求量又基本取决于人们的流动性偏好。如果人们对流动性的偏好强，愿意持有的货币数量就增加，当货币的需求大于货币的供给时，利率上升；反之，当人们的流动性偏好转弱时，对货币的需求下降，利率下降。因此，利率是由流动性偏好与货币供给共同决定的。

在凯恩斯之后，英国的罗伯逊与瑞典的俄林提出了“可贷资金论”，这种理论既反对传统利率决定理论中对货币因素的忽视，也不同意仅仅用货币因素解释利率决定。按照可贷资金理论，借贷资金的需求与供给均包括两个方面：借贷资金需求来自某期间投资流量和该期间人们希望保有的货币余额；借贷资金供给则来自于同一期间的储蓄流量和该期间货币供给量的变动。当借贷资金需求与借贷资金供给相等时，便决定了均衡利率。

二、影响利率水平的因素

在制定利率政策时需考虑的因素很多，除了社会平均利润率外，还要考虑资金供求状况、宏观经济状况、企业承受能力、银行经营成本、历史利率、国际利率、汇率水平、预期价格变动率等因素。

（一）资金供求状况

借贷资金供求状况的变动是影响市场利率变动的直接因素，资金供应增加，需求减少，市场利率下降的压力增加；资金供应减少，需求增加，市场利率向上的压力增加。而影响借贷资金供求的因素又是多方面的，既有实际经济因素，如实际经济投资利润率降低，实际经济投资不旺导致对借贷资金需求降低；也有纯货币因素，如股票市场行情火爆，投机者急需从借贷市场上融入资金，参与炒作；常常还有心理因素，如预期利率将下降时，投资者会增加对债券市场的投资，从而实际将债权市场的有效利率水平即收益率降低。资金供求状况可以说是各种影响利率水平因素的综合反映。

（二）宏观经济状况

宏观经济状况不同，市场利率水平和中央银行的利率政策也是不同的。当经济处于繁荣期时，投资旺盛，市场资金需求强劲，市场利率较高且呈上升趋势，这时，中央银行为防止经济过热，保持经济持续、稳定的增长，往往会采取偏紧的货币政策，提高基准利率；相反，当经济不景气时，投资疲弱，市场资金需求不足，市场利率水平降低，这时，中央银行为刺激经济复苏，就会采取较为积极的货币政策，降低基准利率以降低投资成本，从而刺激投资。

（三）企业承受能力

这一因素长期以来一直是我国银行利率政策制定和调整所要考虑的基本因素之一。与平均利润率决定理论的出发点是一样的，所不同的是，我国银行贷款的主要对象是国有企业。因此，银行利率水平的决定是以国有企业的整体经济效益为基础的，自 1996 年以来的 7 次降息所考虑的因素中都包括减轻国有企业利息负担这一条。随着国有企业脱困目标的实现和现代企业制度的健全以及国家投资退出竞争性项目的落实，这一因素将逐渐会被资本平均利润率所取代。

（四）银行经营成本

银行经营成本基本包括两部分：存款利息支出和一般营业费用。由于银行是货币中介机构，存款和贷款是其基本业务，银行的这些经营成本主要靠贷款收取的利息负担，故银行利润与其经营成本成反比，与贷款利率成正比。在 1996 年以来的几次降息中，有时存贷款利率同时大幅下降，存贷款利差基本不变，这时主要是以存款人收益的降低减轻了企业的利息负担，对银行盈利不产生大的影响；有时则是存款利率降低幅度小于贷款利率降低幅度，银行利差缩小，在这种情况下，企业获益较多，存款人受损较少，银行营业利润却受到影响；反之，如果存款利率降低幅度大于贷款利率降低幅度，存贷款利差增大，在这种情况下，企业和银行都将从降息中获益，只有存款人的利益在降息中受损。

（五）历史利率、国际利率和汇率水平

一般来说，除非发生极端的政治经济动荡，一国的价格体系，包括利率体系，是具有历史继承性的，当前的利率水平是历史利率水平在新的经济条件下的延续。1999 年 6 月 10 日，人民银行继续 1996 年以来的利率政策，第 7 次下调了存贷款利率，使我国名义利率水平创出了建国以来的历史新低，就主要是由物价水平负增长决定的。

国际利率也会影响一国的利率水平。长期以来，与封闭的经济

相适应，我国的人民币利率体系也一直是封闭的，与国际利率无关，亦不受制于国内外汇存贷款利率。但是，连续降低利率，使人民币存款利率接近甚至低于国内外汇存款利率水平时，套汇和逃汇的增加冲击着国家外汇储备的管理，进而威胁到人民币汇率稳定政策的执行。为此，人民银行在 1998 年分别于 6 月 12 日、9 月 23 日和 10 月 27 日三次调低了国内银行美元存款利率，人民银行直接干预国内商业银行外汇存款利率的做法是前所未有的。

汇率对利率的影响体现在因汇率变动而导致的外汇收支变化对国内金融市场资金供求的改变上。从理论上说，人民币汇率降低，有利于增加出口和吸引外资流入，增加外汇收入，从而增加人民币需求和供给，进而增加金融市场上的资金流量，导致金融资产价格上升，利率下降。反过来说，要保持人民币汇率的稳定，减轻其贬值的压力，人民币的利率水平就不能过低。因为尽管我国尚未实现资本项目的开放，利率水平的高低不会成为短期国际资本流动的决定因素，但降低利率，使国内利率接近甚至低于国际利率，却会导致套汇和逃汇的增加，威胁到人民币汇率稳定政策的执行。

不过，到目前为止，人民币利率和汇率之间还缺乏内在的经济联系机制，汇率实现对外均衡的目标，利率实现对内均衡的目标，利率政策的制定较少考虑国内外汇存贷款利率以及利率与国际收支之间的联系。

（六）预期价格变动率

从上面对名义利率和实际利率关系的分析可以看出，价格变动与名义利率变动有着直接的联系。要保持实际利率不变，在价格总水平上升后，名义利率中货币贬值的机会成本补偿就要随之增加，名义利率也应随之上升；反之，名义利率应下降。投资者对价格变动的预期会影响他们的行动和对交易的定价。比如，当贷款人预期价格水平将上升从而名义利率也将上升时，就会尽量减少长期贷放；而借款人预期价格水平将上升时，就会尽量要求增加长期借款，导致长期借贷供不应求，借贷利率上升。

第十三章　金融市场

第一节　金融市场概述

金融市场是现代金融交易的一种组织机制，与经济中其他市场相比，既有共同之处，又有其特殊性，我们可以从多种角度对金融市场进行分类。

一、金融市场的定义

金融市场是市场体系中的一个重要组成部分，它既具有市场体系的共性，又有自身的特点，这些特点奠定了金融市场在市场体系中的特殊地位。全面、系统地考察金融市场是发展和利用金融市场的基础。

从一般意义上说，市场是一个交易机制的概念，任何一种有关商品和劳务的交易机制都可形成一种市场。市场既可以是有特定场所的有形市场，也可以是无形的市场，尤其是在泛指的情况下。因此，我们可以把金融市场定义为对金融交易机制的概括，即通过金融工具交易进行资金融通的场所与行为的总和。

二、金融市场的要素分析

与其他市场一样，金融市场也包含交易对象、交易工具、交易主体、交易价格和交易的组织系统这样一些基本要素。

（一）交易对象

人们参与金融市场的最原始目的是融通资金，因此，人们在金融市场上交易的传统项目是货币资金的使用权。在交易中，资金盈余者出让了货币资金使用权，根据对该笔资金的所有权收取报酬——利息或股息，并在债权期满后收回本金；资金短缺者在承诺了对方债权或产权后得以使用资金，但要给对方以补偿。随着流通市场的发展和衍生金融市场的兴盛，金融市场的功能已远远超出了调节资金余缺的范围，实际交易的对象是什么已经变得不那么重要了，人们关注得更多的是交易的工具。

（二）交易工具

交易工具是交易的载体。金融市场的交易工具是金融交易的证明，简称金融工具。金融市场的发展与创新使金融工具品种繁多。传统的金融工具包括各种债权和产权凭证，如存款单证、商业票据、股票、债券等，还有各种以传统金融工具为基础开发出来的衍生金融工具，如期权合约、期货合约、认股权证、掉期合约等。金融工具以其本身制作成本而论是没有什么价值的，只是因为它所表示的交易的内在价值而被标价。随着金融交易超出货币资金余缺调剂的范围，金融工具成了名副其实的交易工具，像期权合约之类的金融工具，本身就有标准价格，该价格与其中潜在的交易对象的价值并无联系，有些合约如股票指数期货合约，则连潜在的交易对象都没有。

（三）交易主体

在货币信用制度高度发达的今天，任何有经济收入的单位和个人都自觉或不自觉地成为金融市场的参加者。与经济学中的划分相类似，金融市场的众多参与者也可以按五大部门归类：企业、个人、财政、金融机构和国外部门。尽管这五大交易部门往往都同时既是资金供应者又是资金需求者，通常，人们习惯依净额把企业和财政归为资金净需求者，把个人和金融机构归为资金净供应者。国外部门的身份要依一国的国际收支状况而定，当一国出现贸易顺差时，依国民收入的定义，该国对外处于储蓄状态，为资金供应者；反之，则为资金需求者。不过，一国的对外贸易活动与其资本输出、输入活动往往是相互独立的，常常出现一国贸易收支与资本收支同顺或同逆的情况。如果我们考虑把国外部门作为一个可利用的资金来源，则可把它划入资金供应者的行列。还有一个处于特殊地位的参与者——中央银行。中央银行不是为商业的目的而参与交易的，中央银行参与金融市场运营旨在运用经济手段进行宏观调控。而且，中央银行与企业和个人（有些国家还包括财政）都没有业务往来关系，其主要业务对象是存款货币银行。

（四）交易价格

每笔金融交易都是按照一定的价格成交的，其交易价格同其他市场价格一样，也是由金融工具所代表的交易价值决定的。市场的买卖规律是当价格大于价值时卖出，当价格小于价值时买入。因为价格高于价值意味着实际收益高于均衡收益；反之，实际收益则低于均衡收益。在激烈竞争的推动下，买卖活动会很快使价格接近价值，机会稍纵即逝。由此看来，金融工具的估值成了判断价格高低的关键。估值的方法很多，如计算金融工具的现值，还有多种资产定价模型可供选择。金融交易的价格通常以收益或收益率来表示。均衡价格是市场供求实现均衡时的交易价格，被认为是与实际价值相吻合的收益。

（五）交易的组织系统

金融交易都是在特定的制度安排下进行的。传统上，与金融中介机构发生的交易都在这些机构的营业场所内按规定程序完成，证券市场的交易组织系统划分为交易所交易和场外交易两种。随着信息技术的普及和应用，现在越来越多的金融交易组织系统在朝电子化、网络化方向发展。

三、金融市场的分类

（一）从市场的职能角度划分

从市场最初的职能出发，金融市场可以分成发行市场和流通市场。

发行市场也称“一级市场”或“初级市场”，是筹资者通过股票、债券等传统金融工具的发行，从市场上筹集资金的市场组织机制。证券发行市场一般是无形的，就是证券发售的一种市场组织机制，由发行者、投资者和金融中介机构三类主体组成。

有价证券的发行方式从发行对象不同来划分，可分为公募发行和私募发行两种。公募发行又称公开发行，是向社会公众的发行。私募发行又称不公开发行或内部发行，通过私下安排的方式，只对少数特定的投资者发行。

从在证券发行中金融中介机构所承担的责任不同划分，证券发行方式又可分为直接发行和间接发行。在直接发行中，金融中介机构只负责办理证券的发售工作，而不参与发行的决策；在间接发行中，金融中介机构不仅负责办理证券的发售，还要参与有关发行对象、发行价格、发行数量等的决策，提供全面的发行服务，甚至包销证券。

流通市场是已发行金融工具的流通市场和衍生金融工具的发行和流通市场，它以发行市场为基础，反过来，又成为发行市场发展的制约因素，流通市场增强了金融工具的流动性。流通市场的交易只是金融工具的易手，不改变市场金融工具总量。在流通市场上，既有投资者，又有投机者；既有在交易所里进行的交易，也有通过经纪人以电讯联系进行的交易。二级市场交易量远远大于初级市场的交易量。

流通市场的参与主体包括经纪人、交易商和一般投资者。

流通市场的两种基本组织形式是交易所交易市场和场外交易市场。交易所交易是指投资者参与买卖在证券交易所上市的有价证券的交易机制。所有不在交易所内进行的证券交易统称为场外交易。

此外，从市场职能的发展来看，金融市场又可分为传统金融市场和衍生金融市场。传统金融市场执行金融市场媒介资金融通等传统职能，是金融市场的主体，也是国民经济运行不可缺少的组成部分。衍生金融市场则是为进一步发展和完善传统市场而创造的以套期保值和价格发现为基本功能的市场机制，它的健康发展，对金融市场的深化有着积极的促进作用。

（二）从金融工具的存续期限角度划分

这是最常用的一种分类方法，以金融工具的期限为分类标准。货币市场上金融工具的期限在 1 年及 1 年以下，资本市场上金融工具的期限都在 1 年以上。因此，货币市场又称短期资金市场，资本市场又称长期资金市场。货币市场上完全是债权交易，资本市场上则既有债权交易又有产权交易。衍生金融工具的交易由于交割期限都在一年以内，因此，也都属货币市场范畴。

（三）从交割的角度划分

交割是金融交易的最终环节，在这一环节资金和金融工具在购买者和卖出者的账户间发生实际的转移，现货市场的交割在成交后很快完成，而期货市场的交割都明确规定在成交后的一段时间内或未来某一特定日期进行。其中，美国式期货市场的交割可在规定的未来一段时间内的任何一天交割，而欧洲式期货市场的交割则只能在规定的未来某一特定日期进行，期权市场也是如此。

（四）其他考察角度综述

按金融工具的种类不同划分，金融市场可分为：股票市场、债券市场、投资基金市场、认股权证市场、期权市场、期货市场、掉期市场、保险市场、信托市场、租赁市场、存款单市场、抵押市场、商业票据市场；从市场参与者的国籍身份考察，金融市场可分为国内金融市场和国际金融市场；从市场参与者的性质和交易数量不同来划分，金融市场可分为零售市场和批发市场。

第二节　货币市场

货币市场按交易工具的不同，一般包括国库券市场、商业票据市场、大额可转让定期存单市场、同业拆借市场、回购市场等。

一、国库券市场

国库券市场是短期政府债券发行和流通的市场。这种市场的存在，一方面是为政府提供弥补经常性财政收支差额的资金来源，另一方面，也为金融市场的投资者提供了一种进行资产流动性管理的工具。

国库券通常有3个月、6个月、9个月、12个月四个品种，基本没有违约风险。由于期限短，通常采用贴现的方式发行。

西方市场经济发达国家的国库券通常是定期滚动发行的，发行价格通过市场竞价决定，由此形成的利率被认为是市场资金供求状况的灵敏反映，是市场基准利率水平的代表，如加拿大中央银行就是在每周二，根据国库券发行市场 3 个月期国库券的拍卖结果公布中央银行基准利率的。美国在使用联邦基金市场利率之前也是如此。

国库券不仅发行市场很有影响，流通市场也很活跃，其中一个重要原因就是：在现代银行体制中，国库券是中央银行进行公开市场业务操作的主要工具。同时，商业银行、养老金基金、共同基金、保险公司等机构投资者也是国库券市场的积极参与者，国库券是这些机构投资者进行流动性管理的一项重要选择。

国库券市场具有期限短、交易金额大、价格波动小的特点，不适合个人的小额投资，由此带来了货币市场基金这类集合投资工具的创新。

二、商业票据市场

这里所说的商业票据，指的是在西方发达国家由具有高信用等级的大企业和财务公司发行的短期无担保债券。它是一种纯市场融资工具，期限从 2 天到 270 天，30 天以下的商业票据市场最为活跃，一般只有发行市场，少有二级市场。

商业票据的利率常常低于银行贷款利率，这使其对于发行人非常具有吸引力，特别是在银根紧和利率高的时期。自 20 世纪 70 年代起，商业票据一直是美国大企业短期资金的主要来源之一。

在美国，与银行相关的商业票据大约占商业票据市场的 25%，但通常不是商业银行的负债，而是银行持股公司或非银行附属机构的负债。美联储准许商业银行作为代理人直接将商业票据销售给投资者。

三、大额可转让定期存单市场

大额可转让定期存单是由大银行以大面额（通常在 100 万美元以上）发行的可转让定期存单，期限短至 14 天，长至 12 个月，平均期限为 3 个月，到期前可以在二级市场卖出，交易最小量为 100 万美元，通常为 500 万美元。大额可转让定期存单既可以以贴现的方式发行，也可以以到期还本付息的方式发行。

大额可转让定期存单最早产生于20世纪60年代的美国，是作为一种货币市场工具推出的，是银行积极主动筹集短期资金、实施负债管理的一种工具。与普通定期存单有所不同，大额可转让定期存单的投资者一般是保险公司、财务公司等机构投资者。美国最大的25家银行发行的大额可转让定期存单的二级市场非常活跃。

四、同业拆借市场

同业拆借市场是银行等金融机构间的短期资金借贷市场。典型的同业拆借市场是为调剂商业银行结算资金余缺而设立的隔夜拆借市场，参与者现已扩大到银行以外的金融机构，交易对象也扩大至银行承兑汇票、商业票据、大额可转让定期存单、回购协议等，市场功能也已发展成为一种金融机构进行资产负债流动性管理的工具。美国联邦基金市场就是一种同业拆借市场，联邦基金利率现已成为美国的基准利率。

五、回购市场

回购市场实质上是一种以有价证券为抵押的贷款市场。在这个市场上，资金需求者以自己所拥有的有价证券为基础，出售回购协议而获取资金，并于规定的日期再以规定的价格向回购协议的购买者购回证券。它可以使有价证券的所有者在不丧失对有价证券所有权的情况下不断地根据需要融通资金，具有极大的灵活性；对于投资方而言，购买回购协议具有期限短、保证性强的优点，在市场资金需求旺盛的时期收益率也极高。

第三节　资本市场

一、股票市场

股票是股份有限公司发行的、用以证明投资者股东身份的有价证券。股票发行可以为股份有限公司带来资本金，股票投资是投资者拥有对股份有限公司的所有权。股票市场不仅仅具有融通资金的功能，还具有风险管理、信息生产和公司治理的功能。

一个企业可以根据不同的需要发行不同的股票，按照股票投资者权益的不同，股票可分为普通股和优先股两大基本类型：

（一）普通股和优先股

普通股是股票最普遍的一种形式，具有以下特点：

1. 不带有固定的定期收益和本金偿还的承诺。股息或红利的多少取决于公司经营效益的好坏和股息分配政策，这既增加了投资的风险，也提供了获得高收益的机会。普通股的收益主要来自股息、红利收入和股价上升带来的资本升值收入两个方面，其风险当然也来自这两个方面。

2. 普通股股东享有对公司经营决策的参与权，这一权利是通过参加股东大会实现的。普通股股东有权参加股东大会，听取公司董事会的业务和财务报告，对公司经营管理发表意见，在股东大会上行使表决权和选举权，选举公司的董事和监事。

3. 普通股股东具有优先认股权。在优先认股权制度下，现有的股东有权保持对企业所有权的现有百分比，因此，当公司为增加资本而决定增发普通股时，现有的普通股股东有权优先认购。但我国《证券法》规定，上市公司发行新股，可以向原有股东配售，也可以向社会公开募集。

4. 普通股股东有权享受红利。红利是在正常股息分配之外额外支付给股东的利润额，当公司利润特别丰厚时，普通股股东使有权在董事会决定后，从公司利润中分取红利，这是普通股股东经济权益的直接体现。

5. 普通股股东具有剩余索偿权。当股份有限公司破产或解散清理时，在公司资产满足了公司债权人的清偿权及优先股股东优先分配资产的请求后，普通股股东有权参与公司剩余资产的分配。

优先股是股份有限公司发行的、在分配公司收益和剩余资产方面比普通股具有优先权的股票。优先股的特征有：

1. 有约定的股息。优先股的股息在发行时就已确定，不随公司利润的增减而波动。当然，这一点也并不绝对，因为优先股毕竟是股权凭证而非债权凭证，如果公司没有获得足够优先派息的利润，也可以少派息，甚至不派息，公司方面也不会因此而承担法律上不履行债务的责任。

2. 具有优先分配股息和清偿资产的权利。在领取股息方面和当公司破产或解散清理时，优先股股东的利润分配权和资产索偿权虽位于债务人之后，但却在普通股股东之前。

3. 表决权受到限制。优先股股东的表决权受到严格限制，在通常情况下不享有公司经营决策参与权，也没有选举权，只有当公司活动或议案涉及到优先股股东的权益时，优先股股东才有相应的表决权。

（二）普通股筹资的利弊

采用普通股筹资的优点主要有：发行普通股筹集的资金具有永久性，无到期日，不需归还，可以保证公司的最低资本需要，在公司存续期间自主安排使用；无固定的股利负担，支付股利与否、支付多少视公司的经营情况、盈利多少和分配政策而定，在经济波动时给公司带来的财务负担较小，且没有还本的压力；普通股筹集的资金作为公司的基本资本来源，代表着公司的资金实力，可作为其他方式筹资的基础，为债权人提供保障，增强公司的举债能力；普通股发行后可以申请上市，股票上市可以提高公司及其产品的知名度，提高股票的流动性，增强公司的筹资能力，便于确定公司的价值，有利于股东财富的增值。

采用普通股筹资的不利因素主要有：普通股的资金成本较高，因为投资者投资于普通股风险较高，其要求的投资报酬率也相应地较高，并且公司支付普通股股利时，要用税后利润支付，没有抵税的作用，另外普通股的发行费用一般也比其他证券高；以普通股筹资会增加新股东，分散公司的控制权，对老的控股股东产生威胁；增发新股会降低普通股的每股收益，引发股价下跌；股票上市对公司也有不利之处，如公司需定期公布财务状况，保密性差，股票交易易被人为操纵，影响公司形象。

（三）优先股筹资的利弊

优先股筹资对公司有利的方面在于：优先股筹集的资金既是公

司的长期权益资金，无到期日，不需归还，资金成本又相对固定；公司发行优先股筹集的资金，同样也可以增强公司的资金实力和举债能力；优先股股东一般无表决权，不会分散股东控股权。

优先股筹资的缺点在于：优先股的资金成本固然比普通股低，但较之债券要高；优先股股息固定，发行数额过大仍会给公司带来沉重的财务负担，在无力支付股息时，还会损害公司形象。

（四）股票投资的收益与风险

股票投资既可赚取股息分红收益，又可赚取流通市场上的价差收益。而股票的价格最低为零，最高却没有界限，因此，股票投资的收益从理论上说是无上限的，只要企业能持续、高速发展，股票市场健康稳定，股票投资对投资者来说就具有极大的潜在盈利能力。

此外，普通股的股东可以参加股东大会，有利于了解公司的生产经营情况和未来发展战略，对公司重大经营决策的表决权使之可以在一定条件下实施自己的影响。

与股票诱人的潜在权益相伴随的是股票投资的高风险性。股票没有到期日的规定，视同于投资者对企业的直接投资，在企业经营状况不好的时候，投资者不仅得不到股息收入，连投资的资本金也要遭受损失。对于从二级市场购买股票的投资者来说，股票市场的价格不仅取决于企业的生产经营状况，还取决于二级市场供求因素的影响，即使企业自身没有什么问题，但遇到整个市场不景气，或本企业股票遭市场冷落或被人为操纵，或自己决策失误等都会造成资本的损失。而且，二级市场的价格一般都比面额高，有的甚至高几十倍、上百倍，在企业被摘牌或被实施破产清理时，可能血本无归。因此，投资风险是相当大的。

二、债券市场

债券一般采取附息债券的方式发行，即在到期日前每年或每半年定期支付利息，到期还本。公债和公司债券是典型的债券市场工具。

（一）公债和公司债券

公债通常是指长期的政府债券，主要用于公共设施建设等长期财政投资的需要。

公司债券在西方国家是指由企业发行的长期债券，期限大多在10～30年之间，与上述债券相比，违约风险相对较大，票面利率也较高。在实际经济生活中，公司债券的种类繁多，服务于不同公司的不同需要，如在美国债券市场上，较为主要的公司债券有以不动产为抵押的抵押债券、以动产为抵押的设备信托证券、信用债券、可转换债券等。

债券发行前一般都要进行信用评级，只有达到一定信用等级的企业才可以发行债券，同时，信用等级越高，表明债券发行人的偿债能力越强，债券的发行成本就可越低（如较低的利率）。随着发达国家市场环境、法制环境和信息环境的健全，大企业发行债券成本的降低和市场对大企业债券接受能力的增强，20世纪90年代中期以后，在美国等发达国家，发行公司债券已经成为大公司外部融资的首选。

（二）债券投资的收益与风险

违约风险和利率风险是债券投资面临的基本风险。一般来说，国债基本没有违约风险，流动性强，利率一般也高于银行储蓄存款。企业债券违约风险相对较大，二级市场不甚活跃，流动性较差，但票面利息收益较国债高。

无论是国债还是企业债券，都面临利率风险和收益，利率上升，会引起债券市场价格下跌，给投资者带来资本损失；利率下跌，会引起债券市场价格上升，给投资者带来资本收益。不过，由于债券一般有固定的到期期限和票面利率，因此，债券的价格上升和下跌都是有限的，整体风险小于股票。

（三）债券投资的基本策略

由于利率变动是债券价格波动的直接影响因素，利率上升，债券价格下跌，利率下跌，债券价格上升，因此，进行债券投资管理必须重视利率变化。在西方国家，债券投资者在判断利率走势时，常常用到的一种工具就是利率的期限结构。利率的期限结构指的是在一定时点上，各种不同期限的债券到期收益率的结构。同时，由于利率风险是所有债券都面临的风险，因此，债券投资管理的核心是利率风险管理。

人们管理利率风险的策略有多种，这些策略可被归为三种类型：消极保守型、积极进取型和混合型。

常见的保守型的利率风险管理策略有两种。一种是购买后一直持有到期的策略。由于债券到期偿还本金是以债券的票面金额为准的，与债券市场价格无关，自然也就没有利率风险。另一种是利率免疫的策略。这种策略是指债券管理者通过建立一定形式的债券组合，如保持资产负债收支流量结构对称，使债券投资的现金回流符合对现金的需求，从而避免在市场价格不利的情况下买卖债券来满足投资或现金支付的需要。

积极进取型的利率风险管理策略就是要通过利率预测和选择市场时机来确定短线投资的债券收益会高还是会低，从而决定交易行为。

采用混合型管理策略的人不完全依赖利率预测，而是把前两种技术的长处结合起来加以运用。

第四节　衍生金融工具市场

金融市场的剧烈波动和投资管理职业化、科学化的发展，使风险管理成为现代投资管理的主旋律。利率、汇率及产权价格的波动与金融资产价值和收益直接相关，任何意外的不利的波动都可能给投资管理者带来严重的后果，因此，投资管理者总是希望能使自己的资产获得“免疫”，即免受不利因素的影响。例如，养老金基金的经理往往会担心利率上升造成他所拥有的固定收益债券的贬值，为此，他便会需要采取某些措施来防备和抵消利率上升对它资产总价值的侵蚀。套期保值是获得“免疫”的途径之一，在金融市场上，可以用来进行套期保值的金融工具和交易技术近年来已经有了很大的发展，如期货、期权、掉期及各种形式的资产组合保险技术，等等。这些衍生金融工具及交易技术除了可以用来进行套期保值外，还具有资产组合、价格发现和投机等多种功能，深受金融市场交易者的欢迎。

一、期货合约

（一）期货合约的定义和特点

期货合约是一种交易双方就在将来约定时间按当前确定的价格买卖一定数量的某种金融资产或金融指标而达成的协议。期货合约具有以下特点：

1. 每一份合约都有买卖双方当事人，合约的执行对买卖双方都是强制性的。在合约到期时，期货合约的卖方必须按合约规定交货，合约的买方则必须付款购货。当然，很少有人会把合约持有到到期而进行实际交割的，大多数合约都通过数额相等、方向相反的交易冲抵掉了。

2. 期货交易大多是交易所组织的交易，因此，期货合约都是标准化的，合约有明确的要素规定，如数量、交割日、交割价、合约标的物及标的物的质量。

3. 期货合约的标的物可以是政府债券、通货、股票指数、短期利率，而很少是个别企业的股票，因为一般企业股票的发行数量难以支撑期货交易。

4. 期货合约账户是每天交割的，保证金账户每天盈进亏补，这使得期货合约账户内的资金单位价值每天都与市场价格保持一致，因此，期货合约本身的市场价值永远是零。

（二）期货合约的作用

1. 利用期货合约进行套期保值

套期保值是一种管理资产贬值风险的投资策略。如果某种资产被百分之百地套期保值了的话，这种资产的价值未来将既不会因市场价格上升而增加，也不会因市场价格下降而减少。利用期货合约锁定价格是进行套期保值的途径之一。

对于确实有资金要在未来购入某种资产的套期保值者来说，购买这种资产的期货合约。便把未来的购入价锁定在了当前的水平。这样，如果未来资产价格上升，造成货币购买力贬值，就可以从期货交易的盈利中获得补偿；如果价格实际走势与预期刚好相反，即未来价格下跌了，他则无法享受低价购入的好处。

对于确实有资产要在未来出售的套期保值者来说，出售所拥有资产的期货合约，便把未来的出售价锁定在了当前的水平。如果未来价格下跌，期货交易所获得的赢利就可以补偿现货交易的亏损；如果价格走势与预期刚好相反，即未来价格上升了，期货交易的亏损也可由现货交易的盈利予以补偿。

2. 利用期货合约投机

期货合约由于采用保证金管理制度，可以以小博大，因此，是非常理想的投机工具。例如，某投机者预测股票价格将上升,如果他要大量购进股票以备价格上涨后抛出的话,耗资将是非常巨大的,同时,也非常耗费时间。这时,他如果购买股票指数期货合约,将同样可以达到目标,但成本要低得多,交易速度也要快得多。

老练的投机者还会把不同期货合约进行组合，以降低风险。例如，还是预测股票价格将会上升的情况下，他可以买一份长期期货合约，卖一份短期期货合约，这样，如果预测是准确的话，长期期货合约上的盈利将大于短期期货合约的损失；如果事实与预测相反，短期期货合约上的收益也会抵补一些长期期货合约上的损失。这种交易策略叫商品间期货多空套做。

3. 利用期货合约发现价格

从期货价格与现货价格的关系来说，期货价格在一定程度上反映着人们对合约到期时现货价格的预期。事实上，在严格的假设条件下，期货价格就是未来现货价格的无偏估计值。因此，观察期货价格的变化可以预测未来现货价格的水平，即期货合约可用来进行价格发现。实证研究结果显示，尽管期货价格并非未来现货价格的完美指示器，其差价往往在20%以上，但其他耗资巨大的预测方法也不比简单的期货价格更强。

二、期权合约

（一）期权合约的定义

期权合约赋予合约购买者在约定时期内或特定的日期，按约定的价格购买一定数量的某种金融资产或金融指标（如股价指数、利率）的权利，合约购买者也有权选择不执行合约，因此，期权交易也称为选择权交易。

按合约执行日期规定的不同划分，期权合约可分为欧洲式期权和美国式期权两类。

欧洲式期权规定，合约购买者只能在到期日那一天执行合约。美国式期权则规定，合约购买者可在合约规定的执行期内的任意一天执行合约。这种规定对合约购买者来说有两点好处：一是可以提前执行合约，获得货币的时间价值；二是便于选择最有利的价格执行合约。故此，美国式期权的价格通常都要高于欧洲式期权。

按合约规定的对合约标的物的权利不同来划分，期权合约可分为买进期权和卖出期权。

买进期权赋予合约购买者按约定的价格、在约定的日期或时期购买一定数量金融资产或金融指标的权利。预期价格上涨的人可购买买进期权，预期价格下跌的人可卖出买进期权。

卖出期权赋予合约购买者按约定价格、在约定日期或时期出售金融资产或金融指标的权利。预期价格下跌的人可购卖出期权，预期价格上升的人可出卖卖出期权。

（二）期权合约的风险收益特征

表 13-1 是对期权合约买卖双方在不同市场状况下的风险和损益状况所做的分析。可总结出以下几点：

1. 期权合约购买者的风险和损失是有限的，最多不会超过购买合约所投入的资本，因为合约的执行对购买者来说是非强制性的，价格不利可放弃执行合约，买期权相当于买不利价格的保险。期权合约的购买者是期权的投资人，期权购买价是期权购买者的基本投资和最大损失。

2. 买进期权对购买者来说，收益可以无限高，因为资产价格的上涨是无限的。对出售者来说，如果手中无头寸，纯粹买空卖空，风险是非常大的，即使有头寸，损失也可能非常大，因此，买进期权的价格通常是比较高的。

3. 由于价格下跌是有限的，最低为零，因此，出售卖出期权损失是有限的，并且可由出售合约所获得的收入做一些抵补。

4. 期权合约出售者的最高收益为合约出售价格，因此，期权合约出售者都是以价格走势对投资者不利从而放弃执行合约为预期的，但是，他们都没有保险。

表 13-1　　**期权合约买卖双方状况**

合约种类	价格实际变动	合约买方	合约卖方
看涨期权	价格上涨	有利（执行合约） 最大收益：无限大	不利 最大损失： 有头寸则损失有限 无头寸则损失无限
	价格下跌	不利（不执行合约） 最大损失＝合约价格	有利 最大收益＝合约价格
看跌期权	价格上涨	不利（不执行合约） 最大损失＝合约价格	有利 最大收益＝合约价格
	价格下跌	有利（执行合约） 最大收益＝执行价格－合约价格	不利 最大损失＝执行价格－合约价格

预期市场价格将上升的交易者既可选择购买买进期权，也可选择售出卖出期权。预期市场价格将下跌的交易者，则既可选择售出买进期权，也可选择购入卖出期权。

最后应该注意的是，期权合约的交易双方都可通过反向交易关闭已有的期权头寸，以止损或专门赚取期权合约买卖的价差。与期货合约不同的是，期权合约本身就是一种独立的金融商品。

三、掉期合约

一般而言，掉期合约是交易双方就在未来一段时期内交换资产或资金的流量而达成的协议。与期货和期权合约不同的是，掉期合约一般都是非标准化的，因此，不能像前两者那样上市交易。

图 13.1 通过对掉期交易主体之间的关系的简单描述，概括了掉期交易的基本业务流程。

交易者甲。其拥有浮动收益资产，但是却要进行固定价格的支付，为克服价格波动的风险，将浮动收益掉换成固定收益以应付固定支出。

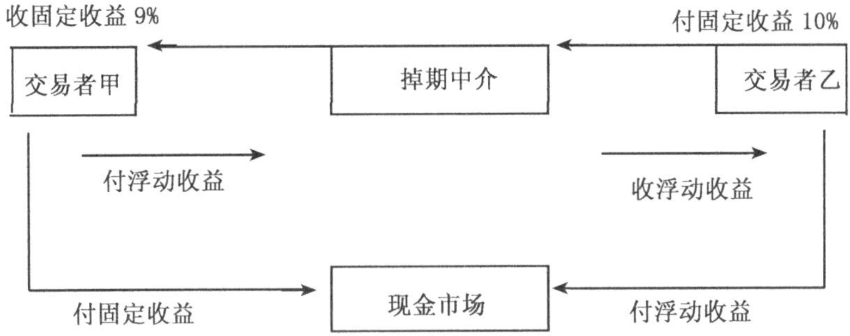

图 13.1　掉期交易的主体结构

交易者乙。其拥有固定收益资产，但是却要进行浮动价格支付，为避免固定收益支付不足的风险，将固定收益掉换成浮动收益以求收支波动协调。

掉期中介。投资银行、商业银行、独立的经纪人和交易商都可充当掉期的中介。在掉期市场发展的初期，这些中介机构只是起经纪人牵线搭桥的作用，没有任何信用风险，只收取手续费。但是现在，大多数中介机构都充当交易商的角色，即直接作为掉期交易的一方参与交易，赚取买卖差价。上面的简图中显示掉期中介收取的固定价格要高于它付出的固定价格。对交易者来说，这种结构虽然成本较高，但是有利于提高成交速度，降低风险，金融机构资信状况总的来说比普通交易者要好一些。

从上述对掉期交易基本结构的介绍中不难看出，掉期交易的基本功能就是防范风险，不同的掉期合约可防范不同的风险。

第五节　外汇市场和黄金市场

外汇市场和黄金市场也是金融市场的重要组成部分。

一、外汇市场

（一）外汇市场的定义

外汇市场指的是方便个人和机构进行外汇交易的组织机制。国际经贸活动的存在和各国实行不同的货币制度是外汇市场存在的两大前提。

外汇市场有广义和狭义两个层次：广义的外汇市场指的是银行间的外汇市场，参与者包括中央银行、外汇银行或专门的外汇经纪人，属于批发市场；狭义的外汇市场指的是外汇银行或外汇经纪人与客户之间的交易，这些客户既可以是企事业单位，也可以是个人，属于零售市场。

（二）外汇市场的基本交易种类

外汇市场的交易主要有外汇现货交易、外汇期货交易两种基本类型。

外汇现货交易也称即期外汇或现汇交易，指的是买卖双方成交后于当日或两个工作日内办理交割。即期外汇交易是按买卖外汇当日的汇率成交的，故其汇率称为即期汇率。即期外汇买卖的汇款方式一般分为电汇、信汇和祟汇三种形式。

外汇期货交易也称远期外汇或期汇交易，指的是买卖双方成交后，根据合同的规定，按约定的外汇金额、汇率和到期日办理交割。

（三）中国的外汇市场

我国的外汇市场分两个层次：银行间外汇批发交易市场和客户与外汇指定银行之间的外汇零售交易市场。

我国银行间外汇市场采取有形市场的组织形式。正式名称为中国外汇交易中心系统，总中心位于上海，实行会员制，凡是在中国境内注册，经主管机关批准设立，并允许经营外汇业务的机构及其授权代表上述机构在外汇交易中心系统进行交易的分支机构，均可向中国外汇交易中心申请会员资格。中国人民银行的“公开市场操作室”作为会员，对外汇市场进行适时的干预和调控。银行间市场交易以美元对人民币的交易为主。

外汇零售市场在中国被称为是银行结售汇市场。在结售汇制度下，办理结售汇业务的银行是外汇指定银行。外汇指定银行根据人民银行公布的基准汇率，在规定的幅度内制定挂牌汇率，办理对企事业单位和个人的结售汇。

银行结售汇包括结汇、售汇和付汇。结汇是指企事业单位和个人通过银行或外汇经纪人卖出外汇换取本币。售汇是指企事业单位和个人通过银行或外汇经纪人用本币买入外汇。付汇是指企事业单位和个人通过银行对外支付外汇。

二、黄金市场

尽管早在20世纪70年代国际货币基金组织就已经宣布黄金非货币化了，但至今黄金还是很多国家国际储备资产的一部分，黄金市场的波动对国际金融市场也还有着不可低估的影响。

（一）黄金市场的概念

黄金市场具有悠久的历史，世界上最早的国际黄金市场诞生于19世纪的伦敦。目前，国际黄金市场一般分为世界主要黄金市场和地区性黄金市场两大层次。世界主要黄金市场在世界黄金价格的确定中起主导作用，伦敦、苏黎士、纽约—芝加哥、香港被称为四大主要黄金市场。地区性黄金市场是随着黄金交易的扩大和地区性交易的需要而发展起来的分散的、规模不太大的市场，如欧洲的法兰克福、亚洲的东京、非洲的开罗等。

黄金市场的参与者，主要有产金国的采金企业、各国中央银行、需要黄金作原料的工商企业、机构和个人投资者，一些国际金融组织也参与黄金交易。

黄金市场也有现货交易、期货交易和期权交易三种。

（二）世界主要黄金市场

在世界主要黄金市场中，伦敦黄金市场历史最为悠久。早在

1919年伦敦就成为一个组织比较健全的世界黄金市场。由于伦敦具有国际金融中心的各种便利条件，加上英国长期掌握西方黄金主要产地南非的黄金产销，因而，伦敦黄金市场发挥着世界黄金产销、转运和调剂的枢纽作用。现在，伦敦黄金市场的交易量不一定是最大的，但其黄金报价却一直是具有代表性的世界黄金行市。

苏黎士黄金市场是在第二次世界大战爆发后，因伦敦黄金市场受战争影响关闭而发展起来的，苏黎士通过给予南非储备银行信贷优惠来同伦敦黄金市场争夺优势地位的，是仅次于伦敦的黄金市场。

美国是黄金期货交易的中心。纽约商品交易所和芝加哥国际货币市场都是重要的黄金期货市场。黄金期权交易也是美国黄金市场重要的组成部分。

香港黄金市场在20世纪70年代，伴随着香港经济的发展和金融市场的国际化，以本地伦敦金市场的开办为标志，由一个地区性的市场发展为国际性金市。目前，香港并存着多个各具特色的黄金批发市场，包括金银业贸易市场、本地伦敦金市场和香港期交所的期金市场。

（三）中国黄金市场的发展

上海黄金交易所于2002年10月30日正式开始交易，这是一个全国性的有形市场，实行会员制。交易所会员包括具备一定资格的黄金生产冶炼、首饰加工、造币、黄金进出口贸易企业及一些商业银行。主要进行黄金现货交易，同时进行白银和铂金交易。

第十四章　金融机构

第一节　金融机构及其体系的一般构成

一、金融机构

金融机构，也称金融中介或金融中介结构，是专门从事各种金融活动的组织机构。在现代社会，很大一部分资金是通过金融中介机构进行融通的，尤其是在金融市场不发达或不甚发达的国家更是如此。

二、金融机构体系的一般构成

金融机构体系，一般是指一国在一定时期内所有的金融机构按照一定结构形成的整体。根据各金融机构从事金融活动目的的不同，现代各国金融机构体系大致包括如下三种类型：

1. 商业性金融机构，指主要以营利为目的而从事金融活动的金融机构。这类金融机构按其所从事的具体业务活动可分为商业银行、专业银行、非银行金融机构三大类别。商业性金融机构的服务对象主要是工商企业和居民个人。

2. 政策性金融机构，指主要服务于政府政策目标实现而开展金融业务的金融机构。其服务对象主要是符合政府在某一时期政策规定条件的各经济主体。

与商业银行等一般商业性金融机构相比，政策性金融机构的特征主要有：

(1) 经营目标是为了实现政府的政策目标。一般商业性金融机构，其经营活动更多地考虑自身的盈利；而政策性金融机构是隶属于政府的金融机构，它严格执行政府的意图，其经营目标不以盈利为主要目标，而是为了实现政府的政策目标。政策性金融机构作为金融机构，也要在经营活动中实行独立核算、自主经营和自负盈亏。

（2）资金来源主要是国家预算拨款。商业银行的资金来源主要是存款；非银行金融机构的资金来源有的主要是存款（如信用合作社），有的主要靠发行股票或债券；政策性金融机构的资金来源主要是国家预算拨款，另外还有一部分资金来源于向政府借款、向国内外发行由政府担保的债券、向国内其他金融机构借款、向国际金融机构借款等。

（3）资金运用以发放中长期贷款为主。商业银行的资金运用中虽然也有中长期贷款，但一般不以此为主；非银行金融机构的资金运用有的和银行基本相同，有的则用于经营某项专门的金融业务，但很少是专门经营中长期贷款的；政策性金融机构则以经办政府的中长期项目贷款为主，并且贷款利率一般低于同期限的商业性金融机构的贷款利率。

（4）政策性金融机构的贷款重点是政府社会经济发展计划中由政府产业政策重点扶植的项目，如发放基础设施建设贷款、重点发展的产业开发贷款、社会福利建设项目贷款、改善环境的建设贷款等。这些贷款由于利微、期限长、风险大，商业性金融机构不愿经营，因而多由政策性金融机构经营。

我国在 1994 年为适应金融改革的需要，组建了国家开发银行、中国农业发展银行、中国进出口银行三家政策性金融机构。

3. 中央银行，也叫货币金融当局。其一方面通过一定的金融业务活动进行宏观金融调控，并为全国的其他类别的金融机构提供相关服务；另一方面，有些国家的中央银行还代表政府负责监管商业银行等金融机构的活动。中央银行的服务对象是政府和商业银行等金融机构。

三、我国的金融机构体系

新中国的金融机构体系是通过在 1948 年 12 月 1 日组建中国人

民银行、之后合并解放区银行、没收官僚资本银行、改造私人银行与钱庄及建立农村信用合作社、中国人民保险公司等途径建立起来的。

1956年我国在社会主义改造基本完成以后，形成了高度集中的金融机构体系，习惯上称为“大一统”的人民银行体系。

党的十一届三中全会后，随着改革开放政策的实行，“大一统”的人民银行体系已经不能适应我国经济金融的发展。为适应改革开放的新形势，国家对金融机构体系进行了重大改革，于1984年建立起了中央银行制度下的金融机构体系。

改革至今，我国形成了以中国人民银行即中央银行为领导核心，以国有独资商业银行为主体，包括股份制商业银行、政策性银行、非银行金融机构及外国在华金融机构并存的金融机构体系。国有独资商业银行主要是指中国工商银行、中国农业银行、中国银行和中国建设银行，其中，中国银行和中国建设银行目前正在股份制改革的试点过程之中；股份制商业银行有全国性和地方性之分，全国性的有交通银行、中信实业银行、中国光大银行、华夏银行、中国民生银行、广东发展银行、深圳发展银行、招商银行、兴业银行、上海浦东发展银行等，地方性的主要是指各大中城市的城市商业银行；政策性银行有国家开发银行、中国农业发展银行和中国进出口银行；非银行金融机构有保险公司、证券公司、信托投资公司、金融租赁公司、财务公司、基金管理公司、邮政储蓄机构、金融资产管理公司等；外资在华金融机构指外资金融机构在华所设的代表处和营业性分支机构，包括外国独资银行、外国银行分行、合资银行、独资财务公司、合资财务公司、合资基金管理公司等。

第二节　商 业 银 行

商业银行是一国金融机构体系中，面向工商企业和居民个人等社会公众，具体经办存款、贷款和结算业务，并提供其他金融服务，以获取利润为经营目的的金融机构。在各类金融机构中，它是历史最为悠久、业务范围最为广泛、对社会经济生活影响面最大的一种。

商业银行是现代经济生活中存款货币创造的主要金融机构，通常也被称为存款货币银行。

一、商业银行的职能

（一）信用中介

信用中介，就是商业银行一方面通过吸收存款等方式动员和集中社会上暂时闲置的货币和货币资金，另一方面以贷款等方式使这些货币资金流向需要资金的社会经济部门，从而巧妙地把借贷双方联系起来，成为借贷双方的中介人。这是商业银行最基本的、最能说明其经营活动特征的职能。

商业银行通过发挥信用中介职能，在资金盈余者与短缺者之间架起一座桥梁，从而在资金所有权不发生转移的前提下，使闲置的货币资金得到最大限度的利用，促进了经济的发展。

（二）将社会各阶层的货币收入和储蓄转化为资本

个人货币收入是用来满足消费需求的；储蓄是准备用作未来消费或满足不测之需的。它们都不是资本，金额也比较小。由于商业银行具有信用中介职能，能把个人的货币收入和储蓄集中起来，再运用出去，从而把非资本的货币转化为资本，扩大了社会资本总量，有利于加速经济的发展。

（三）支付中介

商业银行在为顾客办理与货币有关的技术性业务，如保管货币、贵金属、证券，以及办理现金收付和存款转账等时，发挥支付中介职能。在这里，商业银行成为社会的“账房”和“出纳”。商业银行的这一职能，可以最大限度地节约社会流通费用，同时，还加速了货币资金的周转，为社会化大生产的顺利进行提供了一个前提条件。

商业银行的支付中介职能，主要体现在其中间业务上面。

（四）创造存款货币等信用流通工具

商业银行在经营各项业务过程中成为银行券和存款货币这两种信用货币的创造者。随着商业银行的发展和中央银行的产生，商业银行发行银行券的权力被中央银行所取代，银行券由中央银行垄断发行，而商业银行在信用中介和支付中介职能的基础上，通过存贷业务和转账结算业务的开展，完成了对存款货币的创造。另外，商业银行还通过发行银行本票、大额可转让定期存单等向流通中提供信用流通工具，这样也可节约与现金流通相关的流通费用，并可将节约的非生产性流通费用用于生产过程中去。

二、商业银行的类型和组织形式

（一）商业银行的类型

从商业银行的业务经营范围不同划分，商业银行有两大类型：职能分工型和全能型。

所谓职能分工型，是指商业银行根据法律规定，主要经营短期工商信贷业务。有些国家，法律对各种金融机构的业务范围有严格的限定，有的经营长期金融业务，有的经营短期金融业务，有的则专营证券，有的则只经营信托等，而商业银行主要经营短期工商信贷业务。美国、英国、日本等国家的商业银行在20世纪90年代以前的半个多世纪的时间里，属于这种类型。

所谓全能型商业银行，也称为综合型商业银行，是指商业银行可以经营一切金融业务，包括各种期限和种类的存贷款、各种证券买卖以及信托、支付清算等金融业务。采用这种类型分工的国家以德国、奥地利和瑞士为代表。

从业务经营范围看，我国目前实行金融分业经营、分业管理的政策，我国现有的商业银行就属于职能分工型商业银行。

（二）商业银行的组织形式

商业银行的组织形式是指商业银行在社会经济生活中的存在形式。由于各国的政治经济情况不同，各国商业银行的组织形式也有所不同。归纳起来，有如下几种形式：

1. 单元银行制，也称单一或独家银行制，是指业务只由一个独立的银行机构经营而不设分支机构的银行组织形式。目前，只有美国采取这种形式，但美国许多州也在逐步放松对银行开设分支机构的限制。

2. 总分行制，也称分支行制，是指在大城市设立总行，并在该市及国内或国外各地设立分支机构的银行组织形式。在这种形式下，分支行的业务和内部事务统一遵照总行的指示办理。目前，世界上大多数国家均采用这种形式，我国的商业银行也采取这种形式。

3. 控股公司制，是指由一个集团成立股权公司，再由该公司控制或收购两家以上的若干银行，这些银行在法律上仍保持独立性，但业务经营都由同一股权公司控制的银行组织形式。

4. 代理行制，是指银行相互间签有代理协议，委托对方银行代办指定业务，这在国际间是十分普遍的。被委托的银行为委托行的代理行，相互间的关系是代理和被代理关系。

三、商业银行的业务

（一）负债业务

负债业务是指商业银行筹措资金、借以形成资金来源的业务。它是商业银行资产业务和其他业务的基础。

1. 资本金

资本金是商业银行的本钱，是商业银行获得市场准入资格和开展存贷款等业务的基础，它代表着商业银行所有者的权益。它一般有两个来源：一是商业银行创立时所筹措的资本；二是商业银行经营利润的一部分。不论来源如何，资本金都属于商业银行的长期性资金来源，因此可以进行长期性的运用。商业银行资本金占其整个资金来源的比重不高，但意义非常重大。一方面它表明商业银行的实力，是其树立信誉的物质基础；另一方面，它表明商业银行的清偿力与抗拒风险能力的强弱。

需要说明的是，商业银行资本金反映在其资产负债表中的负债方，只是表明它与下面将要介绍的各种负债共同构成商业银行的资金来源，但与其他负债在性质上是不同的。

2. 吸收存款业务

吸收存款是指商业银行接受客户存入的货币款项，存款人可随时或按约定时间支取款项的一种信用业务。这是商业银行的传统业务，是商业银行最重要的一项负债业务。

存款的种类一般有三种：

(1) 活期存款，是指存款人把款项存入商业银行时不约定提取时间，可以随时提取或开出支票进行转账的存款。由于这类存款因客户的频繁支出，会增加商业银行业务量，加大其经营成本，商业银行对这类存款一般不支付利息或支付的利息很低。虽然活期存款时存时取，流动性很强，但存取交替之中总会沉淀一笔相对稳定的余额，可供商业银行运用。

(2) 定期存款，是指存款人把款项存入银行时约定时间，到期才能提取的存款。由于定期存款期限较长，原则上到期之前不能支取，银行给予较高的利息。这类存款的稳定性较好，可作为商业银行中长期贷款的资金来源。

(3) 储蓄存款，主要是居民个人为积蓄货币而将款项存入银行的存款。这类存款由储户以银行开具的存单或存折办理存取，不能透支，但可以随时提取。

3. 其他负债

(1) 借款，是指商业银行通过借入资金方式而形成资金来源的业务。它包括向中央银行借款（通过再贴现或再贷款）、同业借款（通过同业拆借、转贴现、转抵押）、回购协议、国际金融市场借款等。一般而言，借款只形成商业银行的短期资金来源。

(2) 发行金融债券，即商业银行通过发行债券，以形成资金来源。通过这种方式形成的一般都是长期资金来源，对此可长期运用。

(3) 短期资金占用，是指商业银行在同业往来及办理中间业务中占用的资金，如占用委托款，占用结算资金，也可以形成资金来源。但随着资金清算电子化和自动化的发展，占用资金，特别是占用结算资金将日益减少。

相对于吸收存款而言，商业银行在借款、发行金融债券时拥有较大的主动权，所以，借款、发行债券属于商业银行的主动型负债。

（二）资产业务

资产业务是指商业银行对通过负债业务形成的资金来源加以运用的业务，是商业银行获得收益的重要途径。商业银行的资产一般有三类：现金资产、贷款资产、投资。

1. 现金资产

现金资产包括：(1) 库存现金，即存放在银行金库中的现钞和硬币，以应付客户取现，日常业务开支及收付需要；(2) 存放在中央银行的超额存款准备金，对这部分存款，银行可随时用作支付或清算，是银行的一般性账户，有如商业银行吸收的活期存款，流动性非常强；(3) 存放在同业的存款，是为了同业间往来及清算的方便而在其他行开设的往来账户；(4) 托收中现金，是指在商业银行经营中，每天都会收到开户人拿来的支票或现款，其中有些支票可能是非本行付款，需要向付款行收取，这种需要向别的银行收款的支票称为"托收中现金"。

以上各种现金资产都是为保持必要的流动性而保留的。随着货币市场、证券市场的发展，现金作为保持流动性的唯一办法被打破，商业银行只保留少量现金资产，而通过持有较多的能带来收益的短期证券如国库券、央行票据等来应付流动性需要。

2. 贷款资产

贷款也称放款，是指商业银行将所吸收的资金按照一定的利率提供给客户使用的一种资产业务。这是商业银行最重要的资产业务，是商业银行运用资金的主要途径，也是商业银行利润的主要来源。

按照不同标准，贷款种类有不同划分方法：

(1) 按贷款主体的不同可分为：单独贷款和联合贷款。单独贷款是指贷款发放主体由一家银行来承担；联合贷款又称银团贷款或辛迪加贷款，是指由数家银行联合，共同发放的一笔数额较大的贷款，这是在国际金融市场上经常使用的一种贷款形式。

(2) 按贷款的客体不同，即借款人所提供的申请贷款的保证，可分为：抵押贷款、信用放款和票据贴现放款。抵押贷款是商业银行开展的一种风险较低的贷款。信用放款是指银行放款时不收任何担保品，完全凭借款人的信用发放的贷款，能获得这种贷款的企业一般都具有较高的信用级别，银行也熟悉它们的经营情况。票据贴现放款，是指持票人所持票据未到期而又临时资金短缺时，持票人可持票到银行办理贴现。贴现时，由银行买进未到期票据，但并不是全额照付，而是要从票面金额中按一定贴现率扣除贴现利息。从形式上看，票据贴现是一种票据买卖，实质上是一种特殊形式的放款。

(3) 按贷款的期限长短，可以分为：一年以下的短期贷款和一年以上的中长期贷款。

(4) 按贷款的用途不同，可以分为：投资贷款、商业贷款、消费贷款和农业贷款。

3. 投资

商业银行投资，是指商业银行购买有价证券的业务活动。

商业银行投资的目的主要是为了增加收益和增加资产的流动性，因此，银行投资的对象主要是信用可靠、风险较小、流动性较强的政府债券。此外，一些财力雄厚、信用卓著的大公司的债券，也是商业银行投资的对象。商业银行投资于债券，一方面为其一时多余的资金找到投放渠道，增加盈利；另一方面，需用资金时又可在金融市场上迅速出售变现。至于投资于股票，在实施金融业职能分工型的国家，一般是不允许的；在允许商业银行全能经营的国家中，也有限制性的规定。之所以限制商业银行投资于股票，目的在于保证银行的稳定经营和避免银行对企业的控制。

(三) 中间业务

商业银行的中间业务，是指不构成商业银行表内资产、表内负债，形成银行非利息收入的业务。这类业务是在资产负债业务发展的基础上产生的，因为商业银行与客户存在存贷款关系，它要接受客户的各种委托，要提供结算、汇兑等各种服务；同时，商业银行通过提供多种金融服务，又可以进一步增加其对存款的吸引力和扩大资产业务的规模。为此，各国商业银行非常注意发展中间业务。

根据中国人民银行 2001 年颁布的《商业银行中间业务暂行规定》，我国商业银行可以开办的中间业务按风险和复杂程度，分别实施审批制和备案制。种类包括：

适用审批制的中间业务：（1）票据承兑；（2）开出信用证；（3）担保类业务，包括备用信用证业务；（4）贷款承诺；（5）金融衍生业务；（6）各类投资基金托管；（7）各类基金的注册登记、认购、申购和赎回业务；（8）代理证券业务；（9）代理保险业务；（10）中国人民银行确定的适用审批制的其他业务品种。

适用备案制的中间业务：（1）各类汇兑业务；（2）出口托收及进口代收；（3）代理发行、承销、兑付政府债券；（4）代收代付业务，包括代发工资、代理社会保障基金发放、代理各项公用事业收费（如代收水电费）；（5）委托贷款业务；（6）代理政策性银行、外国政府和国际金融机构贷款业务；（7）代理资金清算；（8）代理其他银行银行卡的收单业务，包括代理外卡业务；（9）各类代理销售业务，包括代售旅行支票业务；（10）各类见证业务，包括存款证明业务；（11）信息咨询业务，主要包括资信调查、企业信用等级评估、资产评估业务、金融信息咨询；（12）企业、个人财务顾问业务；（13）企业投融资顾问业务，包括融资顾问、国际银团贷款安排；（14）保管箱业务；（15）中国人民银行确定的适用备案制的其他业务品种。

附：我国商业银行的业务。

根据我国的《商业银行法》，商业银行可以经营下列部分或者全部业务：（1）吸收公众存款；（2）发放短期、中期和长期贷款；（3）办理国内外结算；（4）办理票据承兑与贴现；（5）发行金融债券；（6）代理发行、代理兑付、承销政府债券；（7）买卖政府债券、金融债券；（8）从事同业拆借；（9）买卖、代理买卖外汇；（10）从事银行卡业务；（11）提供信用证服务及担保；（12）代理收付款项及代理保险业务；（13）提供保管箱服务；（14）经国务院银行业监督管理委员会批准的其他业务。

四、商业银行的经营原则和管理理论

（一）商业银行的经营原则

作为经营金融业务的企业，商业银行从其业务特点出发，在经营过程中，一般遵循安全性、流动性和盈利性原则，通常简称为商业银行的“三性”原则。

1. 安全性原则。安全性原则是指商业银行在经营中，应尽量减少经营风险。银行经营的风险主要来自贷款的信用风险和投资证券的市场风险，银行在经营中一定要注意避免风险或将风险降到尽可能低的程度。

2. 流动性原则。流动性原则是指商业银行在经营中，应能及时满足存款人随时支取的要求。银行经营中，为了保证银行信用，稳定和发展与客户的关系，以及应付不可预测的非规律性支付活动，一定要充分满足客户随时付现的要求。

3. 盈利性原则。盈利性原则是指商业银行在经营中，在保证安全性的前提下，追求利润最大化，这是商业银行经营的最终目标。盈利的大小，直接影响股东红利的多少，同时，也会影响银行的信誉和实力。可以说追求盈利是商业银行改进服务、开拓业务和改善管理经营的内在动力。

以上三个经营原则是统一的，也是对立的。银行经常会面临这样的选择：为增强经营的安全性、流动性，就要把资金投入在短期运用上，但这又影响到银行的盈利水平；为了增加盈利，银行就要把资金投入在期限较长的运用上，这又不可避免地影响银行经营的流动性、安全性。但是，没有资金的安全，就不可能有盈利；没有资金的正常流动，就不能顺利开展各项信用中介业务；没有盈利，则不必谈安全性和流动性。因此，安全性是前提，流动性是条件，盈利性是目的，商业银行要从实际出发，统一协调，寻求最佳组合。

（二）商业银行经营管理理论

商业银行在经营管理中如何实现上述三个经营原则与各个时期的经营条件有很大关系。西方商业银行经营管理理论经历了资产管理、负债管理、资产负债（综合）管理的演变过程。

1. 资产管理理论

资产管理，是指在负债结构一定时，通过调整资产的各种组合以获得所需的流动性，并减少和分散风险，使银行资产的安全性、流动性和盈利性得到充分兼顾。资产管理的主要特点是商业银行只有在不断增加存款的情况下，才能相应增加贷款或投资。如果存款没有增加，而客户的借款需求增加，银行要满足客户的要求，就只有变卖有价证券等资产，即银行只有通过调整和改变资产的组合来适应新情况，而负债结构则保持原状。

资产管理是商业银行传统的管理方法。在 20 世纪 60 年代以前，银行的资金来源主要是存款。对于银行而言，存款的主动权在客户手中，自己起不了决定性影响；而资金运用，银行则相对操纵着主动权。因此，商业银行就把业务经营过程中兼顾“三性”的重心放在资产管理方面。

在资产管理中，资产流动性的管理占有特别重要的地位。随着经济环境的变化，银行经营业务的发展，其理论历经了如下三个不同发展阶段：

第一阶段：商业贷款理论。认为为了保持资产的高度流动性，贷款应是短期和商业性的。用于商品生产和流通过程的贷款具有自偿性，最理想。

第二阶段：可转换性理论。这是 20 世纪初提出的。该理论认为，为了应付提现所需保持的流动性，商业银行可以将其资金的一部分投资于具备转让条件的证券上。由于这些营利资产能够随时出售，转换为现金，所以贷款不一定非要局限于短期和自偿性投放范围。显然，这种理论是以金融工具和金融市场的发展为背景的。

可转换性理论的产生，使商业银行资产的范围扩大，业务经营更加灵活多样。但是，在人们竞相抛售证券的时候，银行也很难不受损失地将所持证券顺利转让以达到保持流动性的预期目的。

第三阶段：预期收入理论。这种理论产生于 20 世纪 40 年代末。第二次世界大战后经济的发展带来了对贷款需求的猛增，并且资金需求多样化。在这样的背景下，预期收入理论应运而生。这种理论认为：一笔好的贷款，应当以根据借款人未来收入或现金流量而制定的还款计划为基础。这样，无论放款期限长短，只要借款人具有可靠的预期收入，就不至于影响流动性。换言之，这种理论强调的不是贷款能否自偿，也不是担保品能否迅速变现，而是借款人的确有可用于还款的预期收入。

这种理论的提出，推动商业银行业务向经营中长期设备贷款、分期付款的消费贷款和房屋抵押贷款等方面扩展。但它显然也有缺陷，银行将资产经营建立在对借款人未来收入的预测上，而这种预测不可能完全准确，尤其是在长期放款和投资中，借款人的经营情况可能发生变化，因而，届时并不一定具备偿还能力，这就会损害银行的流动性。

2. 负债管理理论

负债管理理论是在20世纪60年代金融创新过程中发展起来的一种指导商业银行兼顾“三性”的经营管理理论。这种理论认为，资产管理不是唯一解决流动性的办法，而通过负债管理，也可以实现业务经营过程中的流动性，即商业银行可以积极地通过各种负债方式，如发行大额可转让定期存款单、各种借款等，以应付各种新的资金需要，而无需对资产组合进行不断的调整。并且这种理论还认为，负债管理比资产管理有效，即商业银行通过负债管理，可以将资产安排于收益较高的项目上，以增加盈利，而无需经常保有大量高流动性资产而使自己的盈利水平下降。

负债管理开创了保持银行流动性的新途径，由单靠吸收存款的被动型负债方式，发展成向外借款的主动型负债方式，即可根据资产的需要调整或组织负债，让负债去适应或支持资产。这就为银行扩大业务规模和范围创造了条件。

负债管理存在的明显缺陷是：(1) 提高了银行的融资成本，因为一般通过以借款方式融进资金需要支付高于一般存款的利息；(2) 增加了经营风险，因为借款主要借助金融市场，而市场则是变幻莫测的；(3) 不利于银行稳健经营，因为往往使银行忽视自身资本的补充。

3. 资产负债（综合）管理理论

20世纪80年代，在各国放松金融管制的背景下，银行业的竞争由于利率管制的放松等原因而更加激烈。利率自由化的趋势令负债管理成本提高，利率风险增加。而传统的资产管理理论或负债管理理论只侧重一个方面来对待银行的“三性”，很难避免重此轻彼现象的发生。比如，资产管理过于偏重安全性和流动性，往往以牺牲盈利性为代价，这不足以鼓励商业银行的积极进取；而负债管理过分强调依赖外部筹款，这增大了商业银行的经营风险，不利于其稳健经营。因此，人们逐渐认识到，一个能将“三性”有效结合的管理，应该是对资产和负债并重的管理，这就是资产负债（综合）管理。

资产负债（综合）管理，就是指商业银行在业务经营过程中，应对资产和负债进行全面综合考虑，要从资产负债的结合上保证银行经营“三性”的实现，不能偏重于任何一方。

该理论的基本思想是将资产和负债两个方面加以对照及作对应分析，围绕所谓缺口或差距，通过调整资产和负债双方在某种特征上的差异达到合理搭配。

五、不良贷款与贷款风险分类

不良贷款，或称不良债权，是指银行顾客无力按期、按量归还本息的贷款。目前，不良贷款问题已成为关系到银行体系稳定性的最为关键性的一个问题。在我国，这一问题能否解决好还关系到金融改革的推进和金融事业的进一步发展。

2001 年 12 月 24 日，中国人民银行发出《关于全面推行贷款质量五级分类管理的通知》，决定从 2002 年 1 月 1 日起，全面推行贷款风险分类管理。我国目前采用的是以美国为代表并受到国际金融组织推荐的贷款风险五级分类方法。

五级分类各档次的定义分别如下：

正常类：借款人能够履行合同，有充分把握按时足额偿还本息；

关注类：尽管借款人目前有能力偿还贷款本息，但是存在一些可能对偿还产生不利影响的因素；

次级类：借款人的还款能力出现了明显的问题，依靠其正常经营收入已无法保证足额偿还本息；

可疑类：借款人无法足额偿还本息，即使执行抵押或担保，也肯定要造成一部分损失；

损失类：在采取所有可能的措施和一切必要的法律程序之后，

本息仍然无法收回或只能收回极少部分。

上述分类中，后三类属于不良贷款。

六、金融创新

20 世纪 60 年代以来，全球商业银行的经营活动呈现出业务经营综合化、金融资产证券化与经营手段电子化的趋势，给整个金融体制、金融宏观调节乃至整个经济都带来了深远的影响。

(一) 金融创新的含义和内容

所谓金融创新，是指来自金融业内部的种种创造性的变革。具体而言，金融创新是指金融业突破多年传统经营局面，在金融工具、金融方式、金融技术、金融机构以及金融市场等方面所进行的创新和变革。

金融创新的内容非常广泛，从技术上，它体现为新技术在金融业的运用；从市场上，它体现为国际新市场的开拓，如欧洲美元市场、亚洲美元市场等；从产品和服务上，它体现为国内和国际金融市场上各种新工具、新方式、新服务的出现；从制度上，它体现为银行业组织和管理方面的创新，如银行与非银行金融机构之间的相互交叉与合并、金融联合体及跨国银行的出现、负债管理等。

(二) 金融创新的原因

金融创新的出现既有来自于金融机构内部的动力，也有外部因素使然。归纳起来主要有以下几方面：

1. 避免风险的创新

在 20 世纪后半叶世界经济迅速发展的同时，金融机构面临的经济环境的不确定性也大大增加了。资产价格，尤其是利率的剧烈波动使银行难以保证稳定的利息收入，金融自由化导致的银行业竞争加剧则进一步减少了存贷业务的收益。同时，股票市场、基金市场、衍生工具市场等新兴资本市场的发展增加了人们的投资渠道，使银行的传统信用业务吸引力下降。于是，一些银行出于规避利率风险等原因，进行了一些金融创新，如开发出可变利率的债权债务工具、发展债务工具的远期市场、期货市场和期权市场等。

2. 技术进步推进的创新

20世纪六七十年代以来，以计算机为核心的现代信息技术、通信技术迅猛发展、广泛应用，有力地支撑和推动了金融创新的兴起和蓬勃发展。

首先，技术进步引起了银行结算、清算、支付制度等服务方式的创新。高效的电子处理方式如自动转账系统大大提高了银行业务处理的能力，节约了经营成本，而银行卡和网络银行服务等更进一步提高了银行的服务质量。

其次，技术进步也使日益复杂的金融工具创新成为可能。信息处理能力的提高，使金融机构可以设计更加个性化的金融衍生工具，运用更先进的风险监控和风险分散工具等。

3. 规避监管的创新

一些过于严格或过时的金融监管法规会影响金融机构的利润创造，在竞争激烈的金融市场中，金融机构往往利用法律法规的漏洞，推出许多新的业务形式，如自动转账制度、可转让支付命令和货币市场互助基金等。

金融创新对于金融制度和金融业务本身都产生了深远的影响。它使得金融工具更为多样化、灵活化，打破了金融机构传统的分工格局，迫使一些金融管制放宽，也增加了金融监管的复杂性。但不管如何，金融创新都反映了经济发展的客观要求。

第三节　专业银行和非银行金融机构

一、专业银行

专业银行是指从事专门经营范围和提供专门性金融服务的银行，一般都有其特定的客户。它们的业务活动方式有别于或部分有别于一般商业银行的存、放、汇业务活动方式。专业银行的存在是社会分工发展在金融领域中的表现。随着社会分工的不断发展，要求银行必须具有某一方面的专门知识和专门技能，从而推动着各式各样的专门银行不断出现。

西方的专业银行种类甚多，名称各异。这里只介绍其中主要的几种：

（一）投资银行

投资银行是专门对工商企业办理投资和长期信贷业务的银行。投资银行的名称，通用于欧洲大陆及美国等工业化国家。在英国称为商人银行，在日本则称证券公司。此外，与这种银行性质相同的还有其他各种各样的形式的名称，如长期信贷银行、实业银行、金融公司、持股公司、投资公司等。

投资银行与商业银行不同，其资金来源主要依靠发行自己的股票和债券筹集，即便有些国家的投资银行允许接受存款，也主要是定期存款。此外，它们也从其他银行取得贷款，但都不构成其资金来源的主要部分。

投资银行的业务主要有：对工商企业的股票和债券进行直接投资；为工商企业代办发行或包销股票与债券；参与企业的创建和改组活动；包销本国政府和外国政府的公债券；提供投资及合并的财务咨询服务。有些投资银行也兼营黄金、外汇买卖及资本设备或耐用商品的租赁业务，等等。

（二）储蓄银行

这是指办理居民储蓄并以吸收储蓄存款为主要资金来源的银行。与我国几乎所有的金融机构均经营储蓄业务的情况不同，在西方不少国家，储蓄银行大多是专门的、独立的。对储蓄银行也大多有专门的管理法令。其主要内容一方面是旨在保护小额储蓄人的利益；另一方面则是规定它们所集聚的大量资金应该投向何处。

西方国家的储蓄银行既有私营的，也有公营的，有的国家绝大部分储蓄银行都是公营的。

储蓄银行所汇集起来的储蓄存款余额较为稳定，所以，主要用于长期投资，如发放不动产抵押贷款（主要是住房贷款），投资于政府公债、公司股票及债券，对市政机构发放贷款等。有些国家明文规定必须投资于政府公债的比例。储蓄银行的业务活动所受到的约束，如不得经营支票存款，不得经营一般工商贷款等，近些年来已有所突破。有些储蓄银行已经经营过去只有商业银行才能经营的许多业务。

（三）不动产抵押银行

不动产抵押银行是经营以土地、房屋等不动产为抵押的长期贷款银行。其资金主要来源于发行不动产抵押债券。其资金运用有两类：一类是以土地为抵押的长期贷款，贷款对象是土地所有者或购买土地的农业资本家；另一类是以城市不动产为抵押的长期贷款，贷款对象是房屋所有者和经营建筑业的企业。

事实上，商业银行正大量涉足不动产抵押贷款业务；不少抵押银行除经营抵押放款业务外，也经营一般信贷业务。

二、非银行金融机构

非银行金融机构也叫做其他金融机构，是商业银行、专业银行以外的，以获利润最大化为目的，具体经办某一类金融业务的金融机构的统称。非银行金融机构与商业银行的区别主要表现在：第一，资金来源不同。商业银行以吸收存款包括吸收活期存款为主要资金来源；而非银行金融机构则依靠发行股票、债券筹措主要的资金来源或以某种特殊方式吸收资金，如保险公司的保险费收入。即使有些非银行金融机构可以吸收存款，但都有专门的来源限制，一般不能吸收活期存款。第二，资金运用不同。商业银行的资金运用以发放贷款，特别是短期贷款为主；而非银行金融机构的资金运用则主要以从事非贷款的某一项金融业务为主，如保险、信托、证券、租赁等金融业务。第三，商业银行具有“信用创造”功能；而非银行金融机构由于不能从事存款的划转，即转账结算业务，因而不具备信用创造功能。正是因为商业银行具有信用创造功能，西方国家在过去相当长时期内对商业银行和非银行金融机构的业务范围曾加以严格的限定。不过近些年来，随着金融创新的发展，商业银行与非银行金融机构之间的业务出现交叉，两者的界限日趋模糊。

非银行金融机构不仅是现代各国金融机构体系中的重要组成部分，而且从现代金融发展观点来看，它的发展状况是衡量一国金融体系是否成熟的重要标志之一。能否与商业银行构成一个平衡而有竞争力的非银行金融机构体系，使非银行金融机构在经济发展中更具有活力，是现代金融发展的一项重要内容。

非银行金融机构主要有如下几种：

（一）保险公司

保险公司是一种专门经营保险或再保险业务的非银行金融机构。

保险，是一种经济补偿措施（制度），是为弥补在生产和生活中发生的意外（如房屋住宅失火、船舶沉没、飞机失事、车祸伤人等）给人们带来的不同程度的经济损失，并使生产不致中断，生活有所保障而通过订立合同采取的一种补偿措施。保险公司的资金来源是从投保人（要求保险的客户）那里收取的保险费，集中起来建立保险基金，一旦有某一投保人发生意外，保险公司将在契约（保险合同）规定的责任范围内担负损失的补偿责任。保险公司收入的保险费，除支付赔偿款和业务开支外，剩余的款项形成一笔巨大资金以备巨额赔款的支付需要，这笔款项在未用作赔偿之前，可以进行投资。这笔资金比银行存款还稳定，运用起来更可靠，因而往往被运用到有价证券的投资方面。因此，保险公司成为金融市场上的重要的资金供给者之一。

为此，西方各国按照保险种类建有形式多样的保险公司，如财产保险公司、人寿保险公司、火灾和事故保险公司、老年和伤残保险公司、信贷保险公司、存款保险公司，等等。其中，普遍以人寿保险公司的规模为最大。人寿保险公司兼有储蓄银行的性质。实际上，保险费的缴纳等于储蓄。

（二）信用合作社

信用合作社是一种互助合作性质的金融机构，通常分为城市信用社和农村信用社两种。前者是城市小工商业者的组合，后者是农村经济单位的信用组合。信用合作社的建立初期是直接为小商品生产者服务的，因为在现代社会化大生产条件下，小商品生产者很难取得大银行贷款的支持，而正常的生产和流通又需要解决资本不足的困难，于是他们以缴纳股金和存款的方式组织这样一种信用机构，满足自身的资金融通需求及其他金融服务需求。

开始时，信用合作社主要发放短期生产贷款和消费贷款。现在，一些资金充裕的信用合作社已开始发放中长期贷款，以解决社员生产设备更新的资金需求。

(三) 投资基金

投资基金是一种间接金融机构，在不同的国家也有不同的称谓，比如，在美国称为共同基金或互助基金，在英国则称为单位投资信托。投资基金通过向投资者发行股票或受益凭证募集社会闲散资金，再以适度分散的组合方式投资于各种金融资产，从而为投资者谋取最高利益。在这里，投资者把资金投入基金，购买基金股份，所以是一种间接投资。另外，由于基金的股份可以随时买进或卖出，所以，也可以视之为金融工具的一种。可见，投资基金的特点即其优势是：投资组合、分散风险、专家理财、规模经济。

投资基金具有多种投资功能，可以用来积累个人财富，可以作为价值储藏的工具，同时，也是一种追求高收益的手段。参加基金投资的最低金额一般都不很高，所以极为小投资者所欢迎。

(四) 消费信用机构

消费信用机构是为刺激生产、促进消费而建立的一种信用组织。这种机构主要有两种：各种消费信用公司和典当业。它是在第二次世界大战后，随着消费信用的扩大而相应发展起来的。消费信用公司的资金来源主要是向商业银行借款，其运用则是以分期付款方式贷款给商业部门，也可以对一般居民发放这种贷款。典当业实际是一种带有一定程度高利贷性质的金融组织。其资金来源也是向大银行的借款，资金运用则是以物品为抵押的放款；其放款对象多是贫困的居民，放款的特点是利息高、期限短、条件较为苛刻。

(五) 养老或退休基金

这是一种向参加养老金计划者以年金形式提供退休收入的金融机构。它们提供退休年金的资金主要来自：(1) 劳资双方的积聚，即雇主的缴款以及雇员工资中的扣除或雇员的自愿交纳；(2) 运用积聚资金的收益，如投资于公司债券、股票以及政府债券的收益等。

这类基金是第二次世界大战后才迅速发展起来的，目前普遍存在于西方各国。西方国家政府关于要求建立养老金计划的立法以及纳税优惠对这类基金会的建立和发展起了推动作用。有些国家，如英国，养老基金、退休基金业务相当大的部分由保险公司经办。

（六）信托公司

信托，指接受他人委托，代为管理、经营或处理有关财产事务的经济行为。在这里，以受托人身份经营各种信托业务的金融机构，就叫做信托机构。由于该类机构除信托业务外，还有很重要的一项业务就是信托投资，故多取名为信托投资公司。其信托业务以受人之托、代人理财为主要经营内容，如信托存、贷款，养老金信托，有价证券信托，公益事业信托等。信托投资则主要以自有资金和组织的信托存款、发行证券筹集的资金直接向企业或项目投资。信托公司也办理委托、代理、咨询等业务。

（七）租赁公司

租赁公司是一种通过融物的形式起融通资金作用的金融机构。租赁公司在一定时期内以收取租金为条件将某项物资财产交付承租人使用，实际上等于为承租人筹措了该项物资财产的购货款，差别只在于所有权不属于承租人。租赁公司的业务范围很广，涉及各个领域，从单机设备到成套设备，从生产资料到消费品、工商业设施、办公用品等无所不包。租赁方式也有多种。

（八）证券公司

证券公司是专门从事各种有价证券经营及相关业务的金融机构。其主要业务是：有价证券的自营买卖、受客户委托代理证券买卖、销售有价证券、认购有价证券等。

（九）财务公司

财务公司是经营部分银行业务的非银行金融机构。其中，有的专门经营抵押放贷业务；有的专门吸收大额定期存款进行贷款或投资；有的由产业集团各公司集资而成并主要为集团内企业提供信贷和其他金融服务等。

第四节　中央银行

当今世界上大多数国家都实行中央银行制度。中央银行也是客观经济进程发展到一定阶段的必然产物。在现代金融机构体系中，中央银行处于领导核心地位。一方面，它面向政府和商业性金融机构提供金融服务；另一方面，它还代表政府制定和执行货币政策，有些国家的中央银行还负责对商业银行等金融机构实施监管。

一、建立中央银行的必要性

中央银行首先是在西方资本主义国家产生的，是由私人商业银行演化而来的。一般认为1844年英国通过的《英格兰银行条例》，使英格兰银行垄断了英国银行券的发行权，标志着中央银行的诞生。

中央银行产生的必要性在于：

第一，统一发行银行券的需要。随着资本主义的发展，商品流通规模不断扩大，原来由众多的商业银行自行发行银行券的状况，给扩大的市场交易带来了困难：一是周期性爆发的经济危机，常使一些小银行经不起冲击而倒闭，导致其发行的银行券不能兑现，并引起连锁反应，影响经济的稳定；二是众多小银行发行的银行券，限于其自身的信用能力，一般只能在有限的范围内流通，不能适应日益扩大的生产和流通需要。因此，客观上要求有一种能在全国范围内流通的银行券，而这必须要由一家资力雄厚、信用卓著的大银行来发行。

第二，集中办理全国票据清算的需要。银行产生以后，随着其业务范围的不断扩大，经济生活的债权关系日趋复杂。这种情况下，票据交换及清算若得不到及时处置，则会阻碍经济活动的顺畅进行。于是，客观上需要建立一个全国统一的权威机构，集中办理全国的票据清算。

第三，为商业银行提供最后的资金支持的需要。在经济周期性的发展过程中，商业银行时常陷于资金周转困难，甚至因支付能力不足而可能面临破产的境地。银行缺乏稳固性，不利于经济的发展，也不利于社会的稳定。因此，客观上需要有一家金融机构作为其他众多银行的靠山，在某家银行发生支付困难时，提供必要的资金支持。

第四，代表政府管理全国金融业的需要。由于银行业的竞争日趋激烈，银行经营的稳定性受到威胁，而竞争中银行的破产、倒闭将会给经济带来巨大的震荡；同时，随着国家对经济生活干预的加深，这样，客观上就要求有一个代表政府意志对金融业进行管理、监督和协调的机构。

正是适应上述需要，经历了漫长的过程，中央银行才形成并不断丰富了其职能。

二、中央银行的特点和性质

中央银行的特点可以从它作为一种金融机构和它作为国家的一个管理机构两方面来认识。

中央银行作为一种金融机构，其主要业务活动同样具有银行所固有的“存、贷、汇”业务的特征，但更重要的是与普通金融机构的业务活动又有所不同，表现在：（1）不以营利为目的。一般地，中央银行在其业务经营过程中会取得利润，但营利不是目的。中央银行以金融调控为己任，稳定货币、促进经济发展是其宗旨。如果以营利为目的，势必导致为追求利润而忽视甚至背弃金融管理这一主旨。（2）不经营普通银行业务，即不对社会上的企业、单位和个人办理存贷、结算业务，只与政府或商业银行等金融机构发生资金往来关系。这是从原则上说的，有的国家的中央银行，目前还有一部分对私人部门的业务，但均不占主要地位。（3）国家赋予中央银行一系列特有的业务权力，如垄断货币发行、管理货币流通、集中存款准备金、维护支付清算系统的正常运行、代理国库、管理国家黄金外汇储备等。

从中央银行作为国家的一个管理机构看，它是保障金融稳健运行、调控宏观经济的国家行政机构。中央银行通过国家特殊授权，承担着监督管理普通金融机构和金融市场的重要使命。同时，由于中央银行处于整个社会资金运动的中心环节，是国民经济运行的枢纽，是货币供给的提供者和信用活动的调节者。因此，中央银行对金融业的监督管理和对货币、信用的调控对宏观经济运行具有直接的重要的影响。由此，中央银行又是宏观经济运行的调控中心。作为国家管理金融业和调控宏观经济的重要部门，中央银行自然具有一定的国家机关的性质，负有重要的公共责任。并且，随着国家对金融和经济实施干预或调控的加强，中央银行的国家机关性质也趋于强化。

中央银行具有国家机关的性质，但与一般的行政机关又有很大不同：（1）中央银行履行其职责主要是通过特定金融业务进行的，对金融和经济的管理调控基本上是采用经济手段，如调整利率和准备金率、在公开市场上买卖有价证券等，这些手段的运用更多地具有银行业务操作的特征，这与主要依靠行政手段进行管理的国家机关有明显不同；（2）中央银行对宏观经济的调控是分层次实现的，即通过货币政策工具操作调节金融机构的行为和金融市场运作，然后再通过金融机构和金融市场影响到各经济部门，其作用比较平缓，市场的回旋空间较大，这与一般国家机关的行政决定直接作用于各微观主体而又缺乏弹性有较大不同；（3）中央银行在政策制定上有一定的独立性，这是由于中央银行在金融机构体系和国民经济中处于特殊的地位，承担着特殊的职责所决定的。当然，这种独立性是相对的。

总之，从中央银行业务活动的特点和发挥的作用看，中央银行既是为商业银行等普通金融机构和政府提供金融服务的特殊金融机构，又是制定和实施货币政策、监督管理金融业、规范与维护金融秩序、调控金融和经济运行的宏观管理部门。

三、中央银行的职能

（一）发行的银行

所谓发行的银行，就是垄断银行券的发行权，成为全国唯一的现钞发行机构。目前，世界上几乎所有国家的现钞都由中央银行集中垄断发行。一般硬币的铸造、发行，有的由中央银行经营，有些国家则由财政部负责，发行收入归财政。

中央银行集中与垄断货币发行权是其自身之所以成为中央银行最基本、最重要的标志，也是中央银行发挥其全部职能的基础。

中央银行作为一国发行货币和创造信用货币的机构，在发行现钞、供给货币的同时，必须履行保持货币币值稳定的重要职责。这一点，它主要通过制定和实施货币政策来实现。

货币发行是中央银行的重要资金来源，也为中央银行调节金融活动和全社会货币、信用总量，促进经济增长提供了资金力量。因此，具有“发行的银行”这一基本职能是中央银行实施金融宏观调控的充分与必要条件。

目前，对银行券发行的实际控制措施，有的国家限制现钞使用范围，有的国家则没有这种限制。如果说控制，那就是只有当商业银行在中央银行有准备存款时，在存款限度之内，才有权提取现金。

（二）银行的银行

作为银行的银行，这是最能体现中央银行这一特殊金融机构体制的职能之一：（1）作为银行固有的业务特征——办理“存、放、汇”，仍是中央银行的主要业务内容，只不过业务对象不是一般企业和个人而是商业银行与其他金融机构；（2）作为金融管理的机构，中央银行对商业银行和其他金融机构的活动施以有效的影响也主要是通过这一职能。这一职能具体表现在三个方面：

1. 集中存款准备。通常法律规定，商业银行及有关金融机构必须向中央银行交存一部分存款准备金。目的在于：一方面保证存款机构的清偿能力，以备客户提现，从而保障存款人的资金安全以及银行等金融机构本身的安全；另一方面是有利于中央银行调节信用规模和控制货币供应量。交存准备金的多少，通常是对商业银行及有关金融机构所吸收的存款确定一个交存的法定比例，有时还分不同种类的存款确定几个比例。同时，中央银行有权根据宏观调节的需要，变更、调整存款准备金的上交比率。集中统一保管商业银行存款准备金的制度，是现代中央银行制度的一项极其重要的内容。

2. 最终的贷款人。19 世纪中叶前后，连续不断的经济动荡和金融危机使人们认识到，金融恐慌或支付链条的中断往往是触发经济危机的导火线。因此，有人提出应有一个“最后贷款者”的主张，其责任是全力支持资金周转困难的商业银行及其他金融机构，以免银行挤兑风潮的扩大而最终导致整个银行业的崩溃。“最后贷款者”原则的提出确立了中央银行在整个金融机构体系中的主导地位。

商业银行从中央银行融进资金的主要方式，是将其持有的票据（包括国库券）向中央银行办理再贴现、再抵押或直接取得贷款，从而获得所需资金。有时为配合政府经济政策，中央银行主动采取降低提高再贴现率的措施，以调节商业银行的信贷规模。

3. 组织全国的清算。这一职能始自于英国。19 世纪中期，随着银行业务的扩大，银行每天收授票据的数量日趋增加，各银行之间的债权债务关系日趋紧密，必须及时清算。1854 年英格兰银行采取了对各银行之间每日清算的差额进行结算的做法，后来，其他国家也相继效仿。与集中存款准备金制度相联系，由于各家银行都在中央银行开有存款账户，则各银行间的票据交换和清算业务就可以通过这些账户转账和划拨，整个过程经济而简便。

中央银行作为银行的银行，通过国家授权开展特定的金融业务活动，为其履行调控金融和管理金融的基本职责提供了稳定有效的途径。

（三）国家的银行

所谓国家的银行，是指中央银行代表国家贯彻执行财政金融政策，代理国库收支以及为国家提供各种金融服务。作为国家银行的职能，主要是通过以下几方面得到体现：

1. 代理国库（我国多年习惯称之为“经理”国库）。国家财政收支一般不另设机构，而交由中央银行代理。政府的收入与支出均通过财政部在中央银行内开立的各种账户进行。具体包括按国家预算要求协助财政、税收部门收缴库款，根据财政支付命令向经费单位划拨资金，随时反映经办预算收支上缴下拨过程中掌握的预算执行情况以及经办其他有关国库的事务。

2. 代理国家债券的发行。当今世界各国政府均广泛利用发行国家债券的有偿形式以弥补开支不足。中央银行通常代理国家发行债券以及债券到期时的还本付息事宜。

3. 对国家给予信贷支持。中央银行作为国家的银行，在国家财政出现收不抵支的情况时，一般负有提供信贷支持的义务。这种信贷支持主要是采取以下两种方式：

第一，直接给国家财政以贷款。这大多是用以解决财政先支后收等暂时性的矛盾。除特殊情况外，各国中央银行一般不承担向财政提供长期贷款的责任。因为人们普遍认为那样做容易导致中央银行沦为弥补财政赤字的简单货币供给者，从而可能有损于货币的正常供给及金融稳定。所以，在正常情况下国家的长期性资金需要大多通过其他途径解决。

第二，购买国家公债。中央银行在一级市场上购进政府债券，资金直接形成财政收入，流入国库；若中央银行在二级市场上购进政府债券，则意味着资金是间接地流向财政。无论是直接地还是间接地，从中央银行某一时点的资产负债表来看，只要持有国家证券，就表明是对国家的一种融资。

4. 为国家持有和经营管理包括外汇、黄金和其他资产形式的国际储备。世界各国的国际储备一般都是由中央银行持有并进行经营管理。国际储备包括外汇、黄金、在国际货币基金组织中的储备头寸、国际货币基金组织分配的尚未动用的特别提款权等。中央银行对国际储备的管理包括：(1) 对储备资产总量进行调控，使之与国内货币发行和国际贸易等所需的支付需要相适应；(2) 对储备资产结构特别是外汇资产结构进行调节；(3) 对储备资产进行经营和管理，负责储备资产的保值及经营收益；(4) 保持国际收支平衡和汇率基本稳定。

5. 制定并监督执行有关金融管理法规。有些国家的中央银行自身或与其他金融管理机构一道，对各商业银行及其他金融机构的经营管理、业务活动进行监督管理。为此，需制定一系列金融管理法令、政策、基本制度，以使商业银行等金融机构的活动有章可循，有法可依。同时，这些国家的中央银行在国家的授权下，根据政策、法令，对银行等机构的设置、撤并、迁移等进行审查批准，注册登记；对它们的业务活动范围、清偿能力、资产负债结构、存款准备金交存等情况，进行定期或不定期的检查监督；对银行和金融机构的各种业务账表、报告进行查对、稽核和分析，了解情况，发现问题，促使它们严格遵守有关金融管理法规，合法、稳健经营，避免金融动荡。通常，把对这方面的任务称为金融行政管理。

此外，中央银行作为国家的银行，还代表政府参加国际金融组织，出席各种国际性会议，从事国际金融活动以及代表政府签订国际金融协定。在国内外经济金融活动中，充当政府的顾问，提供经济、金融情报和决策建议。

附：中国人民银行的职责

《中国人民银行法》规定了中国人民银行的职责是：(1) 发布与履行和职责有关的命令和规章；(2) 依法制定和执行货币政策；(3) 发行人民币，管理人民币流通；(4) 监督管理银行间同业拆借市场和银行间债券市场；(5) 实施外汇管理，监督管理银行间外汇市场；(6) 监督管理黄金市场；(7) 持有、管理、经营国家外汇储备、黄金储备；(8) 经理国库；(9) 维护支付、清算系统的正常运行；(10) 指导、部署金融业反洗钱工作，负责反洗钱的资金监测；(11) 负责金融业的统计、调查、分析和预测；(12) 作为国家的中央银行，从事有关国际金融活动；(13) 国务院规定的其他职责。

中央银行的三大职能，是通过各项业务活动而实现的。中央银行的业务活动，也可以分为资产业务、负债业务和中间业务三大类。中央银行的资产是指中央银行在一定时点上所拥有的各种债权；中央银行的资产业务主要包括再贴现业务、贷款业务、证券买卖业务、黄金外汇储备业务等。中央银行的负债是指金融机构、政府、个人和其他部门持有的对中央银行的债权；中央银行的负债业务主要是由存款业务、货币发行业务、其他负债业务和资本业务构成。中央银行的中间业务，是指中央银行从事的，但不进入其资产负债表的业务，主要有清算业务、经理国库业务、代理政府向金融机构发行及兑付债券业务、会计业务、调查统计业务、对金融机构的稽核和审计等业务。

四、中央银行的类型

就各国的中央银行制度来看，大致可归纳为四种类型：单一型、复合型、跨国型及准中央银行型。

（一）单一的中央银行制度

单一的中央银行制度是指国家单独建立中央银行机构，使之全面、纯粹地行使中央银行职能的制度。单一的中央银行制度中又有如下两种具体情形：

第一，一元式。这种体制是在一个国家内只建立一家统一的中央银行，机构设置一般采取总分行制。目前，世界上绝大部分国家的中央银行都实行这种体制，我国也是如此。

第二，二元式。这种体制是在一国内建立中央和地方两级中央银行机构，中央级机构是最高权力或管理机构，地方级机构也有其独立的权力。根据规定，中央和地方两级中央银行分别行使职权。它是一种带有联邦式特点的中央银行制度。属于这种类型的国家有美国、德国等。

（二）复合的中央银行制度

复合的中央银行制度是指一个国家没有设专司中央银行职能的银行，而是由一家大银行集中中央银行职能和一般存款货币银行的经营职能于一身的银行体制。这种复合制度主要存在于前苏联和东欧等国，我国在 1984 年以前也一直实行这一银行制度。

（三）跨国的中央银行制度

跨国的中央银行制度是由参加某一货币联盟的所有成员国联合组成的中央银行制度。第二次世界大战后，许多地域相邻的一些欠发达国家建立了货币联盟，并在联盟内成立参加国共同拥有的统一的中央银行。这种跨国的中央银行发行共同的货币和为成员国制定金融政策，成立的宗旨则在于推进联盟各国经济的发展及避免通货膨胀。比如，由贝宁、科特迪瓦、尼日尔、塞内加尔、多哥和上沃尔特等国组成的西非货币联盟所设的中央银行，由喀麦隆、乍得、刚果、加蓬和中非共和国组成的中非货币联盟所设的中非国家银行以及东加勒比海货币管理局等等，都是完全的或不完全的跨国中央银行体制。

目前，该种类型的中央银行制度中，对全球最具影响的是欧洲中央银行。该银行正式成立于 1998 年 7 月，总部设在德国的法兰克福，其基本职责是制定和实施欧洲货币联盟内统一的货币政策，以维持欧元地区内的币值稳定为首要目标。

(四) 准中央银行制度

准中央银行制度是指有些国家或地区只设置类似中央银行的机构，或由政府授权某个或几个商业银行，行使部分中央银行职能的体制。新加坡、香港属于这种体制，此外，斐济、马尔代夫、利比里亚、莱索托、伯利兹等国也都实行各具特点的准中央银行体制。

第五节　国际金融机构

一、国际金融机构的形成和发展

为适应世界经济发展的需要，先后出现了多个进行国际金融活动的政府间国际金融机构。其发端可以追溯到 1930 年 5 月在瑞士巴塞尔成立的国际清算银行。

第二次世界大战后建立了布雷顿森林国际货币体系，并相应地建立了几个全球性国际金融机构，作为实施这一国际货币体系的组织保证。它们是目前最重要的全球性国际金融机构，即：国际货币基金组织，简称世界银行的国际复兴开发银行，国际开发协会和国际金融公司。

从 1957 年到 20 世纪 70 年代，欧洲、亚洲、非洲、拉丁美洲、中东等地区的国家为发展本地区经济的需要，同时，也是为抵制美国对国际金融事务的控制，通过互助合作方式，先后建立起区域性的国际金融机构，如泛美开发银行、亚洲开发银行、非洲开发银行，等等。

国际金融机构在发展世界经济和区域经济方面发挥了积极作用。诸如，组织商讨国际经济和金融领域中的重大事件，协调各国间的行动；提供短期资金，缓解国际收支逆差，稳定汇率；提供长期资金，促进许多国家的经济发展。不过，这些机构的领导权大多被西方发达国家控制，发展中国家的呼声和建议往往得不到应有的重视和反映。

二、全球性的国际金融机构

（一）国际清算银行

国际清算银行的宗旨是促进各国中央银行间的合作，为国际金融往来提供额外便利以及接受委托或作为代理人办理国际清算业务等。

它的业务范围分为：(1) 商讨国际金融合作问题；(2) 从事货币和金融问题研究；(3) 为各国中央银行提供各种金融服务；(4) 作为协助执行各种国际金融协定的代理和受托机构，为执行协定提供便利。

国际清算银行在促进各国中央银行交流，推动国际金融合作，健全国际金融监管体系，提高国际金融领域抵抗风险能力等方面都发挥着明显的作用。

（二）国际货币基金组织

它是根据 1944 年联合国国际货币金融会议通过的《国际货币基金协定》建立的，1945 年 12 月正式成立，1947 年 3 月开始工作，同年 11 月 15 日成为联合国的一个专门机构。

国际货币基金组织的宗旨是：通过会员国共同研讨和协商国际货币问题，促进国际货币合作；促进国际贸易的扩大和平衡发展，开发会员国的生产资源；促进汇率稳定和会员国有条不紊的汇率安排，避免竞争性的货币贬值；协助会员国建立多边支付制度，消除妨碍世界贸易增长的外汇管制；协助会员国克服国际收支困难。

基金组织的资金来源主要由会员国认缴的基金份额、借入资金和出售黄金组成。基金组织设有多种贷款，根据不同的政策向会员国政府提供资金。基金组织的贷款主要有以下几种：(1) 普通贷款；(2) 中期贷款；(3) 出口波动补偿贷款；(4) 缓冲库存贷款；(5) 补充贷款；(6) 信托基金贷款。

（三）世界银行

世界银行是与国际货币基金组织同时组建的国际金融机构。它有两个附属机构：国际开发协会和国际金融公司。三者统称世界银行集团。

这三者的共同宗旨是通过提供和组织长期贷款和投资，解决会员国恢复和发展经济的资金需要，资助它们兴办特定的基本建设工程。三者的贷款对象和方式有所不同。世界银行主要是向成员国提供长期的优惠贷款；国际开发协会则致力于向低收入国家提供长期、低息、援助性贷款；国际金融公司主要是向成员国的私人部门提供贷款。

世界银行的资金来源主要有：（1）会员缴纳的股金；（2）向国际金融市场借款，特别是发行中长期债券；（3）出让债权，即世界银行将其贷出款项的债权转让给私人投资者（主要是商业银行），以收回部分资金；（4）经营中的利润收入。

世界银行的主要业务活动是向发展中国家提供长期的生产性贷款。贷款只提供给会员国中低收入国家和由政府担保的国营企业或私营企业，贷款条件一般比国际资金市场上的贷款条件优惠。世界银行的贷款一般要与特定的工程项目相联系，称项目贷款。这些项目要经世界银行精心挑选，认真核算，严密监督和系统分析。

除贷款以外，世界银行还提供技术援助，提供国际联合贷款团的组织工作以及协调与其他国际机构的关系等。

我国与世界银行的业务往来远比国际货币基金组织为多。

（四）国际开发协会

国际开发协会是专门对较穷的发展中国家发放条件优惠的长期贷款的金融机构。成立协会的建议是 1957 年提出的，正式成立于 1960 年 9 月。

国际开发协会的组织机构与世界银行相同。其资金来源主要有：（1）会员国认缴的股本；（2）工业发达国家会员国提供的补充资金；（3）世界银行从净收益中拨给协会的资金；（4）协会业务经营的净收益。

（五）国际金融公司

国际金融公司建立于 1956 年 7 月。申请加入国际金融公司的国家必须是世界银行的会员国。国际金融公司的组织机构和管理方式与世界银行相同。

国际金融公司的主要任务是对属于发展中国家会员国中私人企

业的新建、改建和扩建等提供资金；促进外国私人资本在发展中国家的投资；促进发展中国家资本市场的发展。其资金来源主要是会员国认缴的股本、借入资金和营业收入。

国际金融公司提供贷款的期限为7～15年，贷款利率接近于市场利率，但比市场利率低。贷款无需政府担保。

三、区域性的国际金融机构

（一）亚洲开发银行

亚洲开发银行1966年在东京成立，同年12月开始营业。

亚洲开发银行的宗旨是通过发放贷款和进行投资、技术援助，促进本地区的经济发展与合作。其主要业务是向亚太地区加盟银行的成员国和地区的政府及其所属机构、境内公私企业以及与发展本地区有关的国际性或地区性组织提供贷款。贷款分为普通贷款和特别基金贷款两种。前者贷款期限为12～25年，利率随金融市场的变化调整；后者贷款期限为25～30年，利率为1%～3%，属长期低利优惠贷款。

亚洲开发银行的资金来源主要是加入银行的国家和地区认缴的股本、借款和发行的债券以及某些国家的捐赠款和由营业收入所积累的资本。

（二）非洲开发银行

非洲开发银行于1963年9月成立，1966年7月开始营业。

非洲开发银行的宗旨是：为成员国经济和社会发展服务，提供资金支持；协助非洲大陆制定发展的总体规划，协调各国的发展计划，以期达到非洲经济一体化的目标。其主要业务是向成员国提供普通贷款和特别贷款。特别贷款条件优惠，期限长，最长可达50年，贷款不计利息。非洲开发银行的资金主要是成员国认缴的股本。为解决贷款资金的需要，它还先后设立了几个合办机构：非洲开发基金、尼日利亚信托基金、非洲投资开发国际金融公司和非洲再保险公司。

第十五章　现代货币的创造机制

第一节　存款货币的创造与收缩

一、存款货币创造的必要条件

商业银行创造存款货币是有条件的，即实行部分准备金制度和非现金结算制度。

部分准备金制度是相对于全额准备金制度而言的。在全额准备金制度下，银行必须保持100%的准备金，即银行每增加1元存款，必须相应有1元的准备金。在部分准备金制度下，银行每增加1元存款，不需同等规模的准备金，银行可以通过保留部分准备金，而将其余的存款用于发放贷款和投资。如果准备率为20%，则意味着银行只需保持20%的准备，而将存款的80%用于投资和贷款。

非现金结算是相对于现金结算而言的。在非现金结算的条件下，银行可以通过记账的方式来发放贷款，从而可以通过创造存款来提供信用。

商业银行创造存款货币需要同时具备以上两个条件。具备部分准备金制度只为吸收存款后能够动用部分存款来发放贷款提供了条件，但这必须是建立在非现金结算的条件下；如果仅具备非现金结算的条件，而实行全额准备金制度，则不能创造存款货币。

二、原始存款、派生存款和准备金

原始存款是客户以现金存入银行形成的存款。由于各国基本上都实行部分准备金制度，因此，商业银行可以将一小部分现金作为付现准备，其余部分用于放款。同时，又因为实行非现金结算方式，客户在取得贷款后，一般不立即提取现金，而是转入其在银行的活期存款账户，这时银行一方面增加了放款，另一方面又增加了活期存款。银行用转账方式发放贷款时创造的存款，就是派生存款。在信用制度发达的国家，银行的大部分存款都是通过这种营业活动创造出来的。

商业银行的存款准备金，由其现金库存和在中央银行的存款两部分构成。为了合理地控制货币数量，各国一般都以法律形式规定商业银行必须保留最低数额的准备金，这就是法定准备金。同时，规定商业银行必须按存款总额的一定比例保留准备金，这个比例就是法定准备金率。准备金超过法定准备金的部分，称为超额准备金。

法定准备金的计算公式为：

$$R_d = D \cdot r_d \tag{15.1}$$

式中：R_d 代表法定存款准备金；D 代表活期存款总额；r_d 代表法定存款准备率。

超额准备金是银行实有准备金与法定准备金之差。公式为：

$$E = R - D \cdot r_d \tag{15.2}$$

式中：E 代表超额准备金；R 代表商业银行准备金。(15.2)式的结果如果为正，则说明商业银行的准备金有余；结果如果为负，则说明准备金不足。

法定准备率的高低，直接影响银行创造存款货币的能力。法定准备率越高，银行吸收的存款中可用于放款的资金越少，创造存款货币的数额则越小；反之，法定准备率越低，创造存款货币的数额则越大。由此可见，法定准备率决定银行创造存款的能力，与信贷规模的变化有密切关系，也使得法定存款准备率成为各国中央银行调控货币供给的重要手段。

三、存款货币的创造与收缩过程

在广泛采用非现金结算的情况下，银行吸收的原始存款中的超额准备金用于发放贷款，客户取得贷款后，不提取现金，全部转入另一个企业的银行存款账户。接受这笔新存款的银行，在存款增加的同时，也增加了存款准备金。同样它在保留一部分法定准备金后，又可将超额准备金用于发放贷款，于是又会出现另一笔存款。如此延续下去，商业银行可创造出大量存款。

为了更清楚地说明商业银行创造存款货币的过程，我们作如下假定：第一，银行体系由中央银行及至少两家以上的商业银行构成；第二，法定存款准备率为20%；第三，存款准备金由商业银行的库存现金及其在中央银行的存款构成；第四，银行客户将其一切货币收入存入银行体系。

现假设A企业将10 000元存入第一家银行，该银行增加原始存款10 000元，按20%提留2 000元作为法定准备金后，将超额准备金8 000元全部贷给B企业，B企业用来支付C企业货款，C企业将款项存入第二家银行，使其准备金和存款均同额增加8 000元。该银行提留1 600元法定准备金后，又将超额准备金6 400元贷给D企业，D企业又用来支付E企业的货款，E企业将款项存入第三家银行，该银行又继续贷款，如此循环下去，可将整个过程列表如下(见表15-1)。

表15-1

银行名称	存款增加数	法定准备金	增加放款
第一家银行	10 000.00	2 000.00	8 000.00
第二家银行	8 000.00	1 600.00	6 400.00
第三家银行	6 400.00	1 280.00	5 120.00
第四家银行	5 120.00	1 024.00	4 096.00
第五家银行	4 096.00	819.20	3 276.00
第六家银行	3 276.00	655.36	2 621.44
第七家银行	…	…	…
⋮	⋮	⋮	⋮
总计	50 000.00	10 000.00	4 000.00

表中的数字说明，在部分准备金制度下，一笔原始存款，由于整个银行体系产生扩张信用的结果，可产生大于原始存款若干倍的存款货币。扩张的数额主要决定于两大因素：一是原始存款的大小；二是法定准备率的高低。原始存款量越大，创造的存款货币量越大；反之，则越小。用公式表示为：

$$D = A \cdot \frac{1}{r_d} \tag{15.3}$$

$$\Delta D = D - A \tag{15.4}$$

式中：D 代表经过派生以后的活期存款总额；r_d 代表法定存款准备率；A 代表原始存款规模；ΔD 为派生存款总额。

如果把上例代入公式，则有：

$$D = 10\ 000/20\% = 50\ 000(\text{元})$$

显然，活期存款的变动与原始存款的变动之间存在一种倍数关系（K），用公式表示为：

$$K = D/A = \frac{1}{r_d} \tag{15.5}$$

K 为存款派生倍数，它是法定存款准备率的倒数。法定存款准备率越高，存款扩张的倍数值就越小；法定存款准备率越低，存款扩张的倍数值越大。

银行系统派生存款倍数创造原理在相反方向上也适用。即派生存款的紧缩过程也呈倍数紧缩过程，仍以上例说明。

当一客户从银行提取10 000元现金，则引起原始存款减少，在银行体系无超额准备金的前提下，也必然会出现削减存款货币的过程。即该银行为了维持其法定准备金水平，必须收回一笔同等数量的贷款，以弥补法定准备金出现的不足。而贷款的收回是通过自己的客户收到其他银行的客户如A银行的客户所签发的支票实现的，从而A银行将减少10 000元活期存款和10 000元准备金。按20%法定准备率计算，活期存款减少10 000元，法定准备金至多减少2 000元。但A银行由于准备金已被转出10 000元，因而法定准备金少8 000元。如果A银行收回的贷款是通过客户由B银行得来的，那么，B银行由于法定金短缺6 400元，也必须要收缩自己的贷款或投资，以补足准备金。而B银行收回贷款的结果，也是以减少其他银行同等数额的活期存款，从而减少其准备金为条件的。这一过程一直进行下去，直到银行系统的活期存款变化到以下水平：

$$-10\,000-8\,000-6\,400-5\,120-4\,096-\cdots=-50\,000\text{（元）}$$

可见，派生存款的缩减过程与其扩张过程一样，都呈倍数效应，两者是相互对称的。

四、对倍数的修正

从前例可以看出，商业银行创造存款货币的能力，决定于原始存款和派生倍数。但在实际经济活动中，派生倍数还会受到其他因素的影响而大为缩减。

1. 现金漏损率。客户从银行提取现金与存款总额的比率称为现金漏损率或提现率。当出现现金漏损时，银行系统的存款准备金会减少，由此减少银行创造派生存款的能力。

2. 超额准备率。银行并非一定将超额准备金全部贷出，为了安全或应付意外之需，银行实际持有的存款准备金总是高于法定准备金，这也相应减少了银行创造派生存款的能力。银行超过法定要求而保留的准备金与存款总额的比，称为超额准备率。

3. 存款可分为活期存款和定期存款两种，政府通常对不同性质的存款分别规定不同的法定存款准备率。如果把 D 和 r_d 分为视为活期存款和相应的法定准备率，那么准备金就有 $Rt\cdot TD/D$ 的部分不能成为创造存款货币 D 的基础。R_t 代表定期存款法定准备率，TD 代表定期存款总额，TD/D 是指有多大比例的活期存款转为定期存款。

考虑以上三个因素之后，银行吸收一笔存款可以派生多少存款，决定的要素不仅是法定存款准备率，还包括现金漏损率、超额存款准备率和定期存款准备率的高低。因此，公式（15.5）可以修正为：

$$K=D/A=\frac{1}{r_d+c'+e'+r_d\cdot t'} \qquad (15.6)$$

式中：c'和e'分别代表提现率和超额存款准备率；t'代表TD/D，即定期存款对活期存款的比率。

由以上可知，银行吸收一笔原始存款能够创造多少存款货币，要受到法定准备金多少、现金流出银行多少、超额准备金多少、定期存款多少等因素的影响。

第二节　中央银行与货币创造

一、中央银行的资产负债表

中央银行的业务分为两大类：负债业务和资产业务。具体可以通过中央银行的资产负债表来反映。中央银行的资产负债表由三部分组成：资产项目、负债项目和资本项目（见表15-2）。

表15-2　**中央银行资产负债表**

资　　产	负　　债
政府债券和财政借款	流通中通货
贴现及放款	商业银行和金融机构存款
黄金和外汇储备	财政部存款
特别提款权证券	外国和其他存款
其他资产	其他负债和资本项目
合计：资产总额	合计：负债总额

中央银行资产表明中央银行的资金运用，负债表明中央银行资金的来源，资本项目是指中央银行的自有资本。它们之间的关系为：

$$资产 = 负债 + 资本项目$$

$$负债 = 资产 - 资本项目$$

从中央银行的资产负债表中可以看出，流通中的通货是中央银行的负债来源；中央银行与商业银行等金融机构之间的业务关系，则表现为负债方的商业银行和金融机构存款和资产方的贴现与放款；中央银行与政府的关系表现为负债方的财政部存款、资产方的政府债券和财政借款以及国家储备外汇和黄金等项；资产方的特别提款权证券与负债方的外国和其他存款则表现了中央银行的对外金融关系。

二、基础货币与货币供给

基础货币也称高能货币、强力货币，指起创造存款货币作用的商业银行在中央银行的存款准备金与流通于银行体系之外的通货两者之和。基础货币由现金和存款准备金两部分构成，二者都是中央银行的负债（表 15-2)。前者包括商业银行持有的库存现金、在中央银行的法定存款准备金以及超额存款准备金。用公式表示为：

$$B = R + C \tag{15.7}$$

式中，B 为基础货币，R 为商业银行保有的存款准备金，C 为流通于银行体系之外的现金。基础货币是中央银行的负债。

作为银行体系内存款扩张、货币创造的基础，基础货币数量大小对货币供应总量有决定性的影响。

基础货币的增减变化，通常取决于四个因素：

1. 外汇、黄金占款、特别提款权和中央银行在国际金融机构的净资产构成。如果追求稳定汇率目标，可以通过外汇买卖投放基础货币。中央银行买入外汇，卖出本国货币，即可增加基础货币的投放。中央银行卖出外汇，买入本国货币，就会减少基础货币的持有。然而，这种方式受外汇市场供求状况的影响，具有相当的被动性。

2. 对政府债权净额。中央银行通过认购政府债券或贷款给财政部门弥补财政赤字把基础货币注入流通领域，而当中央银行减少对政府的债权时，基础货币也会相应减少。

3. 对商业银行再贷款、再贴现。当中央银行对商业银行提供再贷款、再贴现时，基础货币就会增加；反之，基础货币就会减少。中央银行对此项具有较强的控制力。

4. 其他资产。固定资产的增减变化以及中央银行在资金清算过程中应收应付的增减变化，会对基础货币量产生影响。

商业银行创造存款货币的规模首要的决定因素是其获得的原始存款，原始存款正是来源于中央银行创造和提供的基础货币：中央银行把通货投入流通，公众用通货向银行存款，可以增加商业银行新的原始存款；中央银行扩大信贷，可以直接增加商业银行的准备金，从而增加商业银行体系的原始存款量。相反，如果中央银行缩减或收回对商业银行的信用支持，从而减少基础货币的供给，则必然引起商业银行准备金持有量的减少，因此导致商业银行体系对贷款和存款的数倍收缩。可以说，中央银行提供的基础货币与商业银行创造的存款货币之间的关系，实际上是源与流的关系。商业银行作为直接货币供给者，其创造存款货币的存贷活动以及提供的货币数量，均建立在基础货币规模的基础上。当经济中原有的基础货币已最大限度地为商业银行所利用并创造出多倍存款货币而仍然不能满足经济发展的需要时，唯一的办法是由中央银行补充基础货币，即：随着社会扩大再生产的不断发展，新的基础货币不断被中央银行创造出来，又经商业银行体系不断创造出满足经济需要的追加货币供给。

三、乘数

由中央银行提供的基础货币能够引出数倍于自身的货币供给量。把货币供给量与基础货币相比的比值就是乘数。公式为：

$$M_s = m \cdot B \tag{15.8}$$

式中的 m 是乘数，M_s 代表货币供给，B 为基础货币。

又：

$$B = C + R$$

$$M_s = C + D$$

所以：

$$m = (C + D)/(C + R)$$

把上式分子、分母各项均除以 D，则有：

$$m = \frac{\frac{C}{D} + 1}{\frac{C}{D} + \frac{R}{D}} \tag{15.9}$$

式中的 C/D 称为通货—存款比，其大小取决于私人部门的行为；R/D 称为准备—存款比，其大小取决于存款货币银行的行为。这两个比率决定乘数的大小，与基础货币一起决定货币供给量的大小。

对于决定货币乘数的具体因素，中央银行不能直接控制，但可以通过对其施加影响来控制货币供应量，一般有以下四项：

1. 现金比率，即流通中现金与商业银行活期存款的比率。现金比率对乘数的确定有重大影响，现金比率越高，货币乘数也高，反之亦然。

2. 超额准备率。商业银行的超额准备率越高，货币乘数就越小，反之越大。

3. 定期和活期存款法定准备率。法定准备率越高，货币乘数越小，反之越大。

4. 定期存款对活期存款的比率。定期存款对活期存款的比率上升，货币乘数变小，反之变大。

第十六章　对外金融关系

第一节　外汇和外汇管理体制

一、外汇及其构成

所谓外汇，从广义上说，指外币以及用外币表示的用于国际间结算的支付凭证和信用凭证。

由此可见，外汇的范围远远超出了外币现钞的范围，就如同货币的范围超过了现钞的范围一样。在国际经济交往中，以现钞来支付结算，只占很小的比重，大量的国际支付是通过银行运用各种金融工具来进行的。这些金融工具包括银行存款凭证、支票、汇票等，都构成外汇。此外，以外币表示的信用凭证，如国家债券、公司债券和股票等，也都属于外汇。

外汇一般具有三个特征：国际性、可偿还性和可兑换性。国际性是指外汇必须是在国际上能被普遍接受的外币金融资产；可偿还性表明这种外币债权保证可以得到偿付；可兑换性就是可以自由兑换成其他外币资产。

根据我国《外汇管理暂行条例》规定，外汇的具体形式包括：(1) 外国货币，包括纸币和铸币等；(2) 外币支付凭证，包括票据、银行存款凭证、邮政储蓄凭证等；(3) 外币有价证券，包括政府公债券、国库券、公司债券、股票、息票等；(4) 特别提款权、欧洲货币单位；(5) 其他外汇资产。

狭义的外汇概念仅指外币表示的用于国际结算的支付手段。只有为各国普遍接受的支付手段，才能用于国际结算。因此，以外币表示的有价证券和黄金不能视为外汇，因为它们不能直接用于国际结算（黄金已不是世界货币），而只有把它们变为在国外的银行存款时才能用于国际结算。严格地讲，外币现钞也不能算作外汇，因为它们一旦流入他国，便立即失去法定货币的身份与作用，外币持有者须将这些外币向其所在国银行兑换成该国货币才能使用。即使是银行，也须将这些外币运回其发行国或境外的外币市场出售，变成国外的银行存款，才能用于国际结算。由此可见，狭义的外汇概念不包括外币和外币信用凭证。只有在国外的银行存款以及可以索取这些存款的外币票据与外币凭证，才是狭义的外汇。

二、外汇管理

外汇管理是政府对外汇收、支、存、兑所进行的一种管理。历史上，当金属货币出现跨国流通时，各国就会对金银输出、输入以及对外国铸币在本国流通进行某些限制或规定，也就是实行“外汇管理”。近现代的国际金融往来越来越频繁，外汇管理也就逐渐成为必然。只不过根据各国的经济发展水平、外汇收支状况等方面的差别，对外汇管理的松紧程度不同。通常经济越发达，外汇收支越宽裕的国家外汇管理越宽松。

外汇管理的核心内容是本币是否可以自由兑换。

一般来说，发达的市场经济国家实行本币与外汇的自由兑换，或称之为完全可兑换，主要是指：

1. 本币在境内可兑换为外汇，外汇可携出或汇出境外；
2. 本币可自由进出境；
3. 外汇可携入、汇入境内，并在境内兑换为本币；
4. 无论是居民，还是非居民，均可在境内持有外汇，彼此之间可相互授受。

完全可兑换不等于没有外汇管理。一般而言，即使是实行完全可兑换的国家也不准许在日常交易中以外币标价和流通。

不完全可兑换，也称部分可兑换，是指居民或非居民在持有的本币和外币相互转换中受到数量、方式、地点等方面的限制。由于本外币的自由兑换如果不能按照合理的进程进行，有可能导致金融动荡，严重的甚至可能带来金融危机，使外汇市场的发展遭到严重破坏和倒退，因此许多国家在外汇管理中都根据本国的外汇市场发展速度、金融部门改革情况等实行不同程度的不完全可兑换。

三、我国现行的外汇管理体制

1994年我国对外汇管理体制进行了一次重大改革，建立了以市场为基础的有管理的浮动汇率制度和统一规范的外汇市场，逐步使人民币成为可兑换货币。主要内容有：

1. 进行汇率并轨，实行以市场供求为基础的、单一的、有管理的浮动汇率制度。现在的人民币汇率由中国人民银行根据前一日银行间外汇交易市场形成的价格，每日公布人民币对美元等主要货币的汇率；各外汇指定银行以此为依据，在中国人民银行规定的浮动幅度内自行挂牌。

2. 实行银行结售汇制，取消外汇留成和上缴。境内所有企事业单位、机关团体的各类外汇收入必须及时调回国内，结售给外汇指定银行。相应有经常项目下的对外支付用汇，取消原来的用汇计划审批，可持有效的进口合同和支付通知书等凭证，用人民币到外汇指定银行办理兑付。在实行结售汇制后，同时，取消原来的各类外汇留成、上缴和额度管理制度。

3. 建立银行间外汇交易市场。在这个市场上,外汇指定银行是外汇交易市场的主体。市场的职能是为各外汇指定银行相互调剂余缺和提供清算服务,并由中国人民银行通过国家外汇管理局监督管理。

4. 禁止外币在境内计价、结算和流通；禁止指定金融机构以外的外汇买卖。

5. 取消外汇收支的指令性计划，国家主要运用经济法律手段实现对外汇和国际收支的宏观调节。

第二节　汇　　率

一、汇率及其表示方法

汇率也称汇价，是两国货币相互兑换的比率，是衡量两国货币价值大小的标准。

汇率的表示方法有三种：

1. 直接标价法，即以一定单位的外国货币为基准来计算应收或应付多少本国货币。这是大多数国家所采用的方法，我国人民币汇率也采用这种表示方法。

2. 间接标价法，即以一定单位的本币为基准来计算应收或应付多少外币。英国采用这种标价法。1978 年以后，纽约外汇市场也开始采用这种表示法，每天公布 1 美元合多少外币。

3. 美元标价法。这是对美国以外的国家而言的。从 20 世纪 50 年代起，西方大银行开始采用这种表示方法，各国都以美元为基准衡量各国货币的价值，非美元外汇买卖时，则根据各自对美元的比率换算出买卖双方货币的汇价。

二、汇率制度

汇率制度是一国政府对汇率所制定的政策、确定的原则和采取的措施的总括。汇率制度有两种：固定汇率制度和浮动汇率制度。

1. 固定汇率制度。固定汇率制度是第二次世界大战以后较长时期所实行的一种汇率制度。当时许多国家参加了国际货币基金组织，该组织规定：美元与黄金挂钩，其他国家的货币与美元挂钩，并与美元建立固定比价；有关国家货币汇率只能在一定幅度内波动，超过规定的上、下限，该国中央银行有义务进行干预，使汇价保持在规定的幅度内。各国干预的方法主要是在外汇市场上买进或售出某种外汇，影响汇价。

2. 浮动汇率制度。浮动汇率制度是在 1971 年和 1973 年美元连续两次贬值，固定汇率制度难以继续维持之后，多数国家改为实行浮动汇率制度，即各国对汇价波动不加限制，而由本国政府自主调节，或由外汇供求关系自行决定其涨落。各国中央银行只是根据需要，自由选择是否进行干预以及把汇价维持在什么样的水平上。在浮动汇率制度下，有实行单独浮动的，即本国货币不与任何国家货币保持固定联系，完全由本国政府自行考虑汇率的变动；有实行联合浮动的，即几个国家组成货币集团，在集团内实行固定汇率，对外则实行浮动汇率；还有一些国家实行钉住汇率制度，即把本国货币与本国主要贸易伙伴国的货币确定一个固定的比价，随着某一种或几种货币进行浮动。

三、我国人民币的汇率制度

我国现行人民币汇率制度是在1994年外汇管理体制改革以后确立的，属于有管理的浮动汇率制度。主要内容包括：

1. 中国人民银行根据前一日银行间外汇交易市场形成的价格，每日公布人民币对美元及其他主要货币的汇率。各外汇指定银行以此为依据，在中国人民银行规定的浮动幅度内自行挂牌，进行外汇买卖。

2. 人民币汇率采用直接标价法。

3. 人民币汇率实行买、卖双档价格。银行买入外汇用买入价，银行卖出外汇用卖出价，买卖价差为5%。

4. 对买卖外币现钞，另行规定外币兑换牌价。外币现钞买入价一般要低于买入外汇价，外币现钞卖出价则与卖出外汇价相同。

5. 中国银行和其他指定机构办理人民币对外币的远期买卖没有另行规定远期汇价，而是按即期汇率加收一定比例的远期费。

四、汇率变动对经济的影响

在市场经济条件下，汇率是重要的经济杠杆，其变动对经济会产生重大的影响：

（一）汇率变动对进出口的影响

通常，汇率下降，有利于出口，不利于进口，从而可以改善一国对外贸易收支状况。因为汇率下跌意味着本币贬值，出口商出口所得外汇收入按新汇率折算要比按原来汇率获得更多的本国货币，从而从中获得额外利润；而进口商为支付货款兑换货币时，却要付出较多的货币，增加了进口成本。相反，汇率上升，不利于出口，而有利于进口。

（二）汇率变动与物价

从进口看，汇率下降会引起进口商品国内价格的上涨，其影响程度主要取决于进口商品在一国国民生产总值中的比重；相反，汇率上升，会起到抑制物价的作用。从出口看，汇率下降有利于扩大出口，在国内出口商品供给弹性较大时，不会引起出口商品价格上涨，但如果出口商品供给弹性较小，则会引起该类商品价格上涨，并影响到国内整个物价水平。

（三）汇率变动与资本流动

汇率变动对短期资本流动影响明显。当汇率下降时,本国投资者和外国投资者就不愿持有以贬值国货币计值的各种金融资产,因此会发生资本外逃现象,同时,加剧外汇供求紧张,促使汇率继续下跌;相反,汇率上升,会吸引外国资本流入。长期资本的流动主要受利润和风险的影响,因此,汇率变动对长期资本流动的影响较小。

由以上分析可见，汇率变动对一国经济会产生多方面的影响。

第三节 国际收支

一、国际收支和国际收支平衡表

国际收支的概念有狭义和广义之分。狭义的国际收支是指一国在一定时期内（通常为一年），同其他国家为清算到期的债权债务所发生的外汇收支的总和。广义的国际收支是指一国在一定时期内与其他国家和地区之间各种经济交易和往来的全部记录，而不问其是否具有外汇收支。目前，国际货币基金组织采用的则是这一广义概念。

国际收支平衡表是指按照一定的编制原则和格式，将一国一定时期国际收支的不同项目进行排列组合，列表对比，以反映和说明该国的国际收支状况，此种表格，就称为该国某一时期的国际收支平衡表。它是对一个国家一定时期内发生的国际收支行为的具体系统的统计与记录。

二、国际收支平衡表的内容

国际收支每个项目各反映不同性质的收支。通常将这些项目划分为四类：经常项目、资本项目、平衡项目、错误与遗漏项目。

（一）经常项目

经常项目也称往来项目，指一国与外国交往而经常发生的项目，在一国的国际收支中占最基本、最重要的地位，它包括以下几个子项目：

1. 贸易收支，由商品输出、输入所引起的货币收支，又称有形贸易收支。商品输出、输入金额均以通过海关时按离岸价统计。

2. 劳务收支，又称无形贸易，它涉及到的是看不见实物的服务。具体包括：运费收支、银行和保险业服务收支、旅游收支、邮电费收支、大使馆和领事馆的费用、民间团体和企业常驻机构的费用等。

3. 收益，包括职工报酬和投资收益。职工报酬包括个人在非居民国为该国家工作得到的现金或实物形式的工资、奖金和福利。投资收益包括居民因拥有国外金融资产而得到的收入，包括直接投资收益、证券投资收益和其他投资收益三部分。

4. 单方面转移收支，主要是指不涉及归还或偿还的资金转移。包括：单方面的汇款、年金、捐款、赠与、无偿的经济援助、种类赔款等。特别要注意的是，无偿军援不包括在单方面转移之中，而是放在劳务收支项目之中。

（二）资本项目

资本项目主要涉及到资本金在国际间的转移。它分为两个子项目：长期资本和短期资本。前者是指期限在一年以上的资本转移，后者则指期限在一年以下的资本转移。

1. 长期资本项目，包括直接投资、证券投资、居民官方长期借贷、商业银行长期借款等项目。

2. 短期资本项目，包括居民官方短期借贷、商业银行短期借贷等项目。

（三）平衡项目以及官方储备

一国的国际收支在一定期间内如果发生收入大于支出的顺差或支出大于收入的逆差，就需要运用官方储备以平衡顺、逆差额。官方储备一般为一国中央政府直接或通过金融管理当局间接拥有，具体包括黄金、外汇储备、国外借款、国际货币基金组织分配的特别提款权和其他提款权等。这些项目的增减相抵后的净增额或净减额，即国际储备总额的增减。

（四）错误与遗漏项目

编制国际收支平衡表的原始资料来自各个方面，在这些原始资料上，当事人为了各种原因，故意改变、仿造或压低某些项目的数字，造成资料失实或收集资料不齐；另外，由于某些交易项目属于跨年度性的，从而导致统计口径不一；再有，短期资本的国际移动，由于其投机性非常强，流入流出异常迅速，且为了逃避外汇管制或其他官方限制，经常采取隐蔽的形式，超越正常的收付渠道出入国境，很难得到其真实资料。出于上述各种原因，官方统计所得到的经常项目、资本项目和平衡项目三者之和实际上并不能真正达到平衡，从而导致国际收支平衡表的借方与贷方之间出现差额。故此，在平衡项目之下再设立一个错误与遗漏项目，以错误与遗漏项目的数字来抵补前面所有项目借方与贷方之间的差额，从而使借贷双方最终达到平衡。

三、国际收支平衡表的差额

国际收支平衡表是按照会计学的借方与贷方相互平衡的复式簿记原理编制的，因而借方总额与贷方总额是相等的，其差额必为零。但我们又常常说某国国际收支不平衡，这是为什么？

实际上，我们说某个国家国际收支不平衡并不是针对整个国际收支平衡表而言，而是指各个具体的差额，这些差额包括：

1. 贸易收支差额。贸易收支差额等于商品出口减商品进口（按绝对额计算），可为顺差或逆差。贸易收支状况在国民经济中意义重大：它是一国国际收支中最主要的项目，对国际收支总体状况影响很大，也对国内生产、投资和消费等产生重要作用。同时，资本项目和国际储备的逆差最终也要靠贸易顺差来解决。

2. 经常项目差额。经常项目差额是指经常项目下贸易、服务和转让的差额相抵后的净差额。经常项目差额与贸易项目差额往往是同方向的。经常项目差额说明了一国对外债权债务关系变动情况。逆差表示在国外资产的减少或对外负债增加，顺差表示对外资产增加或对外负债的减少。经常项目差额能精确地反映一国对外债权债务关系的变化。

3. 国际收支总差额。国际收支总差额等于经常项目与所有资本项目的差额之和。它与一国国际储备的增减相对应。顺差则意味着国际储备增加，逆差则意味着国际储备相应减少。国际货币基金组织和我国在计算国际收支差额时都采用总差额。

国际收支的以上差额都是自主性交易的结果。自主性交易是经济实体和个人出于某种经济动机和目的，独立自主地进行的交易。一国货币当局往往要对自主性交易导致的不平衡进行弥补性交易，以防止汇率波动，这类交易称为调节性交易。整个国际收支表的平衡是调节性交易弥补的结果。

四、国际收支失衡

一国国际收支状况经常会处于不平衡状况，原因大致有：

1. 受一定时期一国经济发展水平的影响。对进口依赖程度较高，而出口能力相对较弱，从而会出现贸易和国际收支逆差。如发展中国家普遍存在对发达国家技术设备的依赖，而出口能力短期内不会有大的提高，因此，会造成发展中国家的贸易逆差。

2. 受一国经济结构的影响。各国都有自己特殊的经济结构，也就形成了各自的商品出口结构。当国际上对某些商品生产和需求发生变化时，一国若不能及时调整自己的生产结构，就会引起国际收支的失衡。

3. 受物价上涨和货币贬值的影响。当一国发生通货膨胀，国内物价上涨，货币贬值，出口商品的竞争能力会下降，而进口商品则相对价格较低，由此会引起国际收支状况的恶化。

4. 受汇率和利率变动的影响。当汇率上升时，不利于出口，而有利于进口，因此，可能会导致国际收支失衡。同时，如果周边国家汇率下降，会对其他国家国际收支状况带来不利影响。利率水平的变动会引起资本的流出或流入，利率下降，资本会流出，从而使国际收支状况恶化。即使本国利率水平不变，如果周边国家利率下降，由于资本流出，也会使利率水平不变国家的国际收支状况恶化。

此外，国际收支状况还受到经济周期等因素的影响。各种影响因素可能会同时出现，一国政府若不能采取有力的措施，就会导致国际收支的失衡。

五、对国际收支失衡的调节

国际收支失衡的调节就像国际收支失衡的原因一样也是多种多样的，主要有：

1. 对贸易收支逆差的调节。政府可以采取降低税收或出口退税等方式鼓励出口，改善贸易收支状况；也可以降低汇率，使本国货币贬值，达到刺激出口、抑制进口的目的，或进行反向操作，减少出口，增加进口。

2. 对资本项目的调节。中央银行可以提高贴现率，以带动市场利率水平的上升，吸引外国资本的流入；相反，则可以降低贴现率，刺激资本流出。

3. 利用政府贷款和国际金融机构的贷款调节国际收支，这是国际上通用的做法。借助于政府间贷款和国际金融机构贷款，可以迅速改善一国国际收支状况，是一条快捷、有效的途径。

此外，如果国际收支状况恶化得较为严重，可以实行外汇管制，如对外汇收入由政府控制，对外汇支出进行限制等。

一国的国际收支活动与国内经济活动有着紧密的联系，因此，对国际收支的调节也必须与对国内经济的调节共同进行，否则，无法从根本上解决国际收支失衡的问题。

第四节　我国的利用外资

一、利用外资的必要性

经济发展的约束是很多的，如外汇储备、储蓄规模、技术能力、财政可用资金规模等。在宏观经济学中，隐含着一个基本假设前提，即储蓄等于投资是经济增长的基本条件。但当国内资源（储蓄）不足以支持理想的经济增长速度时，便会出现储蓄—投资缺口，即资金不足（如在储蓄、外汇、政府收入等方面），当缺口阻碍了经济发展时，引进外部资源（如外国资本）弥补这些缺口便成为必要。

目前就我国情况而言，保持经济长期快速持续增长，需要大量的资金和先进的技术、机器设备，客观上存在巨大的储蓄缺口，所以，在保持一定的国内资金积累率前提下，大力引进外资是必要的。但是外资最终是要偿还的，因此，需要提高外资的利用效率，使其能够直接或间接地促进出口的增长、储蓄的增加，提高偿还能力。

二、利用外资的主要形式

（一）出口信贷

它是国家为鼓励本国出口，加强出口商品的竞争能力，对本国出口方或外国进口方所提供的一种贴补性的贷款。其特点是利率优惠，使用方向仅限于购买提供贷款国家的商品。它包括两种方式：一是卖方信贷，即出口国银行向出口商（卖方）提供贷款，以便出口商向进口商提供延期或分期付款等优惠条件，来增强其产品对进口商的吸引力；二是买方信贷，即出口国银行直接向进口商或进口方银行提供一种利率优惠的贷款。由于此种贷款主要用于向提供贷款国家购置技术设备，所以也称设备贷款。

（二）银行信贷

银行信贷即国际上银行之间相互提供的各种信贷。主要是用于解决建设项目或其他用途的资金需要，由贷款方自由使用，不受限制，但利率较高。

（三）政府贷款

其特点是利息优惠，期限较长，但数额不大，具有双边经济援助性质。

（四）国际金融机构信贷

国际金融机构信贷即由国际金融机构（如国际货币基金组织、

世界银行及其所属的国际金融公司、国际开发协会等）对会员国所提供的信贷。其特点是具有特定用途、期限长、利率优惠。

（五）合资合营

合资合营即我国同外国联合投资经营企业。企业经营由双方组成的管理机构共同管理，共担风险。外方投资者主要提供成套设备、专利技术和培训人员，我国主要提供土地、厂房、原材料、劳动力等，企业利润按双方股份分取。

（六）外商直接投资

外国投资者在我国建立独资企业，这已成为近些年外资流入我国的重要方式。

（七）发行债券

发行债券即在外国或国际金融市场上发行债券，筹措资金。发行债券具有筹集资金大、借款期限长等特点。我国已经分别在日本、美国、德国等金融市场上发行了政府债券，这对我国吸引外资，发展本国经济起到了一定的作用。

三、引进外资的积极作用

我国利用外资是和改革开放紧密联系在一起的。改革开放后到1991年，我国实际利用外资（外商直接投资的实际值）规模还相当有限。1979～1982年实际利用外资总和为11.66亿美元，1991年是43.66亿美元。1992年以来，我国出现了对外开放新局面，外商投资热情高涨，当年实际利用外资规模首次超过100亿美元。此后，我国外商直接投资基本保持了持续快速上升的态势，吸引外商直接投资的金额仅次于美国，居发展中国家之首。2002年我国利用外国直接投资超过500亿美元，超过美国，成为世界上利用外资最多的国家。目前，我国累计实际利用外资规模已经相当巨大，至2003年末接近5 000亿美元。

我国经济能够取得今天这样的令世界瞩目的巨大成就，外商投资作出了重要贡献。外商投资形成的新经济态势已经成为中国经济的重要组成部分，成为经济增长不可或缺的推动因素：

第一，外资的进入促进了我国经济的增长。通过吸收外资可以缓解我国经济建设中的资金紧张，带来先进的技术设备和管理经验，推动我国工业化进程和产业结构的升级，促进民族产业生产水平的提高。外资的大量流入增加了我国国内总产出、出口、税收和就业。

第二，外商投资在促进经济体制转变和建立现代企业制度方面起到了引导、借鉴和推动作用，提高了我国国民和国内企业的市场竞争意识，推动了我国市场竞争机制的建立和市场化进程。外资的进入为民族产业引进了外部竞争机制，促使民族产业在竞争中立足于对资源的有效利用和生产效率的提高来谋求自身的生存和发展，同时还促进我国经济管理体制的改革。

第三，外资的进入促进了我国经济运行的国际化进程。吸收外资有助于我国更加广泛地参与国际分工，可以构建商品、资金、技术、劳务、信息和人才等各种要素和产品的国内、国际双向流动机制，有利于消除资源配置过程中国内资源不足或缺乏的限制，为民族产业的发展提供更广阔的空间。

随着2001年中国加入世贸组织后贸易和投资自由化程度的不断提高，以发达国家跨国公司为主体的外商投资企业对中国本国工业的竞争优势将更加突出。我国经济发展的实践证明，外商投资对国民经济的健康、稳定增长有重要贡献。

四、外资带来的不利因素

外资的进入为我国带来了急需的资金、技术和管理经验，对我国的经济建设和发展能起到巨大的推动作用。但是外资对于我国经济的发展也有着一定的负面效应。

（一）引进外资对国内储蓄产生负面影响

外资与内资的关系存在着两种情况：一种情况是外资对内资的追加，弥补内资的不足，如前所述；另一种情况是外资对一定量内资的替代，即引进外资并没有让一国可以支配的资金总量得到真正的增加，只是一部分外资代替了内资。产生这种情况的原因主要有两个：一是引进外资的国家并没有把借入的全部外资用于生产性投资，而是用来进口一些消费品，扩大了国内的消费需求，引起国内储蓄的减少；二是国内资金边际成本高于外资的边际成本，从而引起对外资需求的增加，用以代替对内资的需求。这样，在一国投资机会有限的情况下，外资流入就会挤出内资，使一部分内资转化为消费资金。从本国经济发展的角度考察，外资对内资的这种替代，会影响到国内资源的充分利用，增加本国经济对外资的依赖，抑制国内储蓄的增长，将会影响一国国内经济的长期发展，同时，外资的综合成本总是要高于内资的，外资的利息、利润要流向国外，外资进入对国内市场的占有和冲击，等等，实际上都是利用外资所付出的成本。

（二）引进和利用外资也可能会带来投资效率的降低

随着资本流入数量的增加，资本的边际收益率呈递减趋势，国内对外资吸收能力的约束也会引起投资效率的下降。因此，外资的数量并不是越多越好，外资达到一定量，如果吸收能力不能得到相应有效的提高，则投资效率会下降，实际生活中反映为一部分外资被浪费掉了。这时，引进外资在国内投资效率下降的情况下并不能对经济增长作出贡献。

（三）外资进入也可能破坏市场竞争的有效性

跨国公司能够增强东道国的生产能力，帮助东道国扩大其产品出口市场，引入有效竞争机制并通过与当地企业增强联系带动东道国经济的增长，降低成本，提高质量，增加消费者福利，促进相关产业的发展。但是，跨国公司还可能以其成本的绝对优势、对专有技术的垄断等对其他国内外公司进入东道国市场形成进入障碍，从而增加市场经营集中度，限制竞争，降低东道国市场竞争的有效性。

（四）引进外资对民族产业的不利影响

利用外资对民族产业的发展既有有利的一面，也有不利的一面。外资的大量涌入，必然会在一定程度上挤压民族产业的生存和发展空间。外资对我国民族产业造成了一定的冲击。

第十七章 货币供求及其调节

第一节 货币层次的划分

一、货币范畴的扩展

随着商品经济的发展，货币的具体形式不断演变，经历了实物货币、金属货币和信用货币的过程。

在简单的商品经济时期，充当货币的必须是有价值和使用价值、能够为交换双方共同接受的商品。因此，出现贝壳、牲畜、金属等货币形式。

银行券出现以后，它不能以其自身的价值充当价值尺度，也不能以自身的价值被贮藏。银行券所以成为货币，在于它是黄金的价值符号。银行券作为货币执行价值尺度、流通手段、支付手段、贮藏手段职能是以可随时兑换金银、有金银作后盾为原因。

当纸币取代金属货币，成为流通中唯一的货币形式时，纸币只执行流通手段与支付手段职能。其本身不能执行价值尺度职能，纸币可以贮藏的程度取决于币值的稳定程度。

20 世纪以来，银行机构的普遍设立以及银行业务的广泛开展使得活期存款可以执行货币的支付职能，从而进入货币范畴。现在，由于定期存款和其他类型的存款，甚至某些流动性很强的短期证券也可以很容易地转换为现金及活期存款，而后者也很容易地转换为前者。同时，如在第一章曾经指出的以电子货币为代表的新型货币形式也大量出现了，货币的范畴在进一步扩大。因此，在定义货币时，不能不考虑各种非现金及活期存款等金融资产的存在。但作为货币，它们之间的重大区别依然存在。因此，有必要对货币层次进行划分。

二、划分货币层次的目的和标准

20 世纪 60 年代，美国联邦储备银行为实施货币政策率先对货币进行了层次的划分，公布了不同层次的货币供应量。目前，各国中央银行已普遍采用了将货币供应量划分成若干层次的做法，并以此为基点选择某一层次作为控制的重点。将货币划分为不同层次的目的在于方便中央银行进行宏观经济运行的监测和货币政策的操作。特别是当中央银行把货币供应量作为货币政策中介指标时，货币层次的划分则有十分明显的政策操作意义。

货币当局对不同层次的货币进行监测和控制，也可以促使金融机构相应作出反应，增强政府宏观调控能力。

至于如何划分货币层次，大多数国家的中央银行都是以金融性资产的流动性作为标准。所谓流动性是指金融资产转化为现金而不受损失或少受损失的能力，也就是变为现实的流通手段和支付手段的能力。

三、货币层次的划分

关于货币层次的划分，国际货币基金组织采用两个口径：货币和准货币。“货币”等于银行以外的通货加私人部门的活期存款之和，相当于各国通常采用的 M_1；“准货币”相当于定期存款、储蓄存款与外币存款之和。“准货币”与“货币”之和，相当于各国通常采用的 M_2。

我国货币层次的划分如下：

$$M_0 = \text{流通中的现金}$$

$$M_1 = M_0 + \text{企业活期存款} + \text{机关团体部队存款} + \text{农村存款} + \text{个人持有的信用卡存款}$$

$$M_2 = M_1 + \text{城乡储蓄存款} + \text{企业机关定期存款} + \text{其他存款} + \text{证券公司客户保证金}$$

其中，M_1 称为狭义的货币量，M_2 称为广义的货币量，$M_2 - M_1$

称为准货币。

$M_3 = M_2 +$ 金融债券 + 商业票据 + 大额可转让定期存单等。

第二节 货币需求

一、如何理解货币需求的概念

货币需求理论是货币理论中的重要内容之一，是货币政策选择的理论依据。一般认为货币需求是指社会各部门在既定的收入或财富范围内愿意而且能够以货币形式持有的数量。

在理解货币需求概念时要注意把握以下几点：

第一，货币需求是一个存量的概念。它考察的是在特定时点和空间范围内社会各部门在其拥有的全部资产中愿意以货币形式持有的数量或份额。

第二，货币需求是有效需求。只有同时满足两个基本条件才能形成货币需求：一是有能力获得或持有货币；二是愿意以货币形式保有其资产。

第三，现实中的货币需求包括对现金和存款货币的需求。

第四，货币需求的职能范畴包括执行流通手段、支付手段、贮藏手段职能的货币需求。

二、西方的货币需求理论

(一) 马克思的货币需求理论

18世纪，古典经济学家大卫·休谟就明确提出了商品价格决定于货币数量的理论，成为货币数量论的代表人物。在他的基础上，李嘉图、魁奈、马克思等人又分别进行了更深入的研究。

马克思的货币需求理论集中反映在他的货币必要量公式中。马克思以完全的金币流通为假设条件，提出了货币流通规律公式：

执行流通手段职能的货币量

= 商品价格总额/同名货币的流通次数

公式说明：货币量取决于商品价格、流通的商品量和货币流通速度这三个因素。流通中的货币量与价格总额成正比，而价格总额主要取决于单位货币的价值量；与货币流通速度成反比。

马克思进而还分析了纸币流通规律，认为在纸币为唯一流通手段的条件下，商品价格水平会随着纸币数量的增减而涨跌。

（二）费雪方程式和剑桥方程式

20世纪初，美国耶鲁大学教授欧文·费雪提出了交易方程式，也被称为费雪方程式。即：

$$MV = PT \text{ 或 } P = MV/T \quad (17.1)$$

式中，M 代表一定时期内流通货币的平均数量，V 为货币流通速度，P 为各类商品价格的加权平均数，T 为各类商品的交易数量。

从方程式看，P 值取决于 M、V、T 这三个变量的相互作用。费雪认为：M 是一个由模型之外的因素所决定的外生变量；V 由于制度性因素在短期内不变，基本上是一个常数；T 的值也是基本稳定的。因此，P 与 M 的关系最紧密，P 的大小取决于 M 的变化。

以马歇尔和庇古为代表的剑桥学派，在研究货币需求问题时，更注重研究微观主体的行为，提出个人对货币的需求，实质是资产选择的问题。决定人们持有货币多少的影响因素有个人的财富水平、利率变动以及持有货币可能拥有的便利等因素。而且，名义货币需求与个人名义收入水平之间保持一个较稳定的比例关系。用公式表示为：

$$M_d = k \cdot Y \cdot P \quad (17.2)$$

式中，Y 代表总收入，P 代表价格水平，k 是以货币形式的财富占名义总收入的比例，M_d 为名义货币需求。

比较费雪方程式和剑桥方程式，两者的区别在于：(1) 对货币需求分析的侧重点不同。费雪方程式强调的是货币的交易手段功能；而剑桥方程式重视货币的资产功能。(2) 费雪方程式中重视货币支出的速度和数量，因此称之为现金交易说；而剑桥方程式从保有资产存量的角度考察货币需求，因此称之为现金余额说。(3) 费雪方程式没有考虑微观主体动机对货币需求的影响，而只是用货币数量的变动来解释价格变动的原因和交易商品量和价格一定时对货币的需求量；剑桥方程式则从微观角度分析了影响货币需求的因素，认为微观主体会在保有货币的成本和收益之间进行选择，从而决定货币需求。因此，可以说，剑桥方程式中对货币需求的决定因素分析已从宏观转向了微观。

（三）凯恩斯学派的货币需求理论

凯恩斯在早期是剑桥学派的一员，他对货币需求理论的突出贡献是关于货币需求动机的分析。他认为，人们的货币需求行为是由三种动机决定的：交易动机，即个人和企业需要货币是为了应付日常的商品交易活动而需要持有货币的动机；预防动机，即为了应付可能遇到的意外支出等而持有货币的动机；投机动机，即人们根据对市场利率变化的预测，需要持有货币以满足从中获利的动机。

由交易动机和预防动机而产生的货币需求一般用于商品或劳务交易，称为交易性货币需求。投机性货币需求与利率有关，是利率的递减函数。

货币总需求由交易性货币需求和投机性货币需求构成，因此，收入和利率都会影响货币总需求。

20 世纪 50 年代以来，凯恩斯的追随者主要从两个方面发展了凯恩斯货币需求理论：一是提出交易性货币需求和预防性货币需求同样也是利率的函数；二是人们多样化的资产选择对投机性货币需求会产生影响。

（四）弗里德曼的货币需求理论

弗里德曼是货币主义学派的主要代表。他既继承了传统货币数量论的观点，重视货币数量与物价水平之间的因果联系，同时，也接受了剑桥学派和凯恩斯学派对货币需求的微观分析方法。他认为，恒久性收入、非人力财富占个人总财富的比率，货币预期收益率，非固定收益的证券利率，固定收益的债券利率，预期物价变动率以及主观偏好、风尚及客观技术与制度等因素都会影响实际货币需求。

弗里德曼认为，货币需求解释变量中的四种资产——货币、债券、股票和非人力财富的总和即是人们持有的财富总额，其数值大致可以用恒久收入作为代表性指标。恒久收入是最近各期实际收入的平均值，波幅较小。在繁荣时期，恒久收入的上升幅度小于实际收入；在衰退时期，恒久收入的下降幅度又小于实际收入。货币流通速度（恒久收入除以货币存量）也相对稳定，因此，货币需求的变化也是比较稳定的。

三、影响我国货币需求的主要因素

1. 收入。收入与货币需求总量呈同方向变动。在经济货币化的过程中，货币需求有增加的趋势。

2. 价格。价格和货币需求尤其是交易性货币需求之间是同方向变动的关系。

3. 利率。利率变动与货币需求量之间的关系是反方向的。

4. 货币流通速度。货币流通速度与货币总需求是反向变动的关系,并在不考虑其他因素的条件下,两者之间的变化存在固定的比率。

5. 金融资产的收益率，更多的是影响货币需求的结构。

6. 企业与个人对利率与价格的预期，对利润的预期同货币呈同方向变化，对通货膨胀的预期同货币需求呈反方向变化。

7. 财政收支状况。收大于支有结余，对货币需求减少；支大于收有赤字，对货币需求增加。

8. 其他因素：信用的发展状况，金融机构技术手段的先进程度和服务质量的优劣，国家的政治形势对货币需求的影响等。

第三节　货币供给的调控

一、对货币供给的调控

货币供给，就是指银行系统对货币量的供给。货币供给的形成过程是货币供应量的创造过程。

在市场经济条件下，货币供给的控制机制由两个环节构成：基础货币和乘数。货币当局的调控手段通常有三个：公开市场操作，贴现率调整，改变法定存款准备率。

（一）公开市场操作

这是指货币当局在金融市场上出售或购入政府债券，特别是短期国库券，用以影响基础货币。当中央银行购入债券时，基础货币增加，从而货币供给量增加；当中央银行出售债券时，基础货币减少，从而货币供给量减少。

（二）贴现率调整

这是指中央银行通过变动贴现率影响贷款的数量和基础货币。中央银行提高贴现率，商业银行从中央银行借款的成本提高，其会相应减少贷款数量；贴现率下降，商业银行从中央银行借款成本降低，从而产生鼓励商业银行扩大贷款的作用。

（三）改变法定存款准备率

当中央银行提高法定存款准备率时，商业银行资金来源减少，放款能力下降，货币供应量减少；降低法定存款准备率时，则会增大商业银行资金来源，从而增加货币供应量。

二、财政收支与货币供给

财政收支活动与货币供给之间存在紧密的关系，特别是当财政收支出现赤字时，对货币供给量将产生明显的影响。通常，财政赤字可以采用三种形式弥补：增加税收、发行债券和向中央银行借款（透支）。

（一）增加税收

增加税收通常被认为是政府的紧缩性措施。从短期看并不会有直接减少货币供给量的作用，因为政府的收入总是会被用于支出，因此货币供应总量不会改变。但从长期看，增加税收会降低投资需求，从而降低对贷款的需求，成为控制货币供给量的手段。

（二）发行债券

政府发行债券用以弥补财政赤字对货币供应量的影响取决于债券的购买者。如果债券的购买者是社会公众，则对货币供给量的影响是中性的。如果债券的购买者是商业银行，则取决于商业银行购买政府债券的资金来源：当动用商业银行的超额储备时，意味着基础货币量的增加，从而会增加货币供给量；当商业银行以压缩贷款方式增加对政府债券持有规模时，只是其资产方式的改变，不会影响货币供给量。但现代商业银行通常还会以政府债券作为抵押，向中央银行借款，此时则意味着商业银行准备金的增加和基础货币的投放；当中央银行收回借款时，则基础货币收缩，货币供给量相应减少。现代经济条件下，政府债券的持有者还有中央银行，而且其已成为中央银行资产的重要形式。当中央银行购买政府债券时，意味着等量的基础货币被创造出来，货币供给量呈倍数扩张。

（三）向中央银行借款（透支）

如果财政赤字以向中央银行借款或透支的方式弥补，则意味着基础货币被等量地创造出来，货币供给量产生倍数扩张效应。

总之，财政收支与货币供给之间的关系取决于财政赤字的弥补方式。

第四节　货币供求均衡的调节

一、货币供求与社会总供给和总需求

在现代经济中，社会需求总和与社会供给总和这对矛盾是客观存在的。社会总需求由以下四部分构成，即：消费需求 C，投资需求 I，政府支出 G，出口需求 X，总需求为 D，公式为：

$$D = C + I + G + X \qquad (17.3)$$

总需求的实现手段和载体是货币，而货币供给是通过银行体系创造出来的。因此，银行贷款活动直接调节货币供给规模，货币供给规模又直接关系到社会总需求的扩张水平。在货币经济中，所有的供给的目的，都是为取得等值的货币以做进一步的购买，并进行连续的生产与消费过程，表现为商品与劳务的供给和货币需求的联系；而货币的供给，又会在一定程度上形成对商品与劳务的需求。社会总供求与货币总供求的关系可以表示为：

$$\begin{array}{ccc} S & \rightarrow & M_d \\ \uparrow & & \downarrow \\ D & \leftarrow & M_s \end{array}$$

图 17.1

图 17.1 说明：第一，总供给决定货币需求，但并不一定相等。如果总供给较大，而货币需求不足，市场就不能出清；相反，则会引起物价上涨。第二，由货币需求引出的货币供给也不是等量的，这要取决于微观主体对货币的需求状况。第三，货币供给与总需求之间也不是等量的。第四，总需求对总供给影响很大。总需求过大，有可能推动总供给增加，也可能推动物价上涨；总需求过小，有可能导致总供给减少，也可能导致物价下降。

二、货币供求均衡

货币供求均衡是指货币供给与货币需求之间是相匹配的，即货币供给量等于货币需求量。

在完全市场经济条件下，货币均衡的实现是通过利率机制完成的。(如图 17.2 所示)

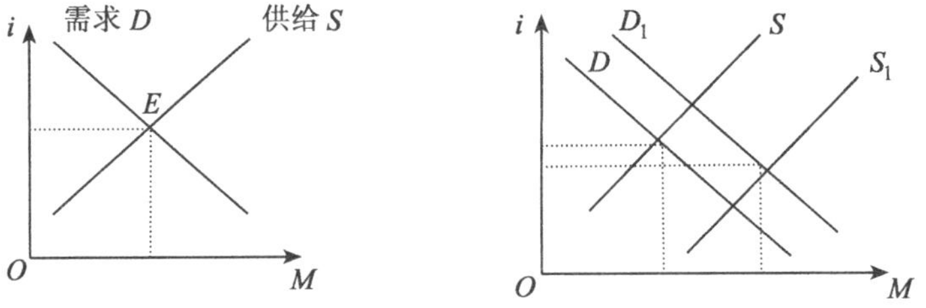

图 17.2

利率与货币供给量之间存在同方向变化的关系；同货币需求之间是反方向变化的关系。当货币供给与货币需求相等时，即达到了货币均衡，供给曲线和需求曲线的交点（图 7.2 的 E 点）为均衡点，此点决定了均衡利率和均衡货币量。

市场利率和货币供应量是经常变化的，如果 S 变化到 S_1，表明供大于求，利率下降，利率与货币需求反方向变动，货币需求上升,导致 D 变化到 D_1，货币供给与货币需求又重新实现均衡。

三、实现货币供求均衡的条件

由于货币供求与社会总供求之间存在密切的联系，而且社会总供求均衡与否必然影响货币供求能否实现均衡。因此，实现货币供求的均衡，必须从恢复社会总供求的均衡入手。实现社会总供求的均衡可以借助于货币政策和财政政策。

（一）货币政策调节

在总需求不足时，可以采取扩张的货币政策，如扩大货币供给量，降低利率等增加货币供给。货币供给增加后，一方面，企业和个人持有的货币增加，在物价不变或尚不及变化的情况下可以直接增加其购买力，促进消费增加；另一方面，利率降低会减轻企业贷款的成本，从而刺激企业的投资和再生产活动，增加社会总需求。

在总需求过大时，采取紧缩的货币政策，如提高利率等降低货币供给。货币供给降低后，一方面，企业和个人持有的货币减少，在物价变化相对较慢时购买力下降，消费减少；另一方面，紧缩银根会使资金的获取成本提高，从而抑制企业和个人的贷款需求，减少投资，降低社会的总需求。

（二）财政政策调节

财政政策对社会总供给与总需求的调节比货币政策更为直接。当总需求不足时，可以适当实行赤字财政政策，增加政府支出，减少税收，直接增加社会的购买力和投资能力，带动总需求的有效增加；当社会总需求过大时，应实行紧缩的财政政策，缩减政府开支，增加税收收入，使社会总供求实现大致均衡。

第十八章　通货膨胀

第一节　通货膨胀的定义、度量与分类

一、什么是通货膨胀

关于通货膨胀的定义，我国目前较为流行的说法是：由于货币供应过多，超过流通中对货币的客观需要量，而引起货币贬值、物价上涨的现象。

现代西方经济学中通常把通货膨胀定义为：商品和劳务的货币价格总水平的持续上涨现象。这个定义包括：通货膨胀把商品与劳务的价格作为考察对象，以区别于金融资产的价格；通货膨胀是指商品与劳务价格的总水平，即各种商品和劳务价格水平的加权，而不仅仅是某类或某些商品和劳务的价格水平；通货膨胀是物价总水平持续上涨状态，而不是仅指某个月的物价上升。

二、通货膨胀的度量

通货膨胀是通过物价水平的变动而得以反映的，因此，反映物价水平变动的相对指标可以作为衡量通货膨胀程度的标准，主要有消费物价指数、批发物价指数和国民生产总值平减物价指数。

消费物价指数是选择具有代表性的若干消费品的零售价格以及水电等劳务费用价格编制的指数。其优点在于它能够反映消费品供给与需求的对比关系。我国编制的社会商品零售物价指数就属于这一类。使用这个指数的缺陷是不能全面说明物价变动情况，因为消费品只是社会最终产品的一部分。

批发物价指数反映商业部门或批发商从生产厂家购买商品劳务所支付的价格的变动程度。它包括生产资料和消费品在内的全部商品批发价格，但不包含劳务价格。使用这个指数的优点是能够在最终产品价格变动之前获得工业投入品及非零售消费品的价格变动信号，进而能够判断其对最终进入流通的零售商品价格变动可能带来的影响。但是该指数的变化幅度要小于零售商品价格波动幅度，因此，可能会出现价格信号失真现象。

国民生产总值平减物价指数是指按当年价格计算的国民生产总值与按不变价格计算的国民生产总值的比率。它能全面反映物价水平变动情况，但也易受价格结构因素的影响。

三、通货膨胀的分类

为了分析通货膨胀的成因及其效应，有效地治理通货膨胀，有必要对通货膨胀进行分类。

按市场机制的作用程度不同，可分为公开型通货膨胀和抑制型通货膨胀。前者是指通货膨胀状况可以灵敏地通过物价变动反映出来。后者是指货币工资水平没有下降，物价总水平也没有提高，但居民实际消费水平却下降的现象。这种通货膨胀主要不是通过物价变动反映出来，而表现为商品供求紧张，商品的官定价格与黑市价格差异较大。发生抑制型通货膨胀的原因：一是存在国家对商品价格实行严格管制，市场机制作用不完全；二是经济中存在货币供给过多，社会需求压力过大，而又不能通过市场价格变动反映出来。

按价格上涨的幅度不同可以把通货膨胀分为爬行通货膨胀、温和通货膨胀和恶性通货膨胀。一般把年通货膨胀率在1%～3%看作是爬行的通货膨胀，但这也不是世界公认的统一标准，因为不同的国家，由于社会、经济状况不同，即使是同一水平的通货膨胀，其对一国经济社会产生的影响效果也会很有差别，如要规定一个准确的界限会带有一定的随意性。另一个极端的情况是恶性通货膨胀，但我们也无法确定究竟价格上涨多少就可以认为是恶性通货膨胀，一般认为通货膨胀率在10%以上的为恶性通货膨胀。介于两者之间的是温和的通货膨胀，它是具有代表性的通货膨胀，大部分国家的通货膨胀都属于这个类型。

第二节 通货膨胀的成因

一、西方国家通货膨胀成因的理论

西方国家关于通货膨胀成因的理论主要有三种：需求拉上型通货膨胀、成本推动型通货膨胀、结构型通货膨胀。

(一) 需求拉上型通货膨胀

这是指在社会再生产过程中社会总需求过度增加，超过了既定的价格水平下商品和劳务的供给，而引起货币贬值、物价总水平上涨。社会总需求包括投资需求和消费需求。在总供给既定的条件下，如果投资的增加引起总供给同等规模的增加，物价水平可能不变；如果总供给不能以同等规模增加，物价水平上升缓慢；如果丝毫不能引起总供给的增加，需求的拉动将完全反映到物价水平上。

(二) 成本推动型通货膨胀

这是指在社会商品和劳务需求不变的情况下，由于生产成本提高而引起物价总水平的上涨。

由供给因素变动形成的通货膨胀可归结为两个原因：一是工会力量对工资提高的要求；二是垄断行业中企业为追求利润而制定的垄断价格。前者称为工资推进型通货膨胀，后者称为利润推进型通货膨胀。工资推进通货膨胀是以存在强大的工会组织，从而存在不完全竞争的劳动力市场为前提的。

在不完全竞争的劳动力市场上，工资由工会和雇主集体议定，工资会高于竞争工资。当工资增长率超过劳动生产率时，企业成本增大，从而会提高产品价格，以维持盈利水平。工资提高引发价格上涨，价格上涨又带动工资提高，这就是工资—价格螺旋上升。但并不是所有工资提高都会导致工资推进型通货膨胀，只有在工资增加超过劳动生产率，而且是由于工会作用的结果，才是工资推进型通货膨胀。

利润推进型通货膨胀存在的前提条件是存在物品和劳务销售的

不完全竞争市场。在垄断竞争条件下，生产厂商有可能操纵价格，使价格上涨幅度超过成本开支的增长速度，以获取垄断利润。如果这种行为作用较大，就会形成利润推进型通货膨胀。

（三）结构型通货膨胀

这是指在社会总需求不变的情况下，由于需求的组成发生结构性变化，相应导致物价总水平的上涨。在经济发展进程中，由于产业结构的变化，社会需求将会随生产的变化而发生转移。需求增加的部门，产品价格和工资会上涨，需求减少的部门，由于工资和价格的刚性，工资和价格不会随之下跌，从而最终造成价格总水平的上涨。结构型通货膨胀的发生，也可以从一国开放部门与不开放部门的角度进行解释。

二、我国通货膨胀的成因

改革开放以来，我国发生过几次较大的通货膨胀，其成因也日趋复杂化。归纳起来，有以下几个方面：

（一）投资膨胀

这是我国经济体制转轨过程中较明显的特征。产生投资膨胀的原因主要是投资主体至今仍然没有形成有效的投资约束机制。从投资增长带动有效供给增加的角度来说，扩大投资是增加供给、平衡供求矛盾的有力措施，但投资增长所带来的有效供给增加需要一定的时间，而且还取决于投资效率。此外，投资增加形成的是当期的有效需求，在需求已经过大的情况下，投资需求增长必然会引发通货膨胀。从投资效率角度而言，我国长期以来在投资领域存在的严重问题之一就是投资规模大、效率低，投入与产出之比大大低于西方发达国家。因此，投资规模过大，短期内会明显地增大社会总需求，而对增加社会总供给则表现得不很明显。

我国投资膨胀所引发和带动的通货膨胀，从资金供给体制的角度来看也有一定的特殊性。财政作为全社会资金供应的重要主体，在改革开放后，出现了持续的财政赤字。我国政府在从计划经济向市场经济过渡的过程中，财政职能不但没有减少反而负担更加沉重，政府财政收入在连续下滑的条件下，支出却在不断膨胀，尤其是财政承担着国家产业结构调整的任务，在政府向基础产业和基础设施不断增加投入的背后，其结果必然是日益增大的财政赤字。财政赤字与通货膨胀的关系，无论以何种方式弥补，都会构成对通货膨胀的压力。因此，可以认为，财政赤字是导致近年来我国通货膨胀的原因之一。

在财政赤字连年出现的同时，预算外资金规模却在不断膨胀。各地方政府为了发展本地区经济，将预算外资金的一部分进行投资，这是带动我国投资膨胀的重要原因。

从银行信贷资金供应体制看，国有商业银行改革还远没有到位，银行自我约束机制没有形成，信贷资产质量很差。这一方面会进一步刺激企业对投资资金的需求；另一方面，由于投资效益差，不得不再扩张投资，形成了一种恶性循环。银行大量的不良资产说明，银行体系供应资金没有形成有效供给，却形成了当期的有效需求。这会进一步加剧已经紧张的社会供求矛盾。

（二）消费膨胀

在投资膨胀的同时，意味着消费的膨胀。因为投资资金至少有40%会转化为对消费品的需求。因此，投资膨胀和消费膨胀是并存的，它们共同构成对社会总需求的压力，从而带动和加剧通货膨胀。

（三）成本推动

改革开放以来，经济领域中发生的重大变化之一就是国民收入分配格局的转变。由原来政府主导型转变为居民个人占有国民收入份额的大部分。在居民收入快速增长的背后是企业经营成本的提高。同时，价格体制改革后，一些重要的原材料价格上涨，使得经营成本提高。以上两个因素综合作用的结果是企业经营成本增大，但又不能自我消化，必然会以抬高价格的方式转移出去。

（四）结构失调

结构失调在我国表现为生产结构和消费结构的双失调。生产结构失调是我国长期以来都没能解决的老问题。一部分长线产品长期供过于求，而另一部分短线产品市场需求过旺。对国民经济发展起长远影响作用的基础产业已经成为经济发展的瓶颈部门，而加工工业等已处于过剩状态。经济结构的失调引发了通货膨胀的产生。

以上几个方面只是对我国近年来发生通货膨胀原因的主要方面所进行的分析。就我国目前经济发展状况而言，发生通货膨胀的原因是错综复杂的，甚至还包括有心理因素、体制因素及国外通货膨胀的影响等多个方面。

第三节　通货膨胀的效应

一、通货膨胀对经济增长的效应

通货膨胀对经济增长的效应究竟如何，大体上有三种观点，即促进论、促退论和中性论。

所谓促进论，是指通货膨胀具有刺激产出增加的效应，特别是政府在社会有效需求不足时，可以采取赤字财政政策，扩大投资支出，以增加货币供给的手段带动全社会需求的增加，以此促进经济增长。持这种观点的人认为，通货膨胀对经济增长的促进效应尤其在发展中国家表现得更为明显。在大部分发展中国家，政府对经济干预较发达国家程度要高，政府可以在保证不减少或不排斥私人投资增长的条件下，实施扩张性财政、货币政策，从而扩大投资，促进经济增长。

促退论者认为，通货膨胀对经济增长有害无利，持续的通货膨胀会降低经济效率从而阻碍经济增长。从生产角度看，连续的通货膨胀使投资风险增大，而且使投资风险更加难以预测，由此会降低投资者的积极性，不利于经济发展。另外，长期的通货膨胀会增大整个金融机构的运行风险，不利于经济的稳定。

中性论者认为，通货膨胀对产出和经济增长既无正效应也无负效应。由于公众理性预期，在一段时间内对物价上涨会作出合理的调整，因此，通货膨胀各种效应的作用就会相互抵消。

二、通货膨胀的强制储蓄效应

用于投资的货币积累形成社会储蓄。这种积累来源于三个渠道：家庭、企业和政府。通常，家庭的储蓄等于收入与消费支出的差额；企业的储蓄等于留存利润与折旧基金之和；而政府的储蓄既可以来自于税收，也可以来自于向中央银行的借款。如果政府利用税收筹集资金用于生产建设，则会相应减少另两个部门的储蓄，而全社会的储蓄总量不会增加。如果政府向中央银行借债，就会造成直接或间接增发货币。

在经济已经达到充分就业水平时，扩张的货币政策效应将全部体现为物价上涨，这时公众的消费和储蓄实际额都会相应减少，减少部分大体相当于政府运用通货膨胀实现了强制储蓄。但若经济未达到充分就业，则利用财政政策或货币政策扩张有效需求，虽然也是一种强制储蓄，却不会引起持续的物价上涨。

三、通货膨胀的收入分配效应

在存在通货膨胀的条件下，人们的货币收入会因为通货膨胀的因素而发生实际收入的改变。有些人实际收入水平会随着通货膨胀的提高而提高，甚至实际收入水平提高超过通货膨胀水平。但也有一些人他们的名义收入在增加，而实际收入却在下降。这种由物价上涨造成的收入再分配，就是通货膨胀的收入分配效应。

通常，在通货膨胀时期，企业工人的工资收入水平的提高如果滞后于通货膨胀，那么，企业的利润会增加，企业主会因此而获得通货膨胀带来的收益，增加了利润。针对这一不利于工人的通货膨胀收入分配效应，西方经济学家提出了收入指数化理论来解释和解决通货膨胀造成的收入分配不公平问题。

四、通货膨胀的资产结构调整效应

资产结构调整效应就是财富分配效应。社会成员的财富分为实物资产和金融资产两种形式，同时也可能有负债，通货膨胀对社会成员的财富分配效应最终取决于在通货膨胀条件下财富净值的变化。

对持有实物资产而言，通货膨胀的影响程度要取决于持有的实物资产在货币形态上的自然升值与物价总水平上涨之间是否一致。

如果实物资产名义价格上涨超过物价上涨幅度，则投资者收益水平提高；反之，则投资者会受到损失。

持有金融资产则比较复杂。相当部分的金融资产价格会在通货膨胀时期不断变化。即使持有股票也往往难以避免通货膨胀的损失。特别是持有货币资产，通货膨胀时期，货币不断贬值，持有者因此受到损失是肯定的。因此，就这个意义上说，通货膨胀时期持有货币性债务更有利。

由于社会成员财富结构存在差异，因此，所受通货膨胀的影响也不同。注意到这一点，及时调整资产结构是非常重要的。

通货膨胀就表面上看是一种经济现象，而发展严重的话则会诱发社会的不安定。因此，通货膨胀的效应实际上是多方面的。

第四节　通货膨胀的治理

各国在治理通货膨胀方面有着某些共同的措施和手段。

一、实行紧缩性宏观经济政策

紧缩性宏观经济政策主要由货币政策与财政政策构成。紧缩性货币政策包括：

1. 中央银行提高法定存款准备率，从而控制商业银行的贷款能力，达到压缩货币供应量的目的。

2. 提高贴现率和再贴现率。提高贴现率会影响借款者的借款成本，从而达到抑制货币供应量的目的，但会由此带来投资和经济的萎缩等负面影响。提高再贴现率主要是为了影响商业银行的借款成本，进而影响市场利率。

3. 通过公开市场业务出售政府债券，以相应减少流通中的货币存量。

紧缩性财政政策主要包括削减财政支出，包括减少军费开支和政府在市场的采购等；限制公共事业投资；增加税收等。

二、实行币制改革

这通常是在经历严重的通货膨胀时采取的措施。主要做法是废除旧币，发行新币，并制定一些保证新币稳定的措施。发行新币的目的是增强居民对货币的信任，增加居民储蓄存款，使货币恢复执行其原有职能。但发行新币后，通货膨胀如果仍得不到遏制，则会导致币制改革失败。

三、控制工资和物价

这是为了抑制物价上涨过猛而采取的权宜之计。控制工资和物价有两类措施：一是冻结工资和物价，工资和物价在一定时期内不允许作任何变动；二是管制工资和物价，即将工资和物价上涨的幅度限制在一定范围内，一定时间内不允许突破。

四、我国对通货膨胀的治理

改革开放以来，我国对几次发生的通货膨胀采取的治理措施包括：

1. 控制投资规模。从历次通货膨胀的成因不难看出，我国存在的投资规模膨胀是导致高通货膨胀率的主要原因，因此，对通货膨胀的治理也就必须控制投资。这会相应减少社会总需求的规模，平衡供求关系，抑制通货膨胀的加剧。

2. 实行紧缩的财政政策，努力实现财政收支平衡。为控制通货膨胀，财政实行增收节支的措施，从而有效地控制了社会总需求的膨胀。

3. 控制信贷规模和货币供应增长率。1994 年以来我国对通货膨胀的治理主要采用的就是这种措施。

4. 增加商品的有效供给。上述措施都是针对社会总需求而采取的，从社会总供给角度说，调整产业结构，支持农业发展，增加有效商品供应，提高投资效益恐怕是治理通货膨胀的最根本性的途径。为此，我国出台了一系列保护农业、鼓励和支持国民经济薄弱部门和紧缺商品生产的政策，收到了良好的效果。

应该指出的是，无论是哪一个国家在治理通货膨胀的过程中都会付出一定的代价，如紧缩政策所导致的经济萎缩、失业增加等问题。这要求政府在确定制定治理通货膨胀政策时要全面考虑，相机抉择。

第十九章 货币政策

第一节 货币政策目标

一、货币政策的含义

货币政策是指中央银行为实现其既定的宏观经济目标而采取的控制和调节货币供应量和利率，进而影响宏观经济的各项政策措施的总和。它包括三方面的内容，即货币政策的目标、实现货币政策目标的手段、货币政策的效应。中央银行是制定和执行货币政策的国家权威机构。

二、货币政策的目标

由于各国经济发展水平和制度的差异，货币政策目标是有所不同的。同一个国家，在不同的历史发展时期，货币政策目标也在发生变化。目前，西方国家货币政策目标可以归纳为：充分就业、物价稳定、经济增长和国际收支平衡。

（一）充分就业

充分就业是货币政策最早形成的目标，是指中央银行通过货币政策的实施，实现经济体系内部劳动力最大限度的就业。充分就业并不意味着失业率等于零。由于存在摩擦性失业问题，从经济效率的角度来看，保持一定的失业水平是适当的。但却无法知道什么是适当的失业，也无法准确地计算实际的失业水平。这就意味着很难确定失业率到底是太高或太低。从理论上说，在最适当的失业水平上，由于闲置劳动力而造成的边际社会损失与因找不到工作而无法增加生产所带来的边际损失相平衡。同时，许多经济学家把最适当的失业率定义为非加速通货膨胀的失业率，但很难确定这样的失业率的准确数字。

（二）稳定物价

物价稳定是指中央银行采用货币政策手段，使国内一般物价水平上涨率保持在一定水平，不至于影响人民生活的稳定和国民经济的增长。物价稳定作为货币政策的目标是通货膨胀作用的结果。由于通货膨胀在现实生活中并不是完全可预测的，经济也不是绝对指数化的。通货膨胀导致了收入和财富的不公平的重新分配，也给经济带来了不确定性和不安全性。这可能导致人们对政府的经济政策失去信心。因此，各国政府都把反通货膨胀、实现物价稳定作为自己的重要经济目标。

（三）经济增长

经济增长是货币政策的根本目标，是指中央银行通过实施货币政策，使社会生产和国民经济得以较快地发展，以提高人们的收入和生活水平。

经济增长通常以人均国民生产总值来表示。中央银行可以影响经济增长率的重要决定因素——投资。高投资率不仅意味着人均资本量增大，而且也是促进技术进步的一个重要途径。增加投资的一种方法是使实际利率保持较低水平，这一点正是中央银行可以控制和引导的。

（四）国际收支平衡

国际收支平衡，是指一国对其他国家的全部货币收支相抵略有顺差或逆差。平衡国际收支要根据各国所处的不同发展阶段来决定。中央银行可以通过干预外汇市场、利用外贸政策等办法维持国际收支平衡。

三、货币政策目标之间的冲突

货币政策目标之间的关系是很复杂的，各目标之间存在冲突，因此，中央银行不得不对这些目标进行权衡，以确定牺牲某个目标而实现另一个目标的限度。

首先，充分就业与物价稳定之间存在矛盾。著名的菲利普斯曲线解释了在失业率和物价上涨率之间存在此消彼长的替代关系，低失业率通常伴随高通货膨胀率，而高失业率则会伴随较低的通货膨胀。因此，作为中央银行的货币政策目标只有根据当时的社会经济条件，寻求物价上涨和失业率之间的某一适当的结合点。事实上，20 世纪 70 年代以来在西方国家所发生的“滞胀”现象，说明菲利普斯曲线所描述的失业率与通货膨胀率之间的相互替代关系并不是在任何条件下都能成立，有可能会出现高通货膨胀与高失业率并存的情况，由此加大了货币政策制定和执行的难度。

其次，经济增长与国际收支平衡之间存在矛盾，即经济增长并不一定同步伴随国际收支平衡的出现，这要取决于经济增长和进出口以及资本流动之间的关系。

最后，在物价稳定与平衡国际收支之间存在矛盾。政府为反通货膨胀往往采取提高利率的措施，在资本自由流动的情况下本币与外币的利率差提高会导致资本内流，本币升值，从而减弱本国商品的出口竞争力，使经常项目可能出现逆差，如果资本项目的顺差不能抵补经常项目的逆差，就会使国际收支失衡。相对地，如果为了国际收支平衡而使本币对外贬值则可能导致通货膨胀。

目前，我国的货币政策目标是保持货币币值的稳定，并以此促进经济增长。

第二节　货币政策工具

货币政策目标的实现是借助于货币政策工具的运用来完成的。货币政策工具可以分为两种类型：一是影响整个经济的最为重要的一般性控制工具；二是利用货币政策对特殊经济领域产生作用的选择性控制工具。但这种划分不是绝对的。

一、一般性货币政策工具

作为一般性货币政策控制工具，其特点是对整个经济运行发生影响，包括公开市场业务、再贴现、法定存款准备率。

（一）公开市场业务

公开市场业务，指中央银行在金融市场上买卖有价证券（主要有国库券、央行票据）来调控货币供应量。在西方国家，这是中央银行最重要、最有效的工具。大多数公开市场业务的活动只是为了给对方以较短时间的影响，中央银行通过向市场传达央行货币操作信号，让市场知道这些交易将会迅速变化，使市场能配合央行的操作，这样可以较好地抵消市场因素波动造成的准备金的较大变化。因此，公开市场业务具有防护性功能。

公开市场业务作为中央银行最重要的工具，其原因在于：第一，中央银行可以通过买卖政府债券控制银行的准备金的规模；第二，公开市场业务是按照中央银行的主动意愿进行的，使中央银行具有较大的主动性，可以比较灵活地安排公开市场业务的规模和方向来实现对货币供应量的微调；第三，公开市场业务的规模可大可小，而且可以进行经常性、连续性的操作，使中央银行能够准确地调节商业银行的准备金规模。

但是，中央银行开展公开市场业务的操作，必须具备一定的条件，如发达的金融市场，证券种类齐全，政府债券规模和结构合理，中央银行对金融市场走势具有巨大的影响力等；否则，公开市场业务效果要受到很大影响。

（二）再贴现

这是中央银行行使最后贷款人职能的重要表现。再贴现一般包括两个方面的内容：一是再贴现率的调整；二是规定向中央银行申请再贴现的资格。

再贴现的政策效果表现在：第一，预告性影响。中央银行改变再贴现率会在某种程度上影响人们的预期。当中央银行提高再贴现率时，社会公众会认为这是中央银行的紧缩性行为；如果中央银行降低再贴现率，可能被认为是将要实施膨胀性政策。第二，中央银行改变再贴现率可以影响商业银行的借款成本，从而影响商业银行的融资政策。

但是，再贴现率政策与公开市场业务相比，中央银行没有足够的主动权，通过调整再贴现率后的经济效应不一定符合中央银行的要求，有可能达不到预期的效应。同时，再贴现率不可能经常变动，这也使中央银行在运用这一工具时受到一定约束。

（三）法定存款准备率

法定存款准备率通常被认为是最强烈的政策工具。中央银行在法定授权范围内通过提高或降低商业银行存款准备率来削弱或增强商业银行创造信用的能力，达到收缩或扩张信用的目的。提高法定存款准备率可以从两个方面影响货币存量：第一，使原来有超额准备金的银行转为符合法定存款准备率的要求；第二，法定存款准备率是货币乘数分母的一个组成部分，增大法定存款准备率就会缩小货币乘数，从而缩小银行的存款扩张，相反，降低法定存款准备率，则起到与上面相反的效应。这就使法定存款准备率成为中央银行一个潜在的有力工具。同再贴现率工具一样，法定存款准备率也有告示效应，但由于其效果过于强烈，中央银行不可能将其作为经常性调节工具，它的调整对整个经济和社会心理预期都会产生显著的影响，以至于使得这一工具具有固定化的倾向。

二、选择性控制工具

（一）证券市场放款

证券市场放款是指中央银行对使用贷款购买证券市场上已注册上市和某些未注册上市的股票施加控制。对购买股票的定金或保证金作了规定，目的是要限制用借款购买股票的比重。但近年来有些国家开始逐步取消这一控制，因为有时为控制借款不得不提高利率，这样做又会限制经济发展。

（二）消费信贷

消费信贷是指中央银行对消费者分期购买耐用品的贷款规定最低定金和还款期限。在消费信用膨胀和通货膨胀时期，中央银行采取该项措施，能起到抑制消费需求和物价上涨的作用。近年来，如美国等国家已从法律上取消了对消费信贷的控制。

（三）道义劝告

道义劝告是指中央银行运用其说服力影响银行和其他金融机构实施不同的行为。由于中央银行与各个金融机构在长期利益上是一致的，因此，道义劝告形式的控制有时比一般性工具更有效。实际上，道义劝告已不仅仅是具有道义上的意义，虽然它没有可靠的法律地位，但它是中央银行的一个强有力的武器，具有相当的威慑力。

第三节　货币政策的传导机制和中介指标

一、货币政策的传导机制

货币政策的传导机制是指一定的货币政策工具，如何引起社会经济生活的某些变化，最终实现既定的货币政策目标。对货币政策传导机制的分析，主要有凯恩斯学派和货币学派两种理论。

（一）凯恩斯学派的货币政策传导理论

凯恩斯学派的货币政策传导理论，其核心思想是：通过货币供给 M 的增减影响利率 r，利率的变化影响投资 I 并以乘数形式发挥作用，而投资的增减又会影响总支出 E 和总收入 Y。即：

$$M \rightarrow r \rightarrow I \rightarrow E \rightarrow Y$$

上式中，中心环节是利率。有关的经济变量是通过利率起作用的。

（二）货币学派的货币政策传导理论

货币学派认为，货币政策的传导机制主要不是通过利率间接地影响投资和收入，而是通过货币实际余额的变动直接影响支出和收入。即：

$$M \rightarrow E \rightarrow Y$$

二、货币政策中介指标的选择标准

中央银行运用间接货币政策工具，扩张或紧缩货币供应量或信贷规模，以实现货币政策的最终目标。但货币政策的工具无法直接影响最终目标，如高就业和物价稳定，并且货币政策工具需要在一段时间以后才间接地影响最终目标，中央银行很难得到经济体系的货币领域和实际领域之间内在联系的完整资料。这就需要在货币政策工具和所要达到的最终目标（高就业和物价稳定）之间选定一些变量作为中间目标，如货币供应量（M_1、M_2）或利率（短期或长期），进行跟踪，这些中间目标变量对最终目标都有直接影响，以便中央银行能正确、及时地观察货币政策在实际领域存在的问题，及时决定采取或修改政策措施，从而更好地实现最终目标。这就是要在货币政策的工具与最终目标之间建立一个中间目标，也称中介指标，用以决定采用或修正何种货币政策和检验货币政策效果。

货币政策的传导源于政策工具的运用，使中介指标发生变化，最后使得最终目标产生相应变化。具体传导过程可通过图 19.1 来理解。

货币政策中介指标的选择是制定货币政策的关键步骤。不同的指标变量往往导致中央银行采取完全不同的行动。在选择货币政策中介指标时，要符合以下五个最主要的条件：

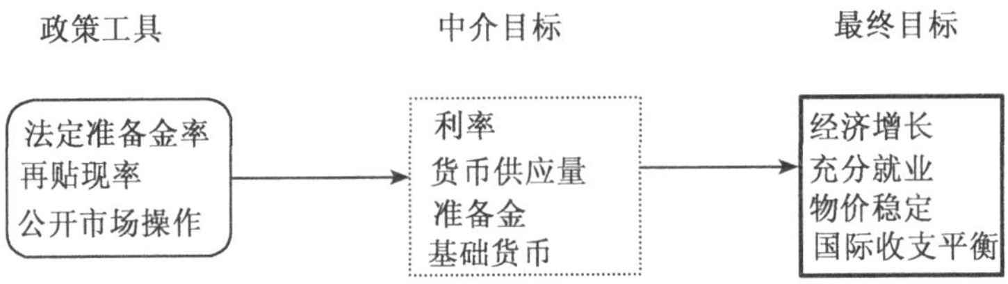

图 19.1

（一）可度量性

可度量性包括两个方面的含义：第一，中央银行可以及时得到准确的数据；第二，中央银行必须明确应该使用的定义以及衡量的标准。

（二）可控制性

可控制性是指中央银行的中介指标要有实现的可能，否则，该指标没有意义。

（三）相关性

相关性是指只要能达到中介指标，中央银行在实现货币政策目标方面不会遇到障碍和困难。即要求中介指标与货币政策的最终目标之间要有密切的、稳定的统计数量上的联系。

（四）管理上的可行性

这涉及到中央银行能够实施其政策的范围和程度。

（五）指示性

这是指中央银行选择的中介指标，要能使金融机构及社会公众了解货币政策的实施状况，货币政策的方向和强度，以便按货币政策要求相机抉择。

货币政策在实施过程中常会受到许多因素的干扰，不同的国家其经济金融环境不同，相同的货币政策工具可能产生的效用大不一样，因此中央银行为实现既定的货币政策目标而采用的货币政策工具就有很大的不同，选择作为中介指标的金融变量也有很大区别。

根据以上几个条件，中介指标一般有利率、货币供应量、超额准备金和基础货币等。根据这些指标对货币政策工具反应的先后和作用于最终目标的过程，一般又可以分为两类：一类是近期目标，即它对货币政策工具的反应较快，时滞性比较短，但是离货币政策的最终目标较偏远。它主要包括存款准备金、短期市场利率、基础货币等。另一类是远期目标，即它对货币政策工具的反应较慢，时滞性比较长，但离货币政策的最终目标较接近。它主要包括货币供应量、长期市场利率等。

三、货币政策中介指标

（一）利率指标

作为中介指标它符合上述标准。利率是内生变量，是顺经济循环的。经济繁荣时，利率上升；经济萧条时，利率下降。但是，作为政策变量，利率调节与总需求在同一方向变动：经济过热时，提高利率；经济疲软时，利率降低。因此，利率发挥作用的性质难以区分。

（二）货币供应量

以货币供应量作为中介指标首先要明确货币供给的口径。货币供应量就指标的可度量性而言，符合标准，但中央银行的控制力不很理想。

（三）基础货币

基础货币是流通中的现金和商业银行的存款准备金的总和，是构成货币供应量倍数扩张与收缩的基础，可满足货币政策中介指标的所有要求。因此，许多国家已把它作为较理想的中介指标。

通常情况下，人们把以货币供应量指标为中间目标的货币政策的目标管理规则称之为货币供给规则，而把以利率为中间目标的管理规则称为利率规则。

一般利率规则在实现货币政策的目标上比货币供给规则更为有效，而且目前已成为西方发达国家主要的货币政策目标管理规则。

第四节　货币政策效应

货币政策的效应可以从两方面来衡量：一是政策效应发挥作用的速度；二是政策效应发挥作用的力度。政策效应发挥作用的速度，即货币政策时滞。货币政策效应发挥作用的力度，即货币政策效力。

一、货币政策的时滞

所谓货币政策时滞是指货币政策从制定到获得主要的或全部的效果所经历的时间。货币政策时滞的长短是考察货币政策成效的重要依据。

时滞由内部时滞和外部时滞构成。

内部时滞是指从政策制定到货币当局采取行动这段时间，分为两个阶段：认识时滞和行动时滞。前者是指从形势变化需要货币当局采取行动到货币当局认识到需要采取行动的这段时间；后者是指从货币当局认识到需要采取行动到实际采取行动的这段时间。内部时滞的长短取决于货币当局的预测能力和管理能力，即对经济形势发展的判断、预测水平，制定政策措施的效率，决策效率等。

外部时滞是指从货币当局采取行动开始到对政策目标产生影响为止的时间间隔。货币当局想要实现就业和经济增长，需要经过先变动货币供给量，以影响利率水平，从而影响投资意愿，最后影响就业水平和国民收入，这需要经过相当长一段时间才会充分发挥货币政策的作用。外部时滞由一国经济、金融客观条件所决定。

缩短货币政策时滞是提高货币政策效果的有效途径，因此，提高货币当局预测能力和决策能力，有助于提高货币政策的效应。

二、货币政策的效力

货币政策效力主要观察货币政策实施后所取得的效果与政策目标之间的偏差。如以控制通货膨胀为政策目标而实施紧缩性货币政策为例，政策实施的结果若是抑制了物价上涨，或使得物价水平下降，同时保持适当的经济增长，那么，可以认为货币政策取得了预期的效果；如果政策实施的结果一方面使得通货膨胀得到控制，而另一方面由于紧缩导致经济滑坡，那么，对货币政策效果的评价就不是最优的；如果政策的实施不仅没有促使物价下降或抑制物价上涨，还抑制了经济的增长甚至使经济增长为负，则可以说紧缩货币政策无效。评价其他类型的货币政策，也可以采用类似的分析思路。

实际上，任何一项货币政策的实施都会带来有利和不利两方面的效应，要取得最佳效果，就必须与其他宏观经济政策密切配合，如收入分配政策、价格政策等，特别是要与财政政策配合。

三、货币政策的局限性

货币政策常常是为了稳定经济，减少经济波动，但在实践中存在一些局限性。

第一，一般来说，货币政策在宏观经济处于扩张阶段时对经济增长的拉动作用比较明显；在宏观经济处于收缩阶段或在启动经济时，往往是无效或低效的。因为这时候，投资者对经济前景悲观，即使中央银行增加货币供应量，降低利率，也不愿意增加投资，银行考虑到宏观经济不好，贷款不易安全收回，也不轻易贷款。这样，货币政策反衰退的政策效果就不显著。

第二，由于货币流通速度的变化受到许多因素的影响，其不确定性大，使中央银行通过变动货币供应量来影响利率水平变动的定量关系不易确定。货币流通速度加快相当于货币供给增加的效果；流通速度下降相当于货币供给减少的效果。如在经济繁荣时期，中央银行为抑制通货膨胀需要紧缩货币供给，然而由于物价上涨很快，公众不愿把货币持在手上，会尽快花费或投资于能从通货膨胀中获益的项目，使货币流通速度加快，从而造成紧缩货币供给的效果被货币流通速度的增加所抵消；反之，在经济衰退时期，货币流通速度下降，这时中央银行增加货币供给对经济的影响也可能被货币流通速度下降所抵消。

第三，货币政策的效果还要受到汇率制度和资本在国际间流动等因素影响。例如，一国实行紧缩货币政策，导致实际利率上升，国外资金会大量流入以赚取利差。由于国外资金的大量流入会导致本币升值。若实行固定汇率，中央银行为了使本币稳定，会抛出本币，按固定汇率收购外币，于是货币市场上本国货币供给增加，从而削弱原先实行的紧缩性货币政策的效果；若实行浮动汇率，本币的升值会抑制出口，使本国总需求下降，但刺激了进口，使对国外的需求增加，从而减弱了货币政策的效果。

第四，如上面提到的，货币政策作用的外部时滞性也会影响货币政策效果。

第五节　财政政策与货币政策配合

一、货币政策与财政政策相互配合的必要性

货币政策与财政政策相互配合的必要性是货币政策与财政政策的不同特点所决定的。第一，货币政策主要是调节货币供求总量，而财政政策侧重的是解决经济中的结构问题。第二，时滞性不同，这是指在制定和执行政策的过程中，出现的时间滞后现象。财政政策的认识时滞短而决策时滞长，货币政策的认识时滞长而决策时滞短。第三，可控性不同。财政政策可以由政府通过直接控制和调节来实现，如刺激需求可以直接通过增加政府支出来实现。货币政策

则需要通过操作工具的传导来实现最终目标，其间要有一个传导过程，并可能偏离目标。

无论是财政政策还是货币政策都是通过影响利率、消费、投资进而影响总需求，使就业和国民收入得到调节。由于财政政策与货币政策之间存在差异，要求两者密切配合，相互协调，共同实现政府宏观调控的总目标。

二、货币政策与财政政策相互配合的模式

现实中，货币政策与财政政策可以有四种搭配模式，即："双松"模式、"双紧"模式、"一松一紧"模式和"一紧一松"模式。

一定时期内政府采用何种搭配模式取决于当时的宏观经济运行状况。通常，"双松"模式的作用可以刺激投资，增加社会总需求，扩大就业，带动经济增长。松的货币政策，即扩张性货币政策措施主要是降低法定准备率，降低贴现率，降低利率，扩大商业银行贷款规模；松的财政政策，即扩张性财政政策措施可以是减少税收或扩大政府支出增加社会的总需求。但"双松"政策的结果往往会造成通货膨胀的压力。

"双紧"模式则适用于经济生活中通货膨胀较为严重的条件下。"双紧"的结果会压缩社会总需求规模，控制经济的过快增长。紧的财政政策，即紧缩性财政政策措施主要是增加税收或压缩财政支出；紧的货币政策，即紧缩性货币政策主要是提高利率和减少商业银行贷款规模，即收紧银根。"双紧"的结果会减少社会投资规模，控制物价水平，但"双紧"模式运用过度可能带来经济的萎缩。

在大多数的情况下，货币政策与财政政策则采取"一松一紧"或"一紧一松"的搭配模式。如总需求过度时，采取紧缩的财政政策，增加税收和削减政府支出，这有利于减轻货币政策的压力，而货币政策则可以是相对宽松的。而当采取紧缩的货币政策，提高利率，投资收缩时，可以利用政府机构贷款提供给某些特殊部门，解决它们的资金短缺问题，从而减少利率提高给投资带来的负效应。因此，货币政策与财政政策的紧密、恰当的配合是一国政府实现宏观调控目标的重要保障。

第六节 汇率政策

一、什么是汇率政策

所谓汇率政策，就是通过变动汇率水平以实现一定的经济政策目标，它是开放经济下一国实现外部均衡的最主要的政策工具，直接影响该国的贸易差额和资本流动，调整并实现一国国际收支的基本平衡。

由于开放经济的宏观政策目标是多元的，这使得开放经济的内外部均衡是多变量和多目标的综合均衡，需要汇率政策与财政政策、货币政策等政策工具相互配合与协调才能实现宏观经济政策目标。

二、汇率政策的种类

一国在采取什么样的汇率政策上可以有多种选择。按照浮动程度，我们可将汇率划分为固定汇率与浮动汇率。固定汇率又可分为调整钉住汇率和爬行钉住汇率；浮动汇率则可分为管理浮动汇率和自由浮动汇率。

理论上认为，汇率政策是一国经济政策的重要组成部分，在资本流动条件下，浮动汇率有助于保持货币政策的独立性，固定汇率会削弱中央银行在货币政策上的自主性。但从各国实践看，汇率浮动程度的选择并无绝对的优劣可言。一国的汇率制度的选择要与本国的经济金融结构与发展水平、金融市场完善与开放程度等相适应，要有利于实现该国的经济政策目标。一种汇率政策能否成功，还取决于多方面的政策因素。

三、汇率政策的目标

由于汇率在国民经济中的重要作用，各国政府都会制定适当的汇率政策，以便在国民经济发展中充分发挥汇率的调节作用。各国在汇率浮动程度安排上虽有很大的不同，但汇率政策所追求的政策目标大体相似，主要包括：第一，保持出口竞争力，实现国际收支平衡与经济增长的目标；第二，有利于稳定物价；第三，防止汇率的过度波动，促进金融体系的稳定。

一般情况下，各国会选择采用财政政策和货币政策来解决国内经济问题，采用汇率政策来解决国际收支的不平衡问题。

四、汇率政策、资本流动控制与货币政策三难选择

汇率是一个国家在国际经济活动中最重要的综合性价格指标，它包含了该国在国际市场上经济竞争实力的主要信息。它的变化不仅直接决定对外贸易的平衡，而且还深刻影响到国内经济活动的波动。当一国参与国际经济活动时，便面临着如何安排汇率政策、管理资本市场，以及实现国内宏观经济目标的三难选择问题，即一国不能够采取固定汇率以获取汇率稳定的收益，同时开放资本市场以吸引国际资本，并实施积极的货币政策以解决国内经济问题。政府只能在这三个目标中选择其二。

（一）固定汇率、开放资本市场与无效的扩张性货币政策

一国货币当局在推行固定汇率政策和完全开放资本市场的条件下，本国市场利率水平既要受国内可贷资金的供给与需求影响，又要受到国际资本追逐利差的套利行为的影响，这会使国内市场利率将趋近于国际市场利率。当国内面临经济衰退，政府试图通过放松银根来降低国内市场利率，刺激投资与消费时，相对高的国际市场利率水平将会吸引巨额资本外流，这将会减少国内可贷资金的数量，使市场利率重新上升到接近国际利率水平，从而抵消扩张性货币政策的效果。由于货币当局要维持固定汇率，只得通过被动地吸纳或抛出外币来冲销外部因素产生的冲击。

因而，固定汇率政策使得货币当局不得不放弃使用灵活的货币政策调整国内总需求及取得宏观稳定的能力。同时，固定汇率制也限制了货币当局通过调整汇率改善本国出口产业与进口替代产业在国内外市场上的竞争力的可能性，不利于解决对外贸易失衡和国内经济问题。此外，在开放经济下，与资本自由流动相结合的固定汇率制度极易受到货币投机冲击。

（二）固定汇率、管制资本流动与有效的扩张性货币政策

如果货币当局能有效地限制各种跨国界的资本流动，即完全封闭资本市场，则它可以避免国际资本市场对国内利率水平的影响，并且还减少国际货币投机对国内市场的冲击。这样，货币当局可以在实现固定汇率目标的同时，自由地运用灵活的国内经济政策解决宏观稳定问题。

不过，实行资本管制存在着巨大的代价，会产生包括资本供给来源的机会成本、行政管理成本、非法资本外流的交易成本以及寻租与受贿行为的社会成本，降低资本配置的效率，等等。从长期来看，过于严格的资本管制将不利于该国全面地参加国际经济活动，会严重地影响该国经济发展与效率的提高。并且，它还可能导致资本大规模外逃，并恶化由此产生的社会财富分配的不平衡等问题。

（三）浮动汇率、开放资本市场与有效的扩张性货币政策

在开放资本市场，并采取浮动汇率制度的情况下，一国货币当局可以使用积极的货币政策调节国内的市场利率水平和改变国内的有效总需求。同时，本币将随着国际套利活动引起的资本流动而自由地升值或贬值，会降低国际货币投机的冲击。

这一政策组合的代价是该国必须承受由于汇率频繁波动而引起的国际贸易中相对高昂的交易成本。

上面说的三难选择也叫“三元悖论”，也就是说货币政策的独立性、固定汇率、资本自由流动三个目标，从理论上讲，一国只能同时实现两个目标，不能同时实现三个目标。这也说明任何一种国际货币体系安排都不是完善的，只有根据本国和世界经济发展的具体情况，选择适合于本国的国际货币体系安排才是最合适的。

第二十章　金融监管

第一节　金融监管的含义、目标和原则

一、金融监管的含义及其范围

金融监管有狭义和广义之分。狭义的金融监管是指中央银行或其他金融监管当局依据国家法律法规的授权对整个金融业（包括金融机构以及金融机构在金融市场上所有的业务活动）实施的监管管理。广义的金融监管是在狭义的金融监管外，还包括了金融机构的内部控制与稽核、同业自律性组织的监管、社会中介组织的监管等。

金融监管涉及金融的各个领域，包括：对商业银行的监管；对非银行金融机构的监管；对货币市场的监管；对资本市场、证券业以及各类投资基金的监管；对外汇市场的监管；对衍生金融工具市场的监管；对保险业的监管，等等。

二、金融监管的目标

金融监管的主要目标可以归纳为以下三点：

第一，保护公众利益。保护公众利益是实行金融监管的基本起因，也是金融监管最根本的目的。金融监督管理当局根据法律对商业银行进行监督，限制商业银行承担过多风险和从事不良经营活动，从而保护银行存款户的资金安全，保证银行业务的正常进行，保障银行活动不损害国民经济和公众利益。同时，通过实行金融监管来保护公众利益，也是维护公众对银行业的信心以避免银行倒闭

的重要条件。

第二，保障金融体系的安全稳定。一家银行因经营管理不善而倒闭，往往引起其他银行的倒闭，甚至危及整个银行体系的安全。其反应机制有两个：一是引起与其交易的其他银行的资金周转困难，甚至倒闭，随后又会波及别的银行，甚至整个银行体系；二是影响公众信心，导致银行挤兑和金融恐慌，使本来业务相当健全的银行受到影响。当然，保障金融体系的安全稳定，并不意味着不让任何一家银行倒闭，而是防止因某家银行的倒闭而影响整个银行体系的安全。这就需要金融监管当局采取有效措施，防止银行倒闭，在倒闭银行与健康银行之间建造“隔离墙”，以维持公众信心，保障金融体系的安全稳定。

第三，保障金融业公平竞争，提高金融业的效率。通过对金融活动的监督管理，创造一个平等的竞争环境，防止垄断，鼓励商业银行在合理竞争的基础上提供高效率、多样化的金融服务。

三、金融监管的基本原则

为实现以上目的，各国金融监督管理当局在执行监管时大多遵循以下基本原则：

（一）依法原则

金融监管必须以法律和法规为依据，依法行事；同时，金融机构对法律和法规所规定的监管要求必须接受，不能有例外。只有这样，方能保证监管的权威性、严肃性、强制性、一贯性和有效性。

（二）规范原则

竞争是市场经济条件下的基本规律之一。金融监管当局的监管重心应放在竞争环境的构造上：既要避免造成金融高度垄断，排斥竞争，从而丧失效率与活力，又要防止出现过度竞争和破坏性竞争，影响金融业的安全与稳定。为此，金融监督管理的主体、对象、目的、内容、手段、管理口径和程度均应统一规范，使同类金融机构获得平等竞争的管理环境。

（三）自我约束和外部强制相结合的原则

如果金融监管的对象对监管不配合，不愿自我约束，甚至对抗，那么金融监管不论多么缜密严格，也难以收到预期的效果；反之，如果将全部希望寄托在金融机构自觉自愿的自我约束上，则一系列不负责任的冒险经营行为和道德风险就难以有效避免。因此，金融监管应遵循自我约束和外部强制相结合的原则。

（四）安全稳健与经济效率相结合的原则

安全稳健是一切金融法规和金融监督管理的中心目的，但非终极目的。金融业发展的终极目的是满足社会需要，促进社会经济稳健协调地发展。追求发展就必须讲求效率。所以，金融监管不应是消极的单纯防范风险，而应是积极地把防范风险与提高金融效率相结合。

第二节　金融监管体制

一、金融监管体制及其类型

金融监管体制是指金融监管的职责和权力分配的方式和组织制度。由于各国的历史发展、政治经济体制、法律与民族文化传统等方面的差异，在金融监管体制上各国也存在着一定的差别。

按照监管机构的监管范围划分，金融监管体制有如下两种：

1. 集中监管体制，也称“一元化”监管体制，即一个金融监管机构实施对整个金融业的监管。绝大多数实行这种体制的国家是由中央银行来承担监管职责。英国、澳大利亚、比利时、瑞士、瑞典、意大利、巴西、埃及等国，实行这种监管体制。

2. 分业监管体制，也称“多元化”监管体制，即根据金融业内不同的机构主体及其业务范围的划分而分别由多个金融监管机构共同承担监管责任。美国、法国、西班牙等国实行这样的监管体制。

二、金融业自律

自律是指同一行业的从业者组织，基于共同利益，制定规则，自我约束，实现本行业内部的自我监管，以保护自身利益并促进本行业的发展。

一般来说，金融业自律的组织形式主要为金融行业公会，这是一种金融业自我管理、规范和约束的民间组织。它通过行业内部管理，避免参与主体之间的不正当竞争并促进彼此间的协作，与政府监管当局共同维护金融业的安全和稳定。金融行业公会作为金融业自律的组织形式，主要有如下四个方面的功能：

1. 协调功能。为了维护和增进行业的共同利益，妥善处理各会员单位的利益冲突，加强会员之间的联系，增进彼此间的友谊，避免恶性竞争的出现，促使会员单位能够在国家规定的经营权限内开展业务，从而有利于整个监管目标的实现。

2. 服务功能。这包括建立会员间的服务网络和广泛的信息渠道，了解国内外金融业的发展态势，对金融业的未来发展趋势进行分析、研究和预测，在金融同行间交流经验和教训，推动金融创新的发展。同时，它还肩负着为会员单位培训员工，加强金融业对外交流的职责。

3. 沟通功能。主要表现为在金融机构和监管当局之间以及各金融机构之间架起沟通的桥梁，促进彼此之间的交流，以达到相互理解、信任和支持的目的。一方面，它作为会员单位的代表，向监管当局反映会员的要求和建议，保护会员单位的合法权益；另一方面，它还接受监管当局的委托，执行某些监管机构不宜执行或执行效果欠佳的管理职能。

4. 监督功能。它通过建立举报监督系统，强化会员金融机构的自律和互律，并对违规会员做出相应的处罚，维护和提高金融业的整体利益和社会形象。

在许多国家和地区，金融行业公会的自律管理一直发挥着重要的作用。随着金融自由化的向前推进和金融创新的发展，各国都越来越重视发挥金融业自律管理的作用。

三、金融机构的内部控制

就整个金融监管体系来说，监管当局的监管是外部的全方位监管。金融行业公会的职能在于通过行业内部的自律和互律，实施行业内部的监管。但不论是政府的监管目标还是行业的监管目标，必须通过金融业微观主体加强内部控制，主动防范和规避风险，实现审慎管理和稳健经营，才能得以实现。金融机构的内部控制在整个监管体系的设计中，具有基础性地位。金融机构的内控机制建设，不仅对金融机构自身业务的健康发展，而且对整个金融体系的稳定，都有着重要的影响。

近年来，金融机构的内部控制受到普遍重视。在金融风险日益加大的背景之下，内控机制的作用显得越来越突出，特别是巴林银行、大和银行、山一证券等大型金融机构的倒闭事件，更引起了整个金融业界对金融机构内部控制机制健全与否的警觉。这些事例清楚说明，如果内部控制不到位，仅仅某一个环节出现纰漏，完全有可能对整个金融机构造成致命的打击。很多金融机构已经将风险管理技术应用于内部控制，并且将审慎、严密的内部控制机制的建设，与公司文化和组织体系等方面的建设紧密结合。

四、中国的金融监管体制

我国目前的金融监管体制，基本上属于分业监管体制。中国银行业监督管理委员会、中国证券监督管理委员会、中国保险监督管理委员会这三个金融监管部门各司其职，分工合作，共同承担金融业的监管责任。其中，中国银监会主要负责银行业金融机构的监管；中国证监会主要负责证券市场、证券业、投资基金和期货业的监管；中国保监会主要负责保险市场和保险业的监管。

具体来说，中国银监会的监管职能主要包括：依照法律、行政法规制定并发布对银行业金融机构及其业务活动监督管理的规章、规则；审批银行业金融机构的设立、变更、终止以及业务范围；对银行业金融机构的业务活动及其风险状况进行非现场监管和现场检查；建立银行业金融机构监督管理评级体系和风险预警机制；负责统一编制全国银行业金融机构的统计数据、报表等。

中国证监会的监管职能主要包括：制定有关证券市场监督管理的规章、规则，并依法行使审批或者核准权；依法对证券的发行、交易、登记、托管、结算进行监督管理；依法对证券发行人、上市公司、证券交易所、证券公司以及其他从事证券业务机构的活动进行监督管理；依法监督检查证券发行和交易的信息公开情况；依法对违反证券市场监督管理法律、行政法规的行为进行查处等。

中国保监会的监管职能主要包括：审批保险公司及其分支机构和代表处的设立、变更和撤销；保险代理人、保险经纪人资格的审批和撤销；依法对问题严重的保险公司实行接管，并组织对依法破产保险公司的清算；依法核定保险公司的业务范围；建立健全保险公司偿付能力监管指标体系；依法检查保险公司、保险代理人及保险经纪人的业务状况、财务状况及资金运用状况等。

分业监管有利于集中专门监管人才，提高监管效率和监管水平，也有利于现行金融业分业经营政策的贯彻。但这种分业监管体制也容易造成监管真空，出现监管漏洞，对此，中国银监会、中国证监会和中国保监会于2003年9月起，开始定期召开监管联席会议，建立信息共享机制，进行沟通协调。

与此同时，绝大部分金融机构都设立了内部稽核部门，金融同业自律组织和社会中介组织的监督也已起步，政府对金融业的审计监督也已走上经常化、法制化和规范化的轨道。因此，可以认为，我国已经建立了现代金融监管体制的基本框架。

第三节 金融监管的国际协调

一、金融监管国际协调的形式

第二次世界大战后，尤其是进入20世纪60～70年代，金融业国际化有了飞速发展。与金融业国际化相伴而生的是金融风险的国际化和风险在国际范围内的广泛传播，从而对国际金融监管的协调提出了迫切的需要。目前，国际社会对金融监管的国际协调已经取得了广泛的认同，认为金融监管的国际协调是目前解决国际范围内监管失效和监管空白最有力、最现实的方法。有效的国际金融监管协调将可能产生两个效应：一是继续推进金融的国际化和一体化进程，为金融机构的国际化努力创造良好的金融环境；二是提高全球金融市场监管的有效性，保持金融稳定。

目前金融监管的国际协调主要通过以下几种形式进行：

(1) 双边的谅解备忘录。双边的谅解备忘录是指两国就金融监管某一领域的问题进行探讨，取得共识，并通过签订协议来明确双方在这一领域的责任和义务。目前，两国之间的监管协调绝大部分是通过这种形式实现的。

(2) 多边论坛。多边论坛一般就某一监管问题进行会谈，并签署监管声明或文件。这些文件一般都不具备法律效力。

(3) 以统一的监管标准为基础的协调。各国或国际监管组织通过彼此的协调和交流，制定统一的监管标准，这些监管标准为各成员国监管当局所接受，并为各国监管当局所必须遵守，比如，巴塞尔委员会所颁布的资本充足率的标准。

(4) 统一监管，也就是说由一个统一的监管机构来负责跨国的金融监管。目前，严格意义上的统一监管还没有出现。

二、金融监管国际协调的组织及其协调的基本内容

金融国际化进程的推进以及金融风险传播的加强，都对跨国界的监管合作与协调提出了要求。一些相关的国际组织已经在推进世界范围内的金融监管协调，而一些区域性的带有统一监管雏形的协调性组织也已出现。

根据协调能力，现有的金融监管国际协调组织基本上可以分为两类。一类是对成员国没有法律约束力的国际监管组织，包括巴塞尔委员会、国际证券委员会、国际保险监管联合会等。这类组织主要通过没有法律约束的“君子协议”来推动成员国之间的合作以及国际性监管标准的推广。另一类是以国际法或区域法为基础的监管组织。它们所通过的监管规则对成员国具有法律约束力，可以在一定程度上统一实施对成员国的金融监管，例如，欧盟和北美自由贸易组织等。

目前，国际金融监管协调活动主要在以下几个领域进行：改善监管主体之间的信息交流，建立信息共享机制；加强对跨国金融机构的监管；对跨国金融机构实施并表监管；建立统一的国际监管标

准；对金融集团的监管以及区域性的金融监管一体化的努力。

三、《巴塞尔协议》及《新巴塞尔资本协议》

(一)《巴塞尔协议》

随着全球经济的一体化和金融国际化的发展，跨国银行在经济中发挥着越来越大的作用。对跨国银行的监督管理以及国际监督合作，构成各国中央银行监督管理职责的重要组成部分。由于跨国银行在多国设立机构，任何一国中央银行均不能对其实施有效、及时、全面的监督管理，特别是各国中央银行对跨国银行及其国际贷款的监管力度不同，更形成了对跨国银行监管中的漏洞。为了防止跨国银行在一国发生危机而引起各国银行危机乃至国际银行业危机，国际性统一的银行监管的趋势不断加强。

1975年，由十国集团国家的中央银行行长在瑞士巴塞尔建立了“巴塞尔银行监管委员会”。1987年12月国际清算银行召开中央银行行长会议通过“巴塞尔提议”。1988年7月，在“提议”的基础上，由巴塞尔银行监管委员会通过的《巴塞尔协议》(全称是《关于统一国际银行的资本计算和资本标准的协议》)，就是国际银行监管方面的代表性文件。

该协议的主要内容有：

第一，关于资本的组成。把银行资本划分为核心资本和附属资本两档：第一档核心资本包括股本和公开准备金，这部分至少占全部资本的50%；第二档附属资本包括未公开的准备金、资产重估准备金、普通准备金或呆账准备金。

第二，关于风险加权的计算。协议订出对资产负债表上各种资产和各项表外科目的风险度量标准，并将资本与加权计算出的风险挂钩，以评估银行资本所应具有的适当规模。

第三，关于标准比率的目标。协议要求银行经过5年过渡期逐步建立和调整所需的资本基础，到1992年底，银行的资本对风险加权化资产的标准比率目标为8%，其中核心资本至少为4%。

(二)《新巴塞尔资本协议》

《巴塞尔协议》的制定和逐步推广，为进行有效的银行监管提供了依据，对防范与化解银行业的风险，维护银行体系的稳定发挥了积极作用。然而，银行业发展和创新的步伐却从未停止，特别是20世纪90年代以来，国际银行业的运行环境和监管环境发生了很大变化：首先，信用风险依然存在的情况下，市场风险和操作风险等对银行业的破坏力日趋显现，使《巴塞尔协议》中风险权重的确定方法遇到了新的挑战；其次，亚洲金融危机的爆发和危机蔓延所引发的金融动荡，使得金融监管当局和国际银行业迫切感到重新修订现行的国际金融监管标准已刻不容缓；最后，技术进步使银行业风险的衡量和定价方面能够建立一些较为科学而可行的数学模型和信用风险管理模型，从而为巴塞尔委员会重新制定新资本框架提供了可能性。

2001年1月16日，巴塞尔委员会公布了新资本协议草案第二稿，并再次在全球范围内征求银行界和监管部门的意见，计划于2002年定稿，2005年实施，全面取代1988年的《巴塞尔协议》，使之成为各国银行进行风险管理的最新法则。新协议草案较1988年的《巴塞尔协议》复杂得多，但也较为全面。它将把对资本充足率的评估和银行面临的风险更加紧密地结合在一起，使其能够更好地反映银行的真实风险状况。新协议不仅强调资本充足率标准的重要性，还通过互为补充的“三大支柱”以期有效地提高金融体系的安全和稳定。

新资本协议包括互为补充的“三大支柱”，即最低资本要求、监管当局的监管和市场纪律，并试图通过三大支柱的建设，来强化商业银行的风险管理。

1. 第一大支柱——最低资本要求。最低资本充足率要求仍然是新资本协议的重点。最低资本要求由三个基本要素构成：受规章限制的资本的定义、风险加权资产以及资本对风险加权资产的最小比率。其中有关资本的定义和8%的最低资本比率，没有发生变化。但对风险加权资产的计算问题，新协议在原来只考虑信用风险的基础上，进一步考虑了市场风险和操作风险。总的风险加权资产等于由信用风险计算出来的风险加权资产，再加上根据市场风险和操作风险计算出来的风险加权资产。

2. 第二大支柱——监管当局的监管。监管当局的监管，是为了确保各银行建立起合理有效的内部评估程序，用于判断其面临的风险状况，并以此为基础对其资本是否充足做出评估。监管当局要对银行的风险管理和化解状况、不同风险间相互关系的处理情况、所处市场的性质、收益的有效性和可靠性等因素进行监督检查，以全面判断该银行的资本是否充足。

3. 第三大支柱——市场纪律。市场纪律的核心是信息披露。市场约束的有效性，直接取决于信息披露制度的健全程度。只有建立健全的银行业信息披露制度，各市场参与者才可能估计银行的风险管理状况和清偿能力。新协议指出，市场纪律具有强化资本监管、提高金融体系安全性和稳定性的潜在作用，并在应用范围、资本构成、风险披露的评估和管理过程以及资本充足率等四个方面提出了定性和定量的信息披露要求。

后　记

经全国高等教育自学考试指导委员会同意，由经济管理类专业委员会负责高等教育自学考试经济管理类专业教材的组编工作。

《财政与金融》自学考试教材由安体富、庄毓敏担任主编，本书各章的编写人有中国人民大学安体富（第 1、10 章）、岳树民（第 2、3、4、5、6、7、8、9 章）、庄毓敏（第 11、15、16、17、18、19 章）、季冬生（第 12、13 章）、李世银（第 14、20 章）。

参加本教材审稿讨论会并提出修改意见的有财政部科学研究所何盛明教授、中央财经大学汤贡亮教授、中国人民大学沈伟基教授。全书由安体富、庄毓敏修改定稿。在此一并表示感谢。

全国高等教育自学考试指导委员会

经济管理类专业委员会

2004 年 9 月

附　录

全国高等教育自学考试指导委员会
高等教育自学考试

财政与金融自学考试大纲

统计专业（专科）
工商行政管理专业（专科）

目　　录

Ⅰ 课程性质与设置目的、要求

《财政与金融》是工商行政管理专业的一门必修课程。该课程属于宏观经济学范畴，但其内容除了包括财政金融理论外，还有财政金融方面的基本规定和基本业务知识与技能。它的先修课程是政治经济学。

设置《财政与金融》课程的必要性在于：(1) 在现代市场经济条件下，到处都存在着财政金融现象，时时都会遇到财政金融问题，它是经济活动的中心。成功的企业家，称职的政府工作人员，乃至善于持家的居民，都必须熟悉财政金融知识，懂得财政金融活动规律。(2) 财政金融理论是经济理论体系中的重要组成部分，每一个经济工作者都必须掌握它。(3) 财政金融政策是国家进行宏观调控的最重要的政策，学好《财政与金融》，有利于正确地制定和很好地理解贯彻国家的经济政策。

学习《财政与金融》课程的主要目的是：认识财政金融在国民经济中的地位和作用，以及加强财政金融工作对经济管理的重要意义；弄清财政金融的基本范畴；掌握财政金融的基本理论；熟悉财政金融的基本业务知识和技能。

《财政与金融》课程涉及内容多，在学习过程中，应在掌握基础知识的同时，把握学习的重点。从财政部分来看，重点是从收入和支出两个角度掌握财政收支的基本理论和业务知识，掌握对不同性质财政支出的管理，掌握税收和公债的基本内容，掌握财政预算管理及其管理体制的内容，并掌握财政政策的内容。从金融部分来看，重点掌握货币与信用的基础知识，掌握金融市场的发展及其管理，掌握货币供求及其创造机制，在宏观上掌握通货膨胀的形成机理，政府货币政策的运用以及政府的金融监管。

学习中要注意理论联系实际，提高分析问题和解决问题的能力。要密切关注财政金融和国民经济的改革与发展变化情况，学会用所学的理论去分析现实中的问题，并不断更新、充实所学的知识。

Ⅱ 课程内容与考核目标

第一章 财 政 导 论

一、学习目的和要求

通过本章的学习，要从分配形式和分配关系两个方面把握财政的本质，弄清财政的一般概念；公共财政的实质和特征；深入理解我国建立公共财政的必要性；掌握财政的职能。

二、课 程 内 容

第一节 现代市场经济中的市场与政府

1. 现代市场经济是政府宏观调控下的市场经济

现代市场经济是市场与政府、计划因素与市场因素、政府经济行为与个人经济行为共同发挥作用的市场经济。现代市场经济之所以是政府宏观调控下的市场经济，主要原因就是市场和政府都不是万能的，它们各有优劣，只有共同发挥作用才能保证经济和社会的稳定发展。

2. 市场经济特征和市场失灵

市场经济的特征。市场失灵。

3. 市场经济中的政府职能

政府职能的基本内容。

第二节 财政概念

1. 财政是一个分配范畴

中国古代称财政的称谓。财政是一个分配范畴。

2. 公共财政与公共产品

公共财政实质是市场经济财政。公共财政的特征。我国建立公共财政的必要性。公共产品的概念和特征。

3. 财政是公共经济的核心内容

4. 财政概念的简要概括

财政概念可以从多角度理解和概括。财政。公共财政。公共经济。

第三节 财政的职能

1. 资源配置职能

资源配置的含义。财政资源配置职能的主要内容。

2. 收入分配职能

收入分配的含义、过程。财政分配职能的主要内容。

3. 经济稳定职能

经济稳定的含义。财政稳定经济职能的主要内容。

三、考核知识点

1. 市场经济特征和市场失灵

2. 市场经济中的政府职能

3. 公共财政与公共产品

4. 我国建立公共财政的必要性

5. 财政的职能

四、考核要求

1. 市场经济特征和市场失灵

(1) 识记：市场的特征。

(2) 领会：市场失灵的原因及其表现。

2. 市场经济中的政府职能

识记：市场经济条件下政府的主要职能。

3. 公共财政与公共产品

(1) 识记：财政分配的主体；财政分配的对象；财政分配的目的；社会公共需要的含义。

(2) 领会：财政是一个分配范畴；公共财政的实质与特征；公共产品的特点。

4. 我国建立公共财政的必要性

领会与应用：分析市场经济条件下，我国建立公共财政的必要性。

5. 财政的职能

(1) 识记：财政有哪些职能；资源配置职能的含义；收入分配职能的含义；经济稳定职能的含义。

(2) 领会与应用：财政资源配置职能；财政收入分配职能；财政经济稳定职能。

第二章　财政支出概述

一、学习目的和要求

通过本章的学习，着重掌握财政支出的分类和内容；财政支出规模的影响因素及其发展变化规律；财政支出效益评价方法；提高财政支出效益的途径。

二、课 程 内 容

第一节　财政支出的分类与结构

1. 财政支出的分类

从不同角度对财政支出进行分类。

2. 我国财政支出结构分析

判断一国财政支出结构是否合理的分析方法。建国以来我国财政支出结构的变化和发展趋势。

第二节　财政支出规模

1. 财政支出规模及其影响因素

考核财政支出规模的指标。影响财政支出规模的主要因素。

2. 财政支出规模的增长趋势

各国财政支出规模的发展趋势。政府活动扩张论。梯度渐进增长理论。经济发展阶段论。官僚行为增长论。

3. 我国财政支出规模分析

我国财政支出规模变化的情况及其原因。

第三节　财政支出效益分析

1. 财政支出效益的含义

财政支出的效益应包括的内容。财政支出效益的特殊性。

2. 财政支出效益分析方法

“成本—效益”分析法。最低费用选择法。“公共劳务”收费法。

三、考核知识点

1. 财政支出的分类
2. 我国财政支出结构分析
3. 财政支出规模及其影响因素
4. 财政支出规模的增长趋势
5. 我国财政支出规模分析
6. 财政支出效益的含义
7. 财政支出效益的特殊性
8. 财政支出效益分析方法

四、考核要求

1. 财政支出分类

(1) 识记：转移性支出和购买性支出；经常性支出和资本性支出。

(2) 领会：转移性支出和购买性支出包括的内容及这种分类的意义。

2. 我国财政支出结构分析

领会与应用：中华人民共和国成立以来我国财政支出结构变化的趋势及其原因。

3. 财政支出规模及其影响因素

(1) 识记：财政支出规模的衡量指标；财政支出规模的影响因素。

(2) 领会：各种因素对财政支出规模产生的影响。

4. 财政支出规模的增长趋势

(1) 识记：政府活动扩展论；梯度渐进增长理论；经济发展阶段论；官僚行为增长论。

(2) 领会：各国财政支出发展变化趋势。

(3) 应用：运用政府活动扩张论分析我国财政支出规模；运用经济发展阶段论分析我国财政支出规模。

5. 我国财政支出规模分析

领会与应用：我国财政支出规模的发展变化趋势。

6. 财政支出效益的含义

(1) 识记：财政支出效益的内容。

(2) 领会：财政支出效益与微观经济主体支出效益的区别。

7. 财政支出效益分析方法

(1) 识记："成本—效益"分析法；最低费用选择法；"公共劳务"收费法。

(2) 领会与应用："成本—效益"分析法和最低费用选择法在实践中的应用。

第三章　购买性支出

一、学习目的和要求

通过本章的学习，着重掌握财政投资的性质、特点和范围；财政对基础产业投资、农业投资的内容。掌握社会消费性支出的性质和内容；掌握行政管理支出、文教科卫支出的内容和管理。掌握政府采购的特点、作用及政府采购制度的基本内容。

二、课 程 内 容

第一节　财政投资支出

1. 财政投资的性质

财政投资的含义。财政投资的宏观必要性。财政投资与微观经济主体投资的主要区别。

2. 政府财政对基础产业的投资

基础产业。基础设施。财政投融资对于发展政府投资的重要意义。

3. 政府财政对农业的投资

农业发展对于国民经济发展的重要意义。农业生产的特殊性。政府财政对农业投资的重点。

第二节　社会消费性支出

1. 社会消费性支出的含义及性质

社会消费性支出及其性质。社会消费性支出包括的主要内容。

2. 行政管理支出和国防支出

行政管理支出及其包括的内容。提高政府行政管理支出效率的途径。国防支出包括的内容及其性质。

3. 文教科学卫生事业费支出

文教科卫支出的主要内容。财政部门管理文教科卫支出的主要任务。定员定额管理和财务管理的主要内容。

第三节 政府采购

1. 政府采购及其特点

政府采购的概念。政府采购的主要形式。政府采购的特点。

2. 政府采购的作用

3. 政府采购制度的基本内容

政府采购制度的含义。政府采购的原则、范围和方式。

4. 我国政府采购制度的建立

我国政府采购制度主要有以下三个方面：建立管理体系，明确采购模式，完善采购法规。

三、考核知识点

1. 财政投资的性质
2. 政府财政对基础产业的投资
3. 政府财政对农业的投资
4. 社会消费性支出的含义及性质
5. 行政管理支出和国防支出
6. 文教科研卫生事业费支出
7. 政府采购及其特点
8. 政府采购的作用
9. 政府采购制度的基本内容
10. 我国政府采购制度的建立

四、考核要求

1. 财政投资的性质

（1）识记：财政投资；财政投资的性质；财政投资与微观经济主体投资的区别。

（2）领会与应用：财政投资范围的界定。

2. 政府财政对基础产业的投资

（1）识记：基础产业；基础产业的特征。

（2）领会与应用：基础产业与财政投融资；财政投融资的意义。

3. 政府财政对农业的投资

（1）识记：各国财政对农业投资的特点；财政对农业投资的重点；财政对农业投资的范围。

（2）领会与应用：从农业发展对于国民经济发展的重要意义和农业生产的特殊性的角度分析必须加强财政对农业的投资。

4. 社会消费性支出的含义及性质

识记：社会消费性支出；社会消费性支出的性质。

5. 行政管理支出和国防支出

（1）识记：行政管理支出。

（2）领会与应用：提高行政管理支出效率的途径。

6. 文教科学卫生事业费支出

识记：文教科卫支出的性质和内容；定员定额。

7. 政府采购及其特点

（1）识记：政府采购；政府采购制度。

（2）领会：政府采购的特点。

8. 政府采购的作用

领会与应用：政府采购的作用。

9. 政府采购制度的基本内容

（1）识记：政府采购制度的内容；政府采购的范围；政府采购的方式。

（2）领会：政府采购的原则。

10. 我国政府采购制度的建立

应用：我国政府采购制度的主要内容及其完善。

第四章　转移性支出

一、学习目的和要求

通过本章的学习，着重掌握我国社会保障制度的主要内容；掌握财政补贴的性质、特征、作用、内容和改革问题。

二、课程内容

第一节　社会保障支出

1. 社会保障的含义

社会保障的含义。社会保障制度。

2. 社会保障制度的内容

社会保险。社会救济。社会福利。社会优抚。

第二节　财政补贴

1. 财政补贴概述

财政补贴的概念。财政补贴的性质。财政补贴的特征。财政补贴的原因。目前我国财政补贴的主要内容。

2. 财政补贴制度改革

三、考核知识点

1. 社会保障的含义

2. 社会保障制度的内容

3. 财政补贴概述

4. 财政补贴制度改革

四、考核要求

1. 社会保障的含义

识记：社会保障；社会保障制度。

2. 社会保障制度的内容

(1) 识记：社会保险；养老保险；失业保险；医疗保险；工伤保险；女工生育保险；社会救济；社会福利；社会优抚。

(2) 领会：社会保险与商业保险的区别；社会保险的主要内容。

(3) 应用：社会保障制度的改革与完善。

3. 财政补贴概述

(1) 识记：财政补贴；财政补贴的特征；价格补贴；企业亏损补贴；财政贴息。

(2) 领会：市场经济条件下财政补贴存在的原因；财政补贴的作用。

4. 财政补贴制度改革

领会与应用：我国财政补贴改革的思路及内容。

第五章　财 政 收 入

一、学习目的和要求

通过本章的学习，着重掌握我国财政收入的分类与结构；影响财政收入规模变化的因素；我国财政收入规模变化的趋势及其原因；财政收入规模的合理界限。

二、课 程 内 容

第一节　财政收入的分类与结构

1. 财政收入的分类

从不同角度对财政收入进行分类。

2. 我国财政收入的结构分析

我国财政收入的项目构成。

预算外资金的概念和性质。

第二节　财政收入规模分析

1. 财政收入规模及其影响因素

财政收入规模的含义。影响财政收入规模的主要因素。

2. 我国财政收入规模的分析

衡量我国财政收入规模的含义。改革开放以来我国财政收入规模的变化。

三、考核知识点

1. 财政收入的分类
2. 我国财政收入的结构分析
3. 财政收入规模及其影响因素
4. 我国财政收入规模的分析

四、考核要求

1. 财政收入的分类
(1) 识记：财政收入分类的几种方法。
(2) 领会：按财政收入形式分类的意义。
2. 我国财政收入的结构分析
(1) 识记：我国财政收入的构成项目；预算外资金。
(2) 领会：我国预算外资金的现状及其管理。
3. 财政收入规模及其影响因素
应用：影响财政收入规模的主要因素。
4. 我国财政收入规模的分析
应用：我国财政收入规模的判断及其变化趋势。

第六章　税收理论

一、学习目的和要求

通过本章的学习，着重掌握税收的特征；税收制度的构成要素；我国税收的主要分类；税收原则；税收负担和税负转嫁的基本内容。

二、课程内容

第一节　税收的概念与特征

税收的概念。税收的特征。

第二节　税收制度要素

1. 税收制度

税收制度的含义。税收制度的要素。

2. 纳税人

纳税人。扣缴义务人。负税人。

3. 纳税对象

征税对象。税目。

4. 税率

税率。比例税率。累进税率。定额税率。

5. 纳税环节

纳税环节。一次课征制。多次课征制。

6. 纳税期限

7. 减税免税

8. 违章处理

第三节　税 收 分 类

1. 按税收缴纳形式分类

2. 按课税标准分类

3. 按税种的隶属关系分类

4. 按税收与价格的关系分类

5. 按税负能否转嫁分类

6. 按征税对象分类

第四节　税 收 原 则

税收原则的含义。财政原则。税收效率原则。税收公平原则。

第五节　税 收 负 担

1. 税收负担的含义

税收负担。宏观税负和微观税负。

2. 税负转嫁

税负转嫁的概念。税负转嫁的形式。税负转嫁的条件。

三、考 核 要 求

1. 税收的概念特征

识记：税收的概念；税收的特征。

2. 税收制度要素

（1）识记：税收制度；纳税人；征税对象；税目；税率；比例税率；累进税率；定额税率；纳税环节；附加；加成；起征点；免

征额。

(2) 领会：全额累进税率与超额累进税率的不同特点。

3. 税收分类

识记：各种不同的税收分类所包括的内容。

4. 税收原则

(1) 识记：税收原则。

(2) 领会与应用：现代市场经济条件下税收原则的内容。

5. 税收负担的含义

识记：税收负担；宏观税负；微观税负。

6. 税负转嫁

(1) 识记：税负转嫁；前转；后转；混转；税收资本化。

(2) 领会：税负转嫁的条件。

第七章　税收制度

一、学习目的和要求

通过本章的学习，了解我国税制发展过程，掌握我国现行税制主要税种的基本内容。

二、课程内容

第一节　我国税收制度与税制改革

1. 我国税收制度的历史演进
2. 1994 年的税制改革

第二节　商品课税

1. 商品课税的特点

商品课税的含义。商品课税的特点。

2. 我国商品课税的主要税种

增值税。消费税。营业税。

第三节　所得课税

1. 所得课税的特点

所得课税的含义。所得课税的特点。

2. 我国所得课税的主要税种

企业所得税。个人所得税。外商投资企业和外国企业所得税。

第四节　资源课税与财产课税

1. 资源课税与财产课税的一般特征

资源课税的含义。财产课税的含义。资源税与财产税的特点。

2. 我国资源课税与财产课税的主要税种

资源税。土地增值税。城镇土地使用税。

第五节　行为课税

1. 行为课税的特点

行为课税的含义。行为课税的特点。

2. 我国行为课税的主要税种

印花税。

三、考核知识点

1.1994 年我国税制改革的内容
2. 商品课税的特点
3. 我国商品课税的主要税种
4. 所得课税的特点
5. 我国所得课税的主要税种
6. 资源课税与财产课税的一般特征
7. 我国资源课税与财产课税的主要税种
8. 行为课税的特点
9. 我国行为课税的主要税种

四、考核要求

1. 1994 年我国税制改革

领会：1994 年我国税制改革的主要内容。

2. 商品课税的特点

(1) 识记：商品课税。

(2) 领会：商品课税的特点和功能。

3. 我国商品课税的主要税种

(1) 识记：我国商品课税的主要税种；增值税；生产型增值税；收入型增值税；消费型增值税；消费税；营业税。

(2) 领会：增值税的优点；增值税三种类型的划分及各种类型的特点；我国增值税、消费税和营业税的基本内容。

4. 所得课税的特点

(1) 识记：所得课税。

(2) 领会：所得课税的特点；所得课税的功能。

5. 我国所得课税的主要税种

领会：企业所得税、外商投资企业和外国企业所得税、个人所得税的基本内容。

6. 资源课税与财产课税的一般特征

(1) 识记：资源税的课税方式；财产税的课税方式。

(2) 领会：资源税和财产税的特点。

7. 我国资源课税与财产课税的主要税种

领会：资源税、土地增值税和城镇土地使用税的基本内容。

8. 行为课税的特点

领会：行为课税的特点。

9. 我国行为课税的主要税种

领会：印花税的基本内容。

第八章　公　　债

一、学习目的和要求

通过本章的学习，着重掌握公债的性质、特征和功能；掌握公债的管理与公债市场的基本内容。

二、课 程 内 容

第一节　公 债 概 述

1. 公债的含义

2. 公债的分类

按照不同的标准对公债进行分类。

3. 公债的功能

弥补财政赤字。筹集建设资金。调节经济运行。

4. 公债的限度与风险

债务依存度。债务负担率。偿债率。

第二节　公债管理与公债市场

1. 公债管理的政策目标

2. 公债的结构

公债的期限结构。公债的持有人结构。

3. 公债的发行与偿还

公债发行的方式。公债的利率。公债的偿还方式。偿债资金的来源。

4. 公债市场

公债市场及其功能。公债发行市场。公债流通市场。

三、考核知识点

1. 公债的含义
2. 公债的分类
3. 公债的功能
4. 公债的规模与限度
5. 公债管理的政策目标
6. 公债的结构
7. 公债的发行与偿还
8. 公债市场

四、考核要求

1. 公债的含义

识记：公债的概念；公债与私债的区别。

2. 公债的分类

识记：公债的种类。

3. 公债的功能

领会与应用：公债的功能；弥补财政赤字的功能；筹集建设资金的功能；调节经济运行的功能。

4. 公债的规模与限度

识记：债务依存度；债务负担率；偿债率。

5. 公债管理的政策目标

应用：公债管理的政策目标或原则。

6. 公债的结构

(1) 识记：公债的期限结构；公债的持有人结构。

(2) 应用：公债持有人结构对经济的影响。

7. 公债的发行与偿还

（1）识记：固定收益出售方式；公募拍卖方式；连续经销方式；直接推销方式；综合方式；直接偿还法；市场购销法；调换偿还法。

（2）应用：公债利率的影响因素及其作用；偿债资金的筹集渠道。

8. 公债市场

（1）识记：公债市场；发行市场；流通市场；公债回购；公债期货交易。

（2）应用：公债市场的功能。

第九章　政府预算与预算管理体制

一、学习目的和要求

通过本章的学习，着重掌握政府预算的概念、原则、类型和体系；掌握复式预算；预算编制程序；政府预算管理体制的概念、内容；我国预算管理体制改革的主要内容。

二、课 程 内 容

第一节　政府预算的原则与分类

1. 政府预算的概念
2. 政府预算的原则
3. 政府预算的类型

单式预算和复式预算。绩效预算、计划项目预算和零基预算。功能预算和部门预算。

第二节　政府预算的体系与程序

1. 政府预算的体系

政府预算体系。我国政府预算体系的组成。

2. 政府预算的程序

预算编制。预算执行。预算调整。决算。

第三节　我国政府预算的改革

1. 我国政府预算的现状

2. 改进我国政府预算的基本思路

第四节　政府预算管理体制

1. 预算管理体制的概念与实质

预算管理体制的概念。预算管理体制的实质。

2. 预算收支划分的基本理论

政府间的职能或事权划分。政府间财政收入的划分。政府间转移支付制度。

3. 我国的分税制及其改革

分税制。我国分税制改革的基本内容。我国现行财政转移支付制度。分税制预算管理体制的完善。

三、考核知识点

1. 政府预算的概念
2. 政府预算的原则
3. 政府预算的类型
4. 政府预算的体系
5. 政府预算的程序
6. 我国政府预算的现状
7. 改进我国政府预算的基本思路
8. 预算管理体制的概念与实质
9. 预算收支划分的基本理论
10. 我国的分税制及其改革

四、考核要求

1. 政府预算的原则与分类

(1) 识记：政府预算；政府预算的原则；单式预算；复式预算；绩效预算；零基预算；功能预算；部门预算。

(2) 领会：零基预算的优点；功能预算的缺点。

(3) 应用：比较单式预算和复式预算。

2. 政府预算的体系与程序

(1) 识记：政府预算体系；我国预算体系。

(2) 领会与应用：我国政府预算程序。

3. 我国的政府预算改革

(1) 识记：我国政府预算的类型；预算的编制方法；国库集中收付制度。

(2) 领会：目前我国政府预算存在的主要问题。

(3) 应用：改进我国政府预算的基本思路。

4. 政府预算管理体制

(1) 识记：预算管理体制；分税制；转移支付制度；转移支付的形式；总额分成；收支包干；专项补助；税收返还。

(2) 领会：我国预算管理体制采取过的几种形式。政府间的职能或事权划分的理论。

(3) 应用：政府间财政收入划分的原则；我国的分税制改革的方向；我国现行财政转移支付制度的完善；我国分税制预算管理体制的完善。

第十章　财政平衡与财政政策

一、学习目的和要求

通过本章的学习，着重掌握财政平衡的概念、计算口径；财政赤字对经济的影响；掌握财政政策的含义、内容和类型；我国的积极财政政策。

二、课 程 内 容

第一节　财 政 平 衡

1. 财政平衡的概念

财政平衡的概念。计算财政的赤字或结余的口径。

2. 财政赤字的经济影响

财政赤字对经济发展的影响。我国弥补财政赤字的方式。

3. 财政平衡与社会供求总量平衡的关系

财政收支差额调节与社会总供求之间的关系。平衡公式。

第二节　财 政 政 策

1. 财政政策的含义和内容

财政政策。财政政策的基本内容。

2. 财政政策乘数

财政政策乘数。税收乘数、财政支出乘数和平衡预算乘数。

3. 财政政策的类型

自动稳定的财政政策和相机抉择的财政政策。扩张性财政政策、紧缩性财政政策和中性财政政策。

4. 积极财政政策

实施积极财政政策的背景。积极财政政策的主要内容。

三、考核知识点

1. 财政平衡的概念
2. 财政赤字的经济影响
3. 财政平衡与社会供求总量平衡的关系
4. 财政政策的含义和内容
5. 财政政策乘数
6. 财政政策的类型
7. 积极财政政策

四、考核要求

1. 财政平衡的概念

识记：财政平衡；财政赤字或结余的口径；虚假平衡。

2. 财政赤字的经济影响

(1) 领会：我国财政赤字的弥补方式。

(2) 应用：分析财政赤字对经济的影响。

3. 财政平衡与社会供求总量平衡的关系

领会：财政平衡与社会供求总量平衡的关系。

4. 财政政策的含义和内容

(1) 识记：财政政策；财政政策工具；财政政策传导机制。

(2) 领会：财政政策传导过程。

(3) 应用：分析我国财政政策目标；分析各种财政政策工具的调控作用。

5. 财政政策乘数

识记：财政政策乘数；税收乘数；财政支出乘数；平衡预算

乘数。

6. 财政政策的类型

（1）识记：扩张性财政政策；紧缩性财政政策。

（2）领会：比较汲水政策与补偿政策；分析自动稳定的财政政策。

（3）应用：分析扩张性财政政策和紧缩性财政政策在调控经济中的运用。

7. 积极财政政策

领会与应用：分析我国积极财政政策的内容。

第十一章　货币与货币制度

一、学习目的和要求

通过本章的学习，理解货币和货币制度的含义，掌握货币的职能、货币制度的构成、货币制度的类型；重点掌握货币的流通职能、支付职能和信用货币制度；了解货币的起源、支付制度的演化和现代支付形式的发展变化。

二、课 程 内 容

第一节　货币的起源

1. 货币起源于商品

货币的起源。商品的使用价值和价值。

2. 价值形式的发展与货币的产生

简单的或偶然的价值形式。扩大的价值形式。一般的价值形式。货币价值形式。

第二节　货币的职能

1. 价值尺度
2. 流通手段
3. 储藏手段
4. 支付手段

第三节　货币制度

1. 货币制度及其构成

货币制度。货币制度的构成要素。

2. 货币制度类型

金属货币制度和不兑现的信用货币制度。世界各国曾经采用的主要货币制度。银本位制。金银复本位制。金本位制。不兑现的信用货币制度。

第四节　支付制度的演化

支付制度。支付制度的发展变化。

三、考核知识点

1. 货币的起源
2. 货币的职能
3. 货币制度

四、考核要求

1. 货币的起源

（1）识记：货币、商品、使用价值和价值的含义；价值形式的含义；信用货币的含义。

（2）领会：货币的起源；商品的两重属性及其相互关系；历史上出现过的四种价值形式。

2. 货币的职能

（1）识记：货币五个职能的含义。

（2）领会：货币各个职能之间的联系。

（3）应用：说明货币的价格标准和货币单位分离的原因；分

析作为流通手段的货币和作为价值尺度的货币的区别。

3. 货币制度

（1）识记：货币制度的含义；本位币和辅币的概念；金本位制的含义；不兑现的信用货币制度的含义。

（2）领会：货币制度构成；货币制度的类型；劣币驱逐良币说。

（3）应用：说明不兑现的信用货币制度取代金本位制度的原因。

4. 支付制度的演化

（1）识记：支付制度的含义；电子货币的含义。

（2）领会：主要的支付制度类型。

（3）应用：比较各种货币支付制度的优劣。

第十二章　信用和利率

一、学习目的和要求

通过本章的学习，理解信用、信用工具、利率的含义，掌握信用的职能、信用的形式、利率的作用、融资的方式等内容；重点掌握信用的基本功能、利率水平的形成、收益率的形式、两种融资方式的优缺点及消费信用、银行信用、国家信用和支票、商业票据、债券、股票的种类；了解金融资产证券化对融资方式的影响和利率期限结构理论。

二、课 程 内 容

第一节　信 用 概 述

1. 信用

信用。信用的特征。

2. 信用的职能

信用的基本职能。

第二节　信用的基本形式

信用的基本形式。高级信用形式。

第三节　直接融资与间接融资

1. 直接融资和间接融资的概念
2. 直接融资与间接融资的优点

第四节　利息和利息率

1. 利息和收益
利息。收益。
2. 利息率
利率的基本内涵。计算利息的两种方法。
3. 收益率与到期收益率
利息率。收益率。利息率与收益率的区别和联系。
4. 利率的种类
从不同角度对利率进行分类。

第五节　利率的决定

1. 马克思的利率决定理论
2. 影响利率总水平的其他因素分析
决定利率总水平的因素。
3. 利率的期限结构理论
利率的期限结构。收益线 3 种典型形状。
4. 利率期限结构理论
影响收益线的因素。有关期限结构的理论。

三、考核知识点

1. 信用及其职能
2. 信用的基本形式

3. 直接融资与间接融资

4. 利息和利息率

5. 利率的决定

四、考核要求

1. 信用及其职能

（1）识记：信用的含义；货币资本化的含义；信用两个职能的含义。

（2）领会：信用的特征；社会再生产分配的三个层次及每个层次的特征；信用所以具有创造和提供货币职能的依据。

（3）应用：分析信用活动的经济意义。

2. 信用的基本形式

（1）识记：商业信用、银行信用、国家信用、消费信用的含义。

（2）领会：商业信用的特征、作用和局限性；银行信用的特征及其与其他信用形式的联系；国家信用的特征及其经济意义；消费信用的特征及其经济作用。

（3）应用：分析说明我国信用形式多样化的必然性。

3. 直接融资与间接融资

（1）识记：直接融资和间接融资的概念。

（2）领会：直接融资和间接融资的特点。

（3）应用：说明直接融资与间接融资的异同及其发展状况。

4. 利息和利息率

（1）识记：利息的含义；利息率的含义；收益率的含义；到期收益率的含义；单利、复利、浮动利率、市场利率、基准利率的含义。

（2）领会：利息的本质；单利与复利的区别及其计算；收益率的计算。

（3）应用：说明利率和收益率之间的区别与联系；分析利率在国民经济中的重要作用。

5. 利率的决定

（1）识记：利率期限结构的含义。

（2）领会：决定利率总水平的因素；不同形状的收益线及其含义。

（3）应用：说明不同的利率期限结构理论的特点及其相互关系。

第十三章　金 融 市 场

一、学习目的和要求

通过本章的学习，理解金融市场基本概念和基本种类，掌握金融市场的构成和金融市场的类型，重点掌握货币市场、资本市场、衍生金融工具市场和外汇、黄金市场的基本结构和运行机制。

二、课 程 内 容

第一节　金融市场概述

1. 金融市场的定义

2. 金融市场的要素分析

金融市场的基本要素。

3. 金融市场的分类

从市场的职能角度划分。从金融工具的存续期限角度划分。从交割的角度划分。从金融工具的种类、市场参与者的国籍身份、市场参与者的性质和交易数量等角度划分金融市场。

第二节　货 币 市 场

1. 国库券市场

2. 商业票据市场

3. 大额可转让定期存单市场

4. 同业拆借市场

5. 回购市场

第三节　资本市场

1. 股票市场

股票的类型。普通股筹资和优先股筹资的利弊。股票市场的功能。

2. 债券市场

债券的发行方式。公债。公司债券。债券投资的基本风险。债券投资管理的核心。管理利率风险的策略。

第四节　衍生金融工具市场

1. 期货合约

期货合约。期货合约的作用。

2. 期权合约

期权合约的分类。期权合约买卖双方的风险收益。

3. 掉期合约

掉期交易的基本功能。

第五节　外汇市场和黄金市场

1. 外汇市场

外汇市场的两个层次。外汇交易方式的基本类型。我国的外汇市场的两个层次。

2. 黄金市场

黄金市场的分类。黄金市场的交易方式。

三、考核知识点

1. 金融市场的含义、基本要素和类型

2. 货币市场

3. 资本市场

4. 衍生金融工具市场

5. 外汇市场和黄金市场

四、考核要求

1. 金融市场的含义、基本要素和类型

(1) 识记：金融市场的含义。

(2) 领会：金融市场的基本要素；金融市场的类型。

(3) 应用：阐明初级市场和流通市场的相互关系。

2. 货币市场

(1) 识记：货币市场、商业票据市场、同业拆借市场的含义。

(2) 领会：货币市场的特征与构成；商业票据市场的对象；大额可转让定期存单市场的对象；同业拆借市场的对象；回购协议的特点。

(3) 应用：分析说明我国货币市场的发展状况及前景。

3. 资本市场

(1) 识记：资本市场、股票、债券的含义。

(2) 领会：普通股筹资与优先股筹资的利弊；债券投资的基本策略。

(3) 应用：分析股票市场投融资的收益与风险。分析债券市场投资的收益与风险。

4. 衍生金融工具市场

(1) 识记：期货合约、期权合约、掉期合约的含义。

(2) 领会：期货合约的特点；期权合约的类型；期权合约的风险收益特征；掉期交易的基本功能。

(3) 应用：以期权合约为例，说明衍生金融工具市场的作用。

5. 外汇市场和黄金市场

(1) 识记：外汇市场、现汇交易、期货交易的含义。

（2）领会：外汇市场的层次；外汇市场和黄金市场的基本交易种类；我国的银行结售汇制度。

（3）应用：说明我国外汇市场的市场结构。

第十四章　金融机构

一、学习目的和要求

通过本章的学习，理解金融机构的含义，商业银行、中央银行、其他银行和非银行金融机构的范畴，掌握商业银行、中央银行、其他银行和非银行金融机构的业务、商业银行资产负债管理理论演变，重点掌握金融体系的构成、现代银行的功能、商业银行的资产业务、负债业务和中间业务种类、中央银行的职能、其他银行和非银行金融机构的种类；了解金融创新的影响与内容。

二、课程内容

第一节　金融机构及其体系的一般构成

1. 金融机构

2. 金融机构体系的一般构成

现代各国金融机构体系的类型。

3. 我国的金融机构体系

我国金融机构体系的建立途径。我国的金融机构体系。

第二节　商业银行

1. 商业银行的职能

2. 商业银行的类型和组织形式

商业银行按业务经营范围分类。商业银行的组织形式。

3. 商业银行的业务

商业银行的负债业务。商业银行的资产业务。商业银行的中间业务。

4. 商业银行的经营原则和管理理论

商业银行的经营原则。西方商业银行经营管理理论。

5. 不良贷款与贷款风险分类

贷款风险分类管理方法。

6. 金融创新

金融创新的含义。金融创新的原因。

第三节　专业银行和非银行金融机构

1. 专业银行

西方的专业银行种类。

2. 非银行金融机构

第四节　中 央 银 行

1. 建立中央银行的必要性

2. 中央银行的特点和性质

中央银行的性质。中央银行的特点。

3. 中央银行的职能

4. 中央银行的类型

第五节　国际金融机构

1. 国际金融机构的形成和发展

目前重要的全球性国际金融机构。重要的区域性国际金融机构。

2. 全球性的国际金融机构

国际清算银行、国际货币基金组织、世界银行、国际开发协会、国际金融公司。

3. 区域性的国际金融机构

亚洲开发银行、非洲开发银行。

三、考核要求

1. 金融机构及其体系的一般构成

(1) 识记：金融机构的含义；金融机构体系构成的含义。

(2) 领会：金融机构体系的一般构成；我国金融体系的建立；我国现行金融机构体系的组成环节。

(3) 应用：阐明我国金融机构体系改革的必要性。

2. 商业银行

(1) 识记：商业银行的含义；安全性、流动性和盈利性原则；商业银行负债业务的含义；商业银行负债业务的主要种类；中间业务的含义；不良贷款的含义；金融创新的含义。

(2) 领会：商业银行的职能；商业银行的类型；商业银行的组织形式；存款在银行负债业务中的重要地位及其来源；商业银行资产业务的种类；金融投资的对象；贷款的种类；商业银行为什么要坚持"三性"原则；商业银行管理理论的发展；不良贷款的分类。

(3) 应用：说明商业银行开创负债管理和资产负债综合管理的意义；说明金融创新的内容并分析其动因。

3. 专业银行和非银行金融机构

(1) 识记：专业银行的含义；非银行金融机构的含义。

(2) 领会：专业银行的种类；非银行金融机构的种类。

(3) 应用：说明非银行金融机构与商业银行的区别。

4. 中央银行

(1) 识记：中央银行的含义。

(2) 领会：中央银行的产生；中央银行的性质和特点；中央银行的职能；我国中央银行的建立与职能。

(3) 应用：说明建立中央银行的必要性。

5. 国际金融机构

（1）识记：主要的国际金融机构。

（2）领会：国际金融机构的形成及其作用。

第十五章　现代货币的创造机制

一、学习目的和要求

通过本章的学习，掌握商业银行、中央银行与货币创造的关系，重点掌握商业银行存款货币创造机制、中央银行货币供给机制；了解货币创造的必要条件、存款货币的创造和收缩的影响因素、信用的产生和运行。

二、课 程 内 容

第一节　存款货币的创造与收缩

1. 存款货币创造的必要条件

商业银行创造存款货币的条件。

2. 原始存款、派生存款和准备金

商业银行的存款准备金构成。

3. 存款货币的创造与收缩过程

原始存款扩张数额的决定因素。存款派生倍数的计算公式。

4. 对倍数的修正

派生倍数的其他影响因素。修正后的存款派生倍数的公式。

第二节　中央银行与货币创造

1. 中央银行的资产负债表

中央银行的业务。中央银行的资产负债表的组成。

2. 基础货币与货币供给

基础货币的构成。基础货币增减变化的决定因素。

3. 乘数

中央银行如何控制货币供应量。

三、考核知识点

1. 存款货币的创造与收缩

2. 中央银行与货币创造

四、考核要求

1. 存款货币的创造与收缩

(1) 识记：原始存款和派生存款的含义；存款准备金的含义；法定准备金率和超额准备率的含义。

(2) 领会：存款货币创造的条件；影响存款货币创造和收缩的因素。

(3) 应用：举例说明存款派生过程。

2. 中央银行与货币创造

(1) 识记：基础货币的含义；货币乘数的含义。

(2) 领会：影响基础货币变化的因素；决定货币乘数的因素。

(3) 应用：论述基础货币与货币供应量的关系；比较分析中央银行与商业银行在货币供应中作用的联系与差异。

第十六章　对外金融关系

一、学习目的和要求

通过本章的学习，理解外汇、汇率和汇率制度、外汇管理与我国现行的外汇管理体制、国际收支和国际收支平衡表的含义，我国利用外资的必要性，利用外资的影响。

二、课 程 内 容

第一节　外汇和外汇管理体制

1. 外汇及其构成

外汇。外汇的特征。外汇的具体形式。

2. 外汇管理

外汇管理的核心内容。

3. 我国现行的外汇管理体制

我国现行的外汇管理体制的主要内容。

第二节　汇　　率

1. 汇率及其表示方法

汇率。汇率的三种表示方法。

2. 汇率制度

汇率制度。固定汇率制度和浮动汇率制度。

3. 我国人民币的汇率制度

4. 汇率变动对经济的影响

第三节　国际收支

1. 国际收支和国际收支平衡表

国际收支的概念。国际收支平衡表。

2. 国际收支平衡表的内容

经常项目。资本项目。平衡项目。错误与遗漏项目。

3. 国际收支平衡表的差额

贸易收支差额。经常项目差额。国际收支总差额。

4. 国际收支失衡

一国国际收支失衡的因素。

5. 对国际收支失衡的调节

对贸易收支逆差的调节。对资本项目的调节。利用政府贷款和国际金融机构的贷款调节国际收支。外汇管制等。

第四节　我国的利用外资

1. 利用外资的必要性

利用外资的必要性。我国利用外资的必要性。

2. 利用外资的主要形式

出口信贷。银行信贷。政府贷款。国际金融机构信贷。合资合营。外商直接投资。发行债券。

3. 引进外资的积极作用

4. 外资带来的不利因素

三、考核知识点

1. 外汇和外汇管理体制

2. 汇率

3. 国际收支

4．我国的利用外资

四、考核要求

1．外汇和外汇管理体制

（1）识记：外汇的含义；外汇管理的含义。

（2）领会：外汇的构成；外汇管理的核心内容；我国现行的外汇管理体制。

2．汇率

（1）识记：汇率的含义；汇率制度的含义。

（2）领会：汇率的表示方法；两种汇率制度：固定汇率制度和浮动汇率制度；我国人民币的汇率制度。

（3）应用：分析汇率变动对经济的影响。

3．国际收支

（1）识记：国际收支和国际收支平衡表的定义；经常项目、资本项目的定义。

（2）领会：国际收支的项目；经常项目的内容；资本项目的内容；平衡项目的内容。

（3）应用：分析国际收支失衡的原因及其调节措施。

4．我国的利用外资

（1）识记：各种利用外资形式的含义。

（2）领会：各种利用外资形式的主要内容；我国利用外资的必要性；利用外资的影响。

第十七章　货币供求及其调节

一、学习目的和要求

通过本章的学习，理解货币层次划分、货币需求、货币供给、货币供求均衡的含义；重点掌握货币需求理论的发展脉络，基础货币与货币供给量关系，实现货币供求均衡的条件，财政收支与货币供给的关系，货币供求与社会总供给和总需求均衡的关系。

二、课 程 内 容

第一节　货币层次的划分

1. 货币范畴的扩展

货币具体形式的演变过程。

2. 划分货币层次的目的和标准

划分货币层次的目的。划分货币层次的标准。

3. 货币层次的划分

各国关于货币层次的划分标准。我国货币层次的划分。

第二节　货 币 需 求

1. 如何理解货币需求的概念

2. 西方的货币需求理论

马克思的货币需求理论。费雪方程式和剑桥方程式。凯恩斯学派的货币需求理论。弗里德曼的货币需求理论。

3. 影响我国货币需求的主要因素

影响我国货币需求的主要因素。

第三节　货币供给的调控

1. 对货币供给的调控

货币供给的控制机制。货币当局的调控手段。

2. 财政收支与货币供给的关系

财政收支活动与货币供给之间的关系。财政赤字的三种弥补形式。

第四节　货币供求均衡的调节

1. 货币供求与社会总供给和总需求

社会总需求的构成。货币供求与社会总供求的关系。

2. 货币供求均衡

货币均衡的实现。利率与货币供求的关系。

3. 实现货币供求均衡的条件

三、考核知识点

1. 货币层次的划分
2. 货币需求
3. 货币供给的调控
4. 货币供求均衡的调节

四、考核要求

1. 货币层次的划分

(1) 识记：我国货币层次划分中 M_0、M_1、M_2 的内容。

(2) 领会：随着商品经济的发展，货币范畴有所扩展；货币层次划分的标准和目的。

(3) 应用：说明我国目前划分货币层次的一般做法及其依据。

2. 货币需求

(1) 识记：货币需求的含义；投机动机、交易动机和预防动机的含义。

(2) 领会：马克思的货币需要理论；费雪方程式；剑桥方程式；凯恩斯的货币需求理论；弗里德曼的货币需求理论。

(3) 应用：说明费雪方程式与剑桥方程式的区别；分析影响我国货币需求的主要因素。

3. 货币供给的调控

(1) 识记：货币供给的含义；公开市场操作的含义。

(2) 领会：货币当局对货币供给的调控手段。

(3) 应用：分析财政收支与货币供给的关系。

4. 货币供求均衡的调节

(1) 识记：货币供求均衡的含义。

(2) 领会：实现货币供求均衡的条件。

(3) 应用：分析货币供求与社会总供给和总需求均衡的关系。

第十八章　通货膨胀

一、学习目的和要求

通过本章的学习，理解通货膨胀的含义，掌握通货膨胀的成因、通货膨胀的效应、通货膨胀的治理；重点掌握通货膨胀的内涵、我国通货膨胀的成因、治理通货膨胀的措施；了解西方关于通货膨胀的理论、通货膨胀对经济增长、收入分配、资产结构调整的影响。

二、课程内容

第一节　通货膨胀的定义、度量与分类

1. 什么是通货膨胀

2. 通货膨胀的度量

消费物价指数。批发物价指数。国民生产总值平减物价指数。

3. 通货膨胀的分类

按市场机制的作用程度分类。按价格上涨的幅度分类。

第二节　通货膨胀的成因

1. 西方国家通货膨胀成因的理论

需求拉上型通货膨胀。成本推动型通货膨胀。结构型通货膨胀通货膨胀。

2. 我国通货膨胀的成因

投资膨胀。消费膨胀。成本推动。结构失调。

第三节　通货膨胀的效应

1. 通货膨胀对经济增长的效应

促进论。促退论。中性论。

2. 通货膨胀的强制储蓄效应

3. 通货膨胀的收入分配效应

4. 通货膨胀的资产结构调整效应

第四节　通货膨胀的治理

1. 实行紧缩性宏观经济政策

紧缩性宏观经济政策的构成。

2. 实行币制改革

3. 控制工资和物价

控制工资和物价的两类措施。

4. 我国对通货膨胀的治理

三、考核知识点

1. 通货膨胀的定义、度量与分类

2. 通货膨胀的成因

3. 通货膨胀的效应

4. 通货膨胀的治理

四、考核要求

1. 通货膨胀的定义、度量与分类

(1) 识记：通货膨胀的定义。

（2）领会：通货膨胀的度量指标——消费物价指数、批发物价指数与国民生产总值平减指数；通货膨胀的种类。

2. 通货膨胀的成因

（1）识记：需求拉上型、成本推动型和结构型通货膨胀的含义。

（2）领会：需求拉上型通货膨胀的特点和成因；成本推动型通货膨胀的特点和成因；结构型通货膨胀的特点和成因；投资膨胀和消费膨胀的含义。

（3）应用：分析我国通货膨胀的成因。

3. 通货膨胀的效应

领会：通货膨胀对经济增长的效应；通货膨胀的强制储蓄效应；通货膨胀的收入分配效应；通货膨胀的资产结构调整效应。

4. 通货膨胀的治理

（1）领会：治理通货膨胀的基本途径。

（2）应用：分析我国治理通货膨胀的措施与经验。

第十九章　货币政策

一、学习目的和要求

通过本章的学习，理解货币政策、汇率政策的含义；掌握货币政策工具种类、货币政策传导机制、中介指标、货币政策效应；重点掌握一般性货币政策工具和选择性政策工具的区别与作用，货币政策传导机制的方式，货币政策中介指标种类，货币政策的时滞性、局限性，财政政策与货币配合的必要性，汇率政策种类、目标；了解货币政策目标之间冲突的原因，货币政策中介指标的选择标准，货币政策与财政政策搭配的模式，汇率政策的三难选择问题。

二、课程内容

第一节　货币政策目标

1. 货币政策的含义

货币政策的含义。货币政策包括的内容。

2. 货币政策的目标

货币政策目标的变化。目前西方国家货币政策目标。

3. 货币政策目标之间的冲突

充分就业与物价稳定之间存在矛盾。经济增长与国际收支平衡之间存在矛盾。在物价稳定与平衡国际收支之间存在矛盾。我国的货币政策目标。

第二节 货币政策工具

1. 一般性货币政策工具

公开市场业务。再贴现。法定存款准备率。

2. 选择性控制工具

证券市场放款。消费信贷。道义劝告。

第三节 货币政策的传导机制和中介指标

1. 货币政策的传导机制

凯恩斯学派理论。货币学派理论。

2. 货币政策中介指标的选择标准

货币政策的传导。选择货币政策中介指标的条件。

3. 货币政策中介指标

利率指标。货币供应量。基础货币。货币政策的目标管理规则。

第四节 货币政策效应

1. 货币政策的时滞

内部时滞。外部时滞。

2. 货币政策的效力

3. 货币政策的局限性

第五节 财政政策与货币政策配合

1. 货币政策与财政政策相互配合的必要性

财政政策与货币政策的不同特点。

2. 货币政策与财政政策相互配合的模式

货币政策与财政政策可以有四种搭配模式。

第六节 汇率政策

1. 什么是汇率政策

2. 汇率政策的种类

固定汇率与浮动汇率。调整钉住汇率和爬行钉住汇率。管理浮动汇率和自由浮动汇率。

3. 汇率政策的目标

4. 汇率政策、资本流动控制与货币政策三难选择

三、考核知识点

1. 货币政策目标

2. 货币政策工具

3. 货币政策的传导机制和中介指标

4. 货币政策效应

5. 财政政策与货币政策配合

6. 汇率政策

四、考核要求

1. 货币政策目标

(1) 识记：货币政策的含义。

(2) 领会：货币政策的目标；我国的货币政策目标是保持币值稳定，并以此促进经济增长。

2. 货币政策工具

(1) 识记：公开市场业务；再贴现；法定存款准备率。

(2) 领会：货币政策工具的类型；一般性货币政策工具的内容；选择性控制工具的内容。

(3) 应用：比较一般性货币政策工具与选择性控制工具的区别。

3. 货币政策的传导机制和中介指标

(1) 识记：货币政策传导机制的含义；中介指标的含义。

(2) 领会：两种货币政策传导机制理论；货币政策中介指标的种类；货币政策中介指标的选择标准。

(3) 应用：说明货币政策传导的机制。

4. 货币政策效应

(1) 识记：内部时滞和外部时滞的含义；认识时滞和行动时滞的含义。

(2) 领会：货币政策的时滞性；货币政策的局限性。

(3) 应用：说明如何评价货币政策的实施效果。

5. 财政政策与货币政策配合

应用：分析货币政策与财政政策搭配的必要性；说明货币政策与财政政策搭配的模式。

6. 汇率政策

(1) 识记：汇率政策的含义；三元悖论的含义。

(2) 领会：汇率政策的种类；汇率政策的目标；汇率政策的三难选择问题。

(3) 应用：分析汇率政策与货币政策的关系。

第二十章　金 融 监 管

一、学习目的和要求

通过本章的学习，理解金融监管的含义，掌握金融监管体制的类型、金融监管协调的形式、《巴塞尔协议》的内容。重点掌握金融监管的目标和原则、我国现行的金融监管体制和国际金融监管协调的基本形式；了解金融业自律组织的功能、《新巴塞尔资本协议》出台的背景、内容及中国银监会、中国证监会和中国保监会的职责。

二、课 程 内 容

第一节　金融监管的含义、目标和原则

1. 金融监管的含义及其范围

金融监管的含义。金融监管的范围。

2. 金融监管的目标

金融监管的主要目标。

3. 金融监管的基本原则

第二节　金融监管体制

1. 金融监管体制及其类型

集中监管体制。分业监管体制。

2. 金融业自律

金融业自律的组织形式。金融行业公会的功能。

3．金融机构的内部控制

4．中国的金融监管体制

我国目前的金融监管体制。中国金融监管的机构。

第三节　金融监管的国际协调

1．金融监管国际协调的形式

双边的谅解备忘录。多边论坛。以统一的监管标准为基础的协调。统一监管。

2．金融监管国际协调的组织及其协调的基本内容

金融监管国际协调组织。国际金融监管协调活动的主要领域。

3．《巴塞尔协议》及《新巴塞尔资本协议》

《巴塞尔协议》的主要内容。20 世纪 90 年代以来，国际银行业的运行环境和监管环境的变化。《新巴塞尔资本协议》的主要内容。

三、考核知识点

1．金融监管的含义、目标和原则

2．金融监管体制

3．金融监管的国际协调

四、考核要求

1．金融监管的含义、目标和原则

（1）识记：金融监管的含义。

（2）领会：金融监管的目标；金融监管的基本原则。

2．金融监管体制

（1）识记：金融监管体制的含义；集中监管体制的含义；分业监管体制的含义。

（2）理解：金融监管体制的类型；金融业自律组织的功能；金融机构内部控制的重要性。

（3）应用：说明我国现行的金融监管体制特点及其各主要监管部门的监管职能。

3．金融监管的国际协调

（1）识记：《巴塞尔协议》的含义；《新巴塞尔资本协议》中三大支柱的含义。

（2）领会：现有金融监管国际协调组织的类型；金融监管国际协调的基本内容；《巴塞尔协议》的主要内容；《新巴塞尔资本协议》出台的背景。

（3）应用：分析《新巴塞尔资本协议》提出三大支柱的意义。

Ⅲ　有关说明与实施要求

为了使本大纲的规定在个人自学、社会助学和考试命题中得到贯彻和落实，兹对有关问题作如下说明，并进而提出具体实施要求。

一、关于考核目标的说明

为使考试内容具体化和考试要求标准化，本大纲在列出考试内容的基础上，对各章规定了考核目标，包括考核知识点和考核要求。明确考核目标，使自学应考者能够进一步明确考试内容和要求，更有目的地系统学习教材；使考试命题能够更加明确命题范围，更准确地安排试题的知识能力层次和难易度。

本大纲在考核目标中，按照识记、领会、应用三个层次规定其应达到的能力层次要求。三个能力层次是递进等级关系。各能力层次的含义是：

（1）识记：能知道有关的名词、概念、知识的含义，并能正确认识和表述。是低层次的要求。

（2）领会：在识记的基础上，能全面把握基本概念、基本原理、基本方法，能掌握有关概念、原理、方法的区别与联系。是较高层次的要求。

（3）应用：在领会的基础上，能运用基本概念、基本原理、基本方法分析和解决有关的理论问题和实际问题。其中“简单应用”，是指在领会的基础上，能用学过的一二个知识点分析和解决简单的问题；“综合应用”，是指在简单应用的基础上，能用学过的多个知识点，综合分析和解决比较复杂的问题。是最高层次的要求。

二、关于自学教材

全国组编本：《财政与金融》，安体富、庄毓敏主编，武汉大学出版社2004年版。

三、自学方法指导

1. 在全面系统学习的基础上掌握基本理论、基本知识、基本方法。本课程内容涉及到宏观经济与微观经济的各个方面，知识范围广泛，各章之间既有联系又有很大区别，有的还有相对独立性。自学应考者应首先全面系统地学习各章，记忆应当识记的基本概念、名词，深入理解基本理论，弄懂基本方法的内涵；其次，要认识各章之间的联系，注意区分相近的概念和相类似的问题，并掌握它们之间的联系；再次，在全面系统学习的基础上掌握重点，有目的地深入学习重点章节，但切忌在没有全面学习教材的情况下孤立地去抓重点。

2. 把财政金融理论的学习与应用结合起来。本课程的内容既有理论又有方法，自学应考者应在学习财政金融理论的同时掌握财政金融的操作和管理方法。首先要弄懂各种方法（包括计算公式）所包含的经济内容和各组成要素之间的客观联系；其次，要学会正确运算和应用这些方法去分析和解决有关的经济问题。

3. 重视理论联系实际，结合财政金融工作实践进行学习。本课程阐述的内容来源于财政金融实践，与国家经济生活密切相关。自学应考者在学习中应把课程的内容同我国现实经济生活联系起来，进行对照 比较，分析研究，以增强感性认识，更深刻地领会教材的内容，将知识转化为能力，提高自己分析问题和解决问题的能力。

四、对社会助学的要求

1. 社会助学者应根据本大纲规定的考试内容和考核目标，认真钻研指定教材，明确本课程与其他课程不同的特点和学习要求，对自学应考者进行切实有效的辅导，引导他们防止自学中的各种偏向，把握社会助学的正确导向。

2. 要正确处理基础知识与应用能力的关系，努力引导应考者将识记、领会同应用联系起来，把基础知识和理论转化为应用能力，在全面辅导的基础上，着重培养和提高自学应考者的分析问题和解决问题的能力。

3. 要正确处理重点和一般的关系。课程内容有重点与一般之分，但考试内容是全面的，而且重点与一般是相互联系的，不是截然分开的。社会助学者应指导自学应考者全面系统地学习教材，掌握全部考试内容和考核知识点，在此基础上再突出重点。总之，要把重点学习同兼顾一般结合起来，切勿孤立地抓重点，把自学应考者引向猜题押题。

五、关于命题考试的若干要求

1. 本课程的命题考试，应根据本大纲所规定的考试内容和考试目标来确定考试范围和考核要求，不要任意扩大或缩小考试范围，提高或降低考核要求。考试命题要覆盖到各章，并适当突出重点章节，体现本课程的内容重点。

2. 本课程在试题中对不同能力层次要求的分数比例，一般为：识记占15%；领会占30%；简单应用占35%；综合应用占20%。

3. 要合理安排难度结构。试题难易度可分为易、较易、较难、难四个等级。每份试卷中，不同难易度试题的分数比例一般为：易占20%；较易占30%；较难占30%；难占20%。必须注意，试题的难易度与能力层次不是一个概念，在各能力层次中都会存在不同难度的问题，切勿混淆。

4. 本课程考试试卷采用的题型，一般有：单项选择题、多项选择题、名词解释题、计算题、简答题、论述题等。各种题型的具体形式可参见本大纲附录。

附录　题型举例

一、单项选择题（在每小题列出的四个备选项中，只有一个是符合题目要求的，请将其代码填写在题后的括号内。错选、多选或未选均无分）

1. 我国财政收入的主要形式是　　（　　）

A. 税收

B. 企业上缴利润

C. 收费

D. 公债

2. 财政补贴属于　　（　　）

A. 购买性支出

B. 转移性支出

C. 社会消费性支出

D. 社会救济

3. 按照浮动程度分类，我国目前的汇率制度属于　　（　　）

A. 调整钉住汇率制

B. 爬行钉住汇率制

C. 管理浮动汇率制

D. 自由浮动汇率制

4. 商业银行创造存款货币的条件是实行　　（　　）

A. 全额准备金制度和非现金结算

B. 部分准备金制度和非现金结算

C. 部分准备金制度和现金结算

D. 全额准备金制度和现金结算

二、多项选择题（在每小题列出的五个备选项中有二至五个是

符合题目要求的，请将其代码填写在题后的括号内。错选、多选、少选或未选均无分）

1. 财政政策工具包括 （　　）

A. 税收

B. 预算

C. 公债

D. 投资

E. 财政补贴

2. 财政预算的原则包括 （　　）

A. 公开性

B. 可靠性

C. 完整性

D. 统一性

E. 年度性和法制性

3. 从金融工具的存续期限角度划分，金融市场可以分为 （　　）

A. 发行市场

B. 流通市场

C. 货币市场

D. 资本市场

E. 衍生工具市场

4. 中央银行可以对以下哪些决定货币乘数的具体因素施加影响来控制货币供应量？ （　　）

A. 现金比率

B. 超额准备率

C. 再贴现率

D. 定期和活期存款法定准备率

E. 定期存款对活期存款的比率

三、名词解释题

1. 政府采购制度

2. 预算管理体制
3. 直接融资
4. 货币政策

四、计算题

某单位为增值税一般纳税人，2003 年 10 月销售甲商品 300 万元，开出增值税专用发票，本月购进货物，已取得增值税专用发票上注明税额 19 万元，已通过金税工程防伪认证。请计算该企业需缴纳增值税税额。

五、简答题

1. 划分转移性支出与购买性支出的经济意义。
2. 简答税负转嫁的基本形式。
3. 为什么会产生金融创新?
4. 通货膨胀的效应有哪些?

六、论述题

1. 试论财政政策工具在宏观调控中的作用。
2. 试述货币供求与社会总供给和总需求均衡的关系。
3. 分析《新巴塞尔资本协议》提出的三大支柱的意义。

后　记

2003年3月，由教育部全国高等教育自学考试办公室主持召开了全国高等教育自学考试课程大纲、教材编前会，会上确定了《财政与金融》课程大纲编写的指导思想、基本原则和要求。

本大纲由中国人民大学安体富教授、庄毓敏教授负责编写。大纲写成后，由财政部科学研究所何盛明教授、中央财经大学汤贡亮教授、中国人民大学沈伟基教授审稿，在此一并表示感谢。

全国高等教育自学考试指导委员会

经济管理类专业委员会

2004年9月